U0920310

本书稿在2015年年底的时候，申请了广东省哲学社会科学“十二五”规划2015年度后期资助项目，并获得立项，立项编号为GD15HXW01，立项题目为“互联网使用与中国中间阶层的政治参与研究”，并于2016年10月获得结项，结项的等级为良好。本书稿也是笔者在2012年到2015年于中国人民大学新闻学院攻读博士学位时的博士论文，论文指导老师为彭兰教授。

互联网使用与中国中间阶层的政治参与研究

曾凡斌 著

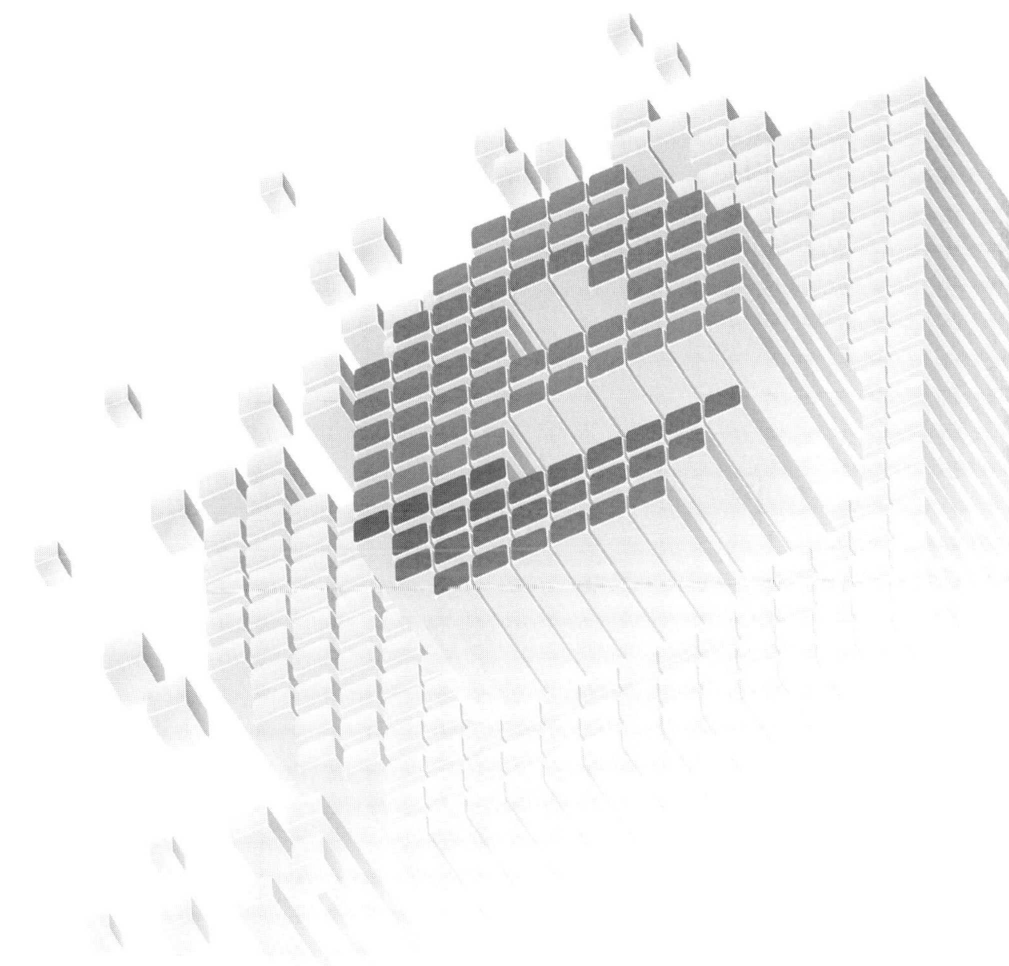

中国社会科学出版社

图书在版编目（CIP）数据

互联网使用与中国中间阶层的政治参与研究／曾凡斌著．—北京：中国社会科学出版社，2016.12

ISBN 978－7－5161－8155－3

Ⅰ.①互…　Ⅱ.①曾…　Ⅲ.①互联网络—关系—中等资产阶级—参与管理—研究—中国　Ⅳ.①D663.3

中国版本图书馆 CIP 数据核字(2016)第 099836 号

出 版 人　赵剑英
选题策划　刘　艳
责任编辑　刘　艳
责任校对　陈　晨
责任印制　戴　宽

出　　版　中国社会科学出版社
社　　址　北京鼓楼西大街甲 158 号
邮　　编　100720
网　　址　http://www.csspw.cn
发 行 部　010－84083685
门 市 部　010－84029450
经　　销　新华书店及其他书店

印　　刷　北京君升印刷有限公司
装　　订　廊坊市广阳区广增装订厂
版　　次　2016 年 12 月第 1 版
印　　次　2016 年 12 月第 1 次印刷

开　　本　710×1000　1/16
印　　张　20.5
插　　页　2
字　　数　341 千字
定　　价　72.00 元

凡购买中国社会科学出版社图书，如有质量问题请与本社营销中心联系调换
电话：010－84083683
版权所有　侵权必究

目　　录

图表目录

第一章

绪　论

第一节　研究背景

近年来，随着互联网信息技术的迅猛发展，促进了互联网对政治的影响，政治参与是其中一个重要的领域。早在20世纪七八十年代，本杰明·巴伯[①]（Barber，B.，2004）的有关多元主义的经典著作中，就经常提到新技术具有实现公民政治参与的潜能。20世纪90年代初，美国在俄亥俄州的哥伦比亚市建立了世界上第一个“电子市政厅”，该市公民利用这一双向通信系统，只要按动一下室内电钮，就能即刻对当地的城市规划、住房条例、公路建设等问题的提案进行表决投票。无论在理论上还是在实践中，西方国家的互联网使用于政治参与已成为了一种普遍的社会事实。

在中国，互联网使用于政治参与的例子也比比皆是，如网络问政、网络动员、网络公共事件等，互联网在信息传播、观点表达、情绪感染、组织动员等方面影响着中国不同社会阶层和群体的政治参与，从而带来了不同的社会与政治影响。

在互联网使用与中国中间阶层的政治参与研究中，中间阶层由于职业、学历、收入等优势，比社会低层又占有更多的优势，同时其政治参与又是社会稳定与否的重要力量，因而这一方面的研究具有重要的理论价值和现实价值。然而，目前关于互联网使用与中国中间阶层政治参与的系统、全面的研究还相当有限，故本书以此作为研究选题。

---

① Barber，B.，*Strong Democracy*：*Participatory Politics for a New Age*，London：University of California Press，2004.

第二节 相关概念的说明

一 中间阶层

(一) 以往关于中间阶层的界定

中间阶层，英文为“Middle Class”，学术界也称中产阶级、中产阶层，或称中间阶级、中等阶级、中间等级或社会中间层。在中国，中间阶层是随着现代西方资本主义的渗透而逐渐发展起来的。第一次鸦片战争后，上海作为新兴的都市，开始出现“白领”——中产阶层。到了20世纪20年代，这一群体的人数迅速发展到店职员近10万人，商业人员约20万人①。自1949年新中国成立到1978年改革开放之前，中国的中间阶层在社会主义改造运动完成后，逐渐成为城市里工人阶级的一部分，依赖国家的工资和社会福利生活②。在这段时间里，中国的中间阶层是由类似于“白领”的普通干部和知识分子构成，按有的研究者的观点，其中还包括了国营企业里的职工，因而被称为类中间阶层③。

中国社会学家对中间阶层——当时称“中产阶级”——的研究始于20世纪80年代，但是，1989年后，一些官方理论家声称，社会主义中国不允许出现一个“中产阶级”④，并对“中产阶级”理论进行批判⑤。到了20世纪90年代后期，随着经济和市场化的发展，学者再度关注中产阶级问题，但是由于在当时中产阶级这一词汇的使用仍受到极大的限制，甚至被禁止在权威的理论和学术出版物中出现，因此学者们使用了其他词汇，如“中间阶层”、“中间阶级”等来强调等级的特性，其不是从阶级架构中去定义，而是从社会等级结构中的去定义⑥。“中间阶层”作为这

① 周晓虹主编：《中国中产阶层调查》，社会科学文献出版社2005年版，第329页。

② Deborah, S. Davis, “Social Class Transformation in Urban China: Training, Hiring, and Promoting Urban Professionals and Managers after 1949”, *Modern China*, 26 (3), 2006, pp. 251 - 275.

③ 李强：《市场转型与中国中产阶层的代际更替》，《战略与管理》1999年第3期。

④ 何建章：《论“中产阶级”》，《社会学研究》1990年第2期。

⑤ 方今才：《关于中产阶级问题的思考——兼谈我国现阶段的阶级斗争》，《湖北社会科学》1990年第4期。

⑥ 李春玲：《中国中产阶级研究的理论取向及关注点的变化》，载李春玲主编《比较视野下的中产阶级形成过程、影响以及社会经济后果》，社会科学文献出版社2009年版，第46—58页。

样的一种表述，其主要是一种社会等级结构的描述，指相对于“上”、“下”，处于中间的位置，具有相应的社会功能的阶层。本书是探讨互联网对特定社会阶层的政治影响，因此，采用社会等级结构中的定义比较妥当，为此主要采用中间阶层来统一相关不同称谓的词汇，不过，值得一提的是，在引用其他文献的时候，也会尊重原文，如采用中产阶级、中产阶层、中等阶级、中间等级、社会中间层等词汇，但实际上这些都是中间阶层的另一种说法而已，因而是互通的。

马克思（Karl Marx）曾经将包括小商人和小食利者、手工业者、医生、牧师、律师、“学者”、少数企业管理人员等在资本主义社会中处于资产阶级和无产阶级之间的所有社会群体称为“中间等级”，并认为他们的政治立场具有两面性，或者选择资产阶级立场，或者选择无产阶级立场，如马克思多次论述了中产阶级政治立场的两面性，他指出：“资产阶级社会的各个中间等级，即小资产阶级和农民，就不免要随着他们境况的恶化以及他们与资产阶级对抗的尖锐化而愈益紧密地靠拢无产阶级。”① 马克思在《共产党宣言》中指出，中间等级的大多数人落入无产者队伍，造成社会的两极化，这是导致资本主义的重大社会冲突、社会动荡和社会革命的前提条件之一②。这里的“中间等级”英文原文即为“Middle Class”，然而，出乎马克思的预料，资本主义的发展，反而导致中间等级的人数越来越多。之所以出现这样的状况，这是因为，随着社会的发展，中间阶级（即中间阶层）的定义已经远远超出马克思的最初定义，因此本书的中间阶层并不是马克思原初从阶级角度出发的定义，而是从阶层角度出发的分析；而且随着资本主义现代化发展进程的推进，这些中间阶层掌握着一定专业技术和管理技能，成为了资本主义社会一支不可忽视的社会政治力量，因此研究中间阶层是具有理论价值和现实价值的。

中间阶层的定义和划分还是社会学的一个重要理论问题，马克斯·韦伯（Max Weber）以多维度的视角提出了与马克思不同的社会分层理论，他指出，社会的分层类型有三个维度：由经济差别划分的阶级、由声望差别

① 中共中央编译局编：《马克思恩格斯全集》第四十四卷，人民出版社1982年版，第62页。

② 中共中央编译局编：《马克思恩格斯选集》第一卷，人民出版社1982年版，第259、261—263页。

划分的地位以及由政治权力差别划分的政党①。其后的社会学家对中间阶层进行了分类，如美国的米尔斯（Charles Wright Mills）把中产阶级分为老中产阶级和新中产阶级，他将那些受过一定专业教育、作为企业高级雇员、脱离体力劳动的羁绊、以技术资本和管理技能而取得较高收入的人们抽象为“新中产阶级”，而将拥有少量资产、雇用少量雇员并参加一定体力劳动的人们定义为“老中产阶级”②。借鉴这一划分，本书在下面的分析中也会借助米尔斯的划分，为了统一中间阶层的概念，本书采用“新中间阶层”代表“新中产阶级”，“老中间阶层”代表“老中产阶级”。

对于中国的老中间阶层，20 世纪 80 年代末，学者们发现农村工厂主——乡镇企业老板——以及城市中新出现的私营企业家类似于这样的中产阶级，不过，当时的中国学者都认为不宜使用中产阶级概念指称这一群体，这在很大程度上是因为农村工厂主和城市企业家很多出身于社会下层，或者没有受过教育的社会阶层③。不过，其实际上已属于上面米尔斯所提到的老中间阶层。对于中国的新中间阶层，20 世纪 90 年代后，中国出现了一个主要包括经理阶层、专业技术人员、办事人员以及个体工商户的中间阶层，或称新兴中产阶级④，也称新中间阶层。2002 年，中国共产党第十六次代表大会号召“扩大中等收入群体的比重”，使得“培育中等收入阶层”成为中国政府的明确政策目标⑤，这里实际指的也是中间阶层。可见，随着社会的发展，中间阶层以及相应的词汇已经进入主流媒体和政府的话语系统里，因此是具有现实合法性和学理合法性的。

在学界，陆学艺和张宛丽在中国是较早对中产阶层（或称中间阶层）

---

① 李强：《当代中国社会分层与流动》，中国经济出版社 1993 年版。

② ［美］C. 莱特·米尔斯：《白领：美国的中产阶级》，周晓虹译，南京大学出版社 2006 年版，第 50 页。

③ 张宛丽：《中国社会阶级阶层研究 20 年》，《社会学研究》2000 年第 1 期；Cheng Li, “‘Credentialism’ versus ‘Entrepreneurism’: The Interplay and Tensions between Technocrats and Entrepreneurs in the Reform Era”, in Chan kwok Bun (ed.), *Chinese Business Networks: State, Economy and Culture*, New York: Prentice Hall, 1999, pp. 86 - 111。

④ Yanjie, Bian, “Chinese social stratification and social Mobility”, *Annual Review of Sociology*, (28), 2002, pp. 91 - 116；陆学艺主编：《当代中国社会阶层研究报告》，社会科学文献出版社 2002 年版，第 248—270 页；陆学艺主编：《当代中国社会流动》，社会科学文献出版社 2004 年版，第 266—284 页；邱泽奇：《当代中国社会分层状况的变迁》，河北大学出版社 2004 年版，第 139—157 页；Alvin Y, “The changing Pattern of Classes and Class Conflict in China”, *Journal of Contemporary Asia*, 33 (3), 2003, pp. 363 - 376。

⑤ 陈新年：《中等收入者论》，中国计划出版社 2005 年版，第 1 页。

进行定义的。他们的定义有一个共同点，即从不同的维度出发，其包括职业、教育、收入以及生活质量、消费方式、道德修养、工作权利等[①]。应该承认的是，在相关研究中，中间阶层是一个具有持久魅力但又存在众多争议的概念，研究结果似乎只是不断提出新的挑战，却难以形成共识[②]。

（二）本书关于中间阶层的界定和划分

1. 中间阶层的界定和划分

对于中间阶层的确切含义和具体分类标准可谓众说纷纭，很难说哪一种概念界定最为准确，也没有哪一种分类体系得到普遍公认。研究人员采取的策略是根据具体研究需要选择适当的含义和具体分类标准。由于本书中的互联网的使用受到职业、学历、收入的影响，所以借鉴以往的研究，本书认为中间阶层是指这样的一个社会群体：其或者是职业主要以脑力劳动为主，或者是学历具有中等以上国民教育学历，或者是收入属于社会的中等水平以上。而在实际的材料分析中，本书对中间阶层的具体测量是采用一种以客观标准的职业划分为主，并以教育和收入为辅助的综合指标法来测量，而不是采用主观认同的手段来测量。首先，根据客观标准，采取职业分类，测量职业中间阶层，这是因为相关研究显示职业分类是界定中间阶层的最重要测量指标[③]。其次，采用教育和收入的分类来充实相关的划分。这种将职业、教育、收入等结合起来对中间阶层作较为全面的考察，与相关的研究是一致的[④]。在本书按照收入、教育程度、职业等不同维度进行社会分层时，划分中间阶层的三个维度采用的是“或”的关系，即仅需符合其中一种就属于中间阶层，因此可根据不同的维度分别称为收入中间阶层、教育中间阶层和职业中间阶层，而其中最重要的

---

① 陆学艺主编：《当代中国社会阶层研究报告》，社会科学文献出版社 2002 年版，第 248—270 页；张宛丽：《对现阶段中国中间阶层的初步研究》，《江苏社会科学》2002 年第 4 期。

② 李培林、张翼：《中国中产阶级的规模、认同和社会态度》，《社会》2008 年第 2 期；Bulter, Tim and Mike Savage（eds.），*Social Change and the Middle Class*, London：UCL Press, 1995。

③ Erikson, Robert, and John H. Goldthorpe, *The Constant Flux*：*A Study of Class Mobility in Industrial Societies*, Oxford：Clarendon Press, 1993；Erik Olin Wright, *Class Counts*：*comparative Studies in Class Analysis*, Cambridge：Cambridge University Press, 1997, pp. 1 – 27.

④ 李培林、张翼：《中国中产阶级的规模、认同和社会态度》，《社会》2008 年第 2 期；宋辰婷：《中国中产阶级的中产认同与幸福感测量——基于 2006 年中国综合社会调查的实证分析》，《江汉论坛》2013 年第 11 期；Thompson, William, and Joseph Hickey, *Society in Focus*, *Boston*, MA：Pearson, 2005.

衡量维度是职业分层，因为职业的分工受制于教育程度，而职业的分工也会带来不同的收入水平，而且本书第三章的数据也显示职业分层所反映的内容更为丰富。因此，以职业划分为主，以教育和收入为辅是符合本书的需要的。

从职业上划分，本书将党政机关事业单位领导干部划分为社会上层。而将党政机关事业单位一般职员、企业/公司高层管理人员、企业/公司中层管理人员、专业技术人员、企业/公司一般职员划分为新中间阶层；将个体户/工商企业主划分为老中间阶层；而新中间阶层和老中间阶层共同构成中间阶层。本书将制造业/生产性企业工人，商业/服务业职工，农民，无业、下岗、失业人员划分为社会低层。在教育上，本书将取得大专以上教育文凭的人员定义为“教育中间阶层”，其他为“教育低层”。在收入上，本书以样本的某一基准线为标准，将高于这一标准的视为收入中间阶层，将低于这一标准的视为收入低层。对中间阶层的具体的、详细的测量及解释将会在第二章的“中间阶层的测量”中进行更详细的分析与解释。

2. 社会上层的解释说明

本书将党政机关事业单位领导干部（也称国家与社会管理阶层）作为参考群体，即不对社会上层作更多深入的分析，因为这群人在中国社会所占的比例还是比较小的。例如，在具体的分析中，如第三章将职业在副局级以上的管理干部划分为职业上的“社会上层”，简称为“职业上层”。第四章将“党政机关事业单位领导干部”作为“职业上层”，但是该两章的数据中，选择该项的数量少，所以也只作参考阶层用，不进行分析对比。而在学历、收入的划分上就不再区分社会上层和中间阶层，而将具有中等以上国民教育学历，收入属于社会的中等水平以上的都称为中间阶层。相关的研究也认为社会上层比重较小，对此不作分析或者不作划分[①]。因此，本书中间阶层的界定主要是针对于下层阶层，也称社会低层的比较。

3. 老中间阶层的解释说明

本书把工商企业主（也称私营企业主阶层）和个体户划分为老中间

① 宋辰婷：《中国中产阶级的中产认同与幸福感测量——基于2006年中国综合社会调查的实证分析》，《江汉论坛》2013年第11期；齐杏发：《当前中国中产阶层政治态度的实证研究》，《社会科学》2010年第8期。

阶层。有些研究[①]把职业为国家与社会管理阶层和私营企业主阶层划为社会上层，但本书仅将职业为国家与社会管理阶层这一群体作为社会上层，这是因为笔者认为私营企业主阶层尽管在经济上拥有较高的优势，但是在政治上仍与中间阶层差距不大，所以将私营企业主阶层也看作为中间阶层，李春玲将私营企业主阶层划分为中间阶层[②]，而其他研究者如张宛丽[③]则把私营企业主阶层看为中国社会中间阶层中的一个特殊群体。

另外，根据中国社会的特殊性，当前中国社会存在着相当数量规模的个体户（包括个体工商户、包工头、小业主、小雇主等），其中有一部分所从事的经营活动属于半蓝领或蓝领职业，这类人如果按照准确的白领职业界定，将不属于中间阶层，这一群体在西方发达社会所占比例很低，因此常常忽略不计，但在中国社会里，这部分人是不能被忽略的，他们是中间阶层的一个重要组成部分，在中小城市和小城镇，他们甚至成为中间阶层的主要构成部分[④]，因此本书将其划分为老中间阶层。

对于原来是农民或工人的工商企业主和个体户（所谓农民企业家），其教育水平未达到初中水平，但他们拥有较高的收入，被公众普遍认为是典型的中间阶层（中产阶级）[⑤]，而本书也将根据其特点，仍把这一群体界定为老中间阶层，这样的划分就是通过收入来充实职业、学历的划分。

4. 新中间阶层的解释说明

中国的新中间阶层有两个部分。一部分为从计划经济体制下的“中间阶层”中分化出来的部分干部、知识分子，也称体制内的新中间阶层，其形成发展主要受国家权力机制的影响。另一部分为由民营经济和引进“外资”及高新技术人才而产生的新型中间阶层，其包括经理阶层和“白领”员工，也称体制外的新中间阶层，其形成发展主要受市场权力机制的影响。

5. 各章的中间阶层的具体划分

在中间阶层的划分应用中，本书又根据各章的数据和材料的不同进行

---

① 刘欣：《中国城市的阶层结构与中产阶层的定位》，载李春玲主编《比较视野下的中产阶级形成过程、影响以及社会经济后果》，社会科学文献出版社 2009 年版，第 147—159 页。

② 李春玲：《寻求变革还是安于现状：中产阶级社会政治态度测量》，《社会》2011 年第 2 期。

③ 张宛丽：《对现阶段中国中间阶层的初步研究》，《江苏社会科学》2004 年第 6 期。

④ 李春玲：《如何定义中国中产阶级：划分中国中产阶级的三个标准》，《学海》2013 年第 3 期。

⑤ 同上。

具体的应用。如第三章是将职业、教育、收入等结合起来对中间阶层作较为全面的考察。在职业上，职业中间阶层的划分是结合样本数据特点和赖特的剥削和支配路径而定的，如将选择受雇于他人（有固定雇主），同时又选择“只管理别人，不受别人管理”、“既管理别人，又受别人管理”划分为新中间阶层；而将选择“自己是老板”、“个体工商户”、“在自己家的生意/企业中工作/帮忙，不领工资”、“在自己家的生意/企业中工作/帮忙，领取工资”划分为老中间阶层，而新中间阶层和老中间阶层共同构成中间阶层。第三章还将样本数据中取得大学专科（包括成人高等教育和正规高等教育）及以上教育文凭的人员定义为教育中间阶层，而其他的则定义为教育低层。第三章还将年收入达到或超过样本数据的平均收入的人员称为收入中间阶层，而年收入低于样本数据的平均收入的人员称为收入低层。

第四章和第五章将按照数据的特点，根据职业来划分阶层，将职业选择为党政机关事业单位一般职员、企业/公司高层管理人员、企业/公司中层管理人员、专业技术人员、企业/公司一般职员、个体户/工商企业主称为中间阶层。

第六章根据研究的需要，将业主视为收入中间阶层，将专家学者和高校教师视为学历中间阶层，将医生和媒体工作者视为职业中间阶层。第七章和第八章将专家学者、媒体工作者、律师、作家等作为中间阶层的一部分，而这两章的中间阶层还包括专业技术人员、企业/公司高层管理人员、企业/公司中层管理人员、党政机关事业单位一般职员等。

二 政治参与

（一）以往关于政治参与的界定

简单介绍完中间阶层之后，接下来介绍本书的另一个核心概念“政治参与”，其英文为“Political Participation”，也称参与政治，这是现代民主理论的一个重要概念，是衡量政治文明进程的一个重要变量[①]。政治参与也成了当代学者研究的热门词汇[②]，美国学者亨廷顿（Samuel Phillips Huntington）则认为“区分现代化国家和传统国家，最重要的标志乃是人

① 郭秋水：《当代三大民主理论》，新星出版社2006年版，第13页。

② ［日］蒲岛郁夫：《政治参与》，解莉莉译，经济日报出版社1989年版，第41页。

民通过大规模的政治组合参与政治并受到政治的影响”，这是因为，在传统社会里，“政治参与在村落范围内可能是广泛的，但在高于村落的任何范围，它都局限于极少数人”，即使“规模巨大的传统社会，也许能够获得相对来说高水平的权威合理化和机构分权化，但同样的政治参与仍局限于相对来说的一小部分贵族和官僚上层人士的范围”，因此，“政治现代化最基本的方面就是使全社会性的社团得以参政”[①]。罗伯特·达尔（Robert A. Dahl）把有权参与政治或者享有选举权的居民在总人口中所占的比例作为衡量一种政体民主化程度的两条重要标准之一[②]。学者们的阐述显示了政治参与在政治学研究的重要地位与作用。

对于政治参与的定义，诺曼·H. 尼（Norman H. Nie）和西德尼·伏巴（Sidney Verba）强调其合法的部分：“就政治参与这个术语来说，我们指的是平民或多或少以影响政府人员的选择及他们采取的行动为直接目的而进行的合法活动”[③]，不过，这一定义仅仅强调政治参与属于合法活动，而西方学者亨廷顿和纳尔逊在《难以抉择——发展中国家的政治参与》中则认为政治参与就是“平民试图影响政府决策的活动”，具体包括以下几个方面：（1）政治参与是一种实际行动，其并不包括心理和态度；（2）政治参与是指普通平民，而不是职业政治家的活动；（3）政治参与仅指试图影响政府决策的活动；（4）政治参与包括试图影响政府的所有活动，而不管这些活动是否产生实际效果；（5）政治参与既包括行动者本人自发的参与，也包括行动者受他人策动而发生的参与[④]。亨廷顿和纳尔逊的定义既包括合法活动，也包括非法活动，其比较全面地对政治参与进行了分析，因而概括能力也比较强，是最为经典的定义。

在社会主义国家中，政治参与则有着不同的解释，在 20 世纪 50 年代到 60 年代期间，在极权主义模型下，政治参与成为了社会主义国家控制

① ［美］塞缪尔·P. 亨廷顿：《变化社会中的政治秩序》，王冠华等译，生活·读书·新知三联书店 1989 年版，第 34 页。

② ［美］罗伯特·达尔：《多头政体——参与和反对》，谭君久、刘惠荣译，商务印书馆 2003 年版，第 14—15 页。

③ 吴锦旗：《从政治参与到公民参与的范式转换》，《中国石油大学学报》（社会科学版）2010 年第 2 期。

④ ［美］塞缪尔·P. 亨廷顿、琼·纳尔逊：《难以抉择——发展中国家的政治参与》，汪晓寿、吴志华、项继权译，华夏出版社 1989 年版，第 5—7 页。

和动员的一种工具①。在这些社会主义国家中，政治精英们通过对大众媒介，如报纸、广播、电视的垄断控制成功地限制了信息的流通②。一些研究指出，在原有的社会主义国家中，政治参与是消极的，而且主要由政治精英所控制。政治精英利用权力来动员政治参与的目的是要根据他们的意识形态理想来改变社会。因此，尽管在社会主义国家里也有游行、示威和非竞争性的选举等活动，但是这些活动全是由国家用以支持政府的决策和行为，而不是公民用来向政府官员表达自己的意见的。

随着20世纪60年代社会主义国家的变化，研究者们逐渐放弃了极权模型，他们发现，在政策的形成过程中，不仅是党的机构，而且警察、军队、企业经理、经济学家、作家和法官也开始发挥作用了，并且出现了一些开始追求其共同利益的利益集团③，所以模型被称为利益集团模型。利益集团模型虽然承认社会主义国家并没有能够完全消除国家和社会之间的界限，或是完全阻止利益的表达，但这一模型仍然否认普通民众影响决策的可能性。由于诸如选举、群众运动、工会以及农会等都是由当局操控的，因此也不具有利益表达的作用④。利益集团模型有利于更好地理解社会主义国家中国家与社会之间的关系，并且显示了社会主义国家仍然也有私人生活和私人利益诉求，不过遗憾的是，这种模型仍然拒绝承认普通公民在影响政府决策中的可能性。

利益集团模型之后出现了一种新的理论模型——现代化理论模型，该模型认为即使是社会主义国家的政治参与也不能忽略个人的影响。现代化理论模型认为，随着社会的发展，很多原来由家庭、宗族、其他经济组织承担的功能都转向由政府系统承担。随着政府服务和管理活动的扩展，政府开始直接接触原来没有接触的社会群体。例如，政府税收的扩展，政府

---

① Carl, J. Friedrich, & Zbigniew, Brzezinsky, *Totalitarian Dictatorship and Autocracy*, Cambridge, Mass: Harvard University Press, 1956; Zbigniew, Brzezinski, *The Permanent Purge: Politics in Soviet Totalitarianism*, Cambridge, Mass: Harvard University Press, 1956.

② Freidrich, Carl, Michael Curtis, & Benjamin, R. Barber, *Totalitarianism in Perspective: Three Views*, Praeger, 1969, p. 126.

③ Gordon, H. Skilling, & Franklyn, Griffiths, *Interest Groups in Soviet Politics*, Princeton, Princeton University Press, 1971; Gordon, H. Skilling, "Interest Groups and communist Politics Revisited", *World Politics*, 36 (1), 1983, pp. 1 – 27; David, S. G. Goodman, ed., *Groups and politics in the People's Republic of China*, Cardiff: University College Cardiff Press, 1984.

④ Liu, Alan P. L., *Political Culture and Group Conflict in Communist China*, Santa Barbara, Calif.: Clio Books, 1976.

社会福利和社会服务的提供，都开始影响着公民的个人生活。随着公民个人与政府接触的增多，个人需要影响政府行为和决策的需要也在增加，如果税收的增加和管理直接由政府实施，个人就有动机去与政府讨价还价，以减少对公共品的付出。另外，一旦政府成为社会福利的提供者，个人就期望他们个人或者家庭获得这些收益。因此，随着政府活动范围的扩大，社会经济发展就会促使人们与政府打交道。政府与社会接触的增多促进了人们政治参与水平的提高①。

一些学者对苏联和东欧等社会主义国家的研究表明，这些国家的民众更多地以选举之外的手段，如个人的接触来寻求政府官员的帮助，或向他们表达自己的偏好②。这些研究者发现，社会主义国家的公民政治参与有自己的独特性，如他们更多的是试图影响政策的实施而不是决策过程，更多的是以个体的、非正式的和原子化的方式参与③。进一步的研究则显示，社会主义国家里的公民的政治参与的形式是多种多样的④。国内学者也根据中国的实际状况，给出政治参与的定义，如有的强调政治参与的合法性⑤，有的则将合法和不合法的行为都归为政治参与⑥。

（二）本书关于政治参与的界定

借鉴相关研究，本书将政治参与定义为：普通公民以制度内的或制度

---

① Karl, W. Deutsch, "Social Mobilization and Political Development", *The American Political Science Review*, 55 (3), 1961, pp. 493 - 514; Alex, Inkeles, & David, H. Smith, *Becoming Modern: Individual Change in Six Developing Countries*, Cambridge, Mass: Harvard University Press, 1974.

② Inkles, Alex & Raymond A. Bauer, *The Soviet Citizen: Daily Life in a Totalitarian Society*, Cambridge, Mass: Harvard University Press, 1959; Bialer, Seweryn, *Stalin's Successors: Leadership, Stability and Change in the Soviet Union*, New York: Cambridge University Press, 1980.

③ Jennings, M. Kent, "Political Participation in the Chinese Countryside", *The American Political Science Review*, 91 (2), 1997, pp. 361 - 372.

④ DiFranceisco, Wayne & Zvi Gitelman, "Soviet Political Culture and 'Covert Participation' in Policy Implementation", *American Political Science Review*, 78 (3), 1984, pp. 603 - 621; Bahry, Donna & Brian D. Silver, "Soviet Citizen Participation on the Eve of Democratization", *American Political Science Review*, 84 (3), 1990, pp. 821 - 847; Verba, Sidney, Norman H. Nie & Jaeon Kim, *Participation and Political Equality: A Seven Nation Comparison*, Chicago: University of Chicago Press, 1978; Tianjian Shi, *Political Participation in Beijing*, Cambridge: Harvard University Press, 1997, p. 11.

⑤ 王浦劬：《政治学基础》，北京大学出版社1995年版，第207页。

⑥ 邱永文：《当代中国政治参与研究》，中共中央党校出版社2009年版，第166页；吴锦旗：《从政治参与到公民参与的范式转换》，《中国石油大学学报》（社会科学版）2010年第1期。

外的方式，自发或受他人策动而发生的试图影响政府的决策或行为的行动。这一概念有以下几个特点：

（1）政治参与是实际行动而不包括心理和态度，尽管政治参与和政治心理和态度息息相关，但是政治参与属于客观的政治活动，而政治心理、政治态度则属于主观的认知态度，将其区别开来既有利于分析主观的认知态度对客观的政治活动的影响，也有利于分析客观的政治活动的社会政治影响。

（2）政治参与指的是普通公民的活动，更为确切地说，是充当公民角色的那些人的活动，这就将政治参与和政治职业者区分开来，而政治职业者是从事政治或政府职业工作的人，这里的政治参与概念，不包括作为角色行为的政府官员、政党骨干、政治候选人和其它的职业政治者的活动。也正是这一界定，目的是以颠覆政权的行动或恐怖活动常由职业政治者实施，因此其也就不属于本书政治参与研究的考虑范围。

（3）政治参与是指包括试图影响政府的所有活动，而不管这些活动是否产生实际效果，这是因为相当多的政治参与者几乎难以实现其目的，只有某些政治参与才能实现其目的，因此如果仅考虑实现效果的政治参与，则必将政治参与的外延大大缩小，不利于实际的研究。

（4）政治参与可以是自发的，也可以是受他人策动而发生的。自发政治参与指的是政治参与主体能意识到自身的利益和权利所在，并极力维护其权益，主动、自觉地选择各种方式参与政治生活的政治行为①。而受他人策动而发生的政治参与则属于非自发的政治参与。因为自发的和受他人策动的政治参与在动机和其他方面都有很大的不同，将其区分有利于更好地进行研究。

（5）政治参与既包括选举政治参与，也包括在日常生活中的政治参与等制度内的政治参与，还包括个人或者集体的上访、请愿、群体性事件等制度外的政治参与，甚至还包括各种形式的网络政治参与。对于政治参与的具体测量，将会在第二章有更为详细的分析。

（6）政治参与和社会参与（有的也称为公共参与），是在很多方面重合的两个概念，虽然并不是所有的社会参与都是政治参与，但是由于在我

---

① 黄卫平、陈文：《民间政治参与和体制吸纳的互动——对深圳市公民自发政治参与三个案例的解读》，《马克思主义与现实》（双月刊）2006 年第 3 期。

国政府的管理所涉及的领域非常广泛，因此很多的社会参与也与政府相关。比如，公民对于小区的事务问题的社会参与往往涉及开发商、地方政府，而且他们的问题，居委会也常常会介入，而居委会是层次最低的政府机构，因此这些社会参与实际上也属于政治参与。

第三节　问题的提出

一　中间阶层的发展与互联网的兴起

从上面的概念分析可以发现，中间阶层的大规模发展、互联网兴起与信息社会相互依存。首先，信息社会的发展促使了社会结构中的大规模的中间阶层，尤其是以专业和技术为基础的新中间阶层的出现和发展。自20世纪50年代以来，信息通信技术对社会、政治、文化产生越来越深远的影响，也对经济、技术、职业产生深远的影响。从经济上看，1977年，马克·波拉特（Marc U. Porat）测算出1967年美国的国民生产总值中有46.2%与信息部门有关，并发现这一年信息部门劳动者总收入已经占就业人口总收入的53.2%①。从技术上看，1973年，丹尼尔·贝尔（Daniel Bell）用“工业社会”作为研究的概念单位，提出了30—50年内将会出现后工业社会②。后工业社会中是“科技治国”，这是因为知识和计划已成为现代社会所有组织的基本必需。从职业上看，丹尼尔·贝尔的后工业社会理论在某种程度上也是以白领阶层，也就是新中间阶层的崛起为立论基础。例如，通过对美国就业结构的变化的分析，丹尼尔·贝尔发现后工业社会的一个重要特征体现在职业分布上，即专业与技术人员阶级处于主导地位，“到1956年，美国职业结构中白领工人的数目，在工业文明史上第一次超过了蓝领工人，在那时起，白领工人的比例一直在稳步扩大，到1970年，白领工人与蓝领工人之比超过了5:4”③。

其次，信息社会的发展导致了互联网的迅速发展。互联网是20世纪最后30年间的创造和发展，是军事策略，大型科学组织、科技产业，以

① ［美］约翰·奈斯比特：《大趋势——改变我们生活的十个方向》，梅艳译，中国社会科学出版社1984年版，第27页。

② ［美］丹尼尔·贝尔：《后工业社会的来临——对社会预测的一项探索》，高铦等译，商务印书馆1986年版，第23页。

③ 同上。

及反传统文化的创新所衍生的独特混合体[1]，其中信息传播是关键点。互联网起源于美国国防部先进研究计划局（ARPA）所提出的设想，即互联网可以独立于指挥和控制中心而运作，而信息单位会沿着互联网寻找的路径，而在互联网的任何一点重新组合成有意义的信息。20 世纪 90 年代出现的万维网（World Wide Web）是依照信息来组织网站的内容，然后提供使用者方便的搜寻系统，来标定他们想要的信息。所以互联网的一个重要的起源和功能就在于信息的传播，也正是信息社会需要大量信息传播的这一社会现实促使互联网诞生与发展的。因此，互联网使用的特点与影响成为了信息社会中值得关注的现象。

二　中间阶层与社会稳定

中间阶层的政治参与是社会稳定与否的重要力量。1912 年，德国的埃米尔·莱德勒（Emil Lederer）最早提出中产阶级“稳定器”的概念，他认为中产阶级对社会主导价值观有较强认同感，是促进社会发展的具有稳定功能的主体力量。亨廷顿分析中产阶级（中间阶层）对政治稳定的影响时，则指出了中产阶级具有复杂性和不稳定性，强调最初登上历史舞台的中产阶级分子是知识分子，后来中产阶级逐渐发展分化为文官、军官、教师和律师、工程师和技师、企业家和管理人员。最早出现的中产阶级分子是最具有革命性的，但随着中产阶级队伍的壮大，他们逐渐地趋于保守[2]；李普赛特（Seymour Martin Lipset）指出，在全球化的影响下，中产阶级的那种力图复制发达国家政治制度的欲望，常常会产生其与本国传统统治方式的冲突。如果国家进行政治转型，较好调整了传统与现代的关系，使中产阶级的政治参与具有话语和行动表达的空间，那么中产阶级的政治抱负就会被政治转型所消解，这个社会就会在改革中趋于稳定。但如果中产阶级在扩张过程中，其话语和社会行动空间被约束和压制，或者其阶级意识不能被上层建筑所整合，则其所

---

① Abbate, Janet, *Inventing the Internet*, Cambridge, MA: MIT Press, 1999; Hart, Jeffrey A., Reed, Robert R. & Bar, Francois, *The Building of Internet*, Berkeley, University of California, BRIE, working paper, 1992.

② ［美］塞缪尔·P. 亨廷顿：《变革社会中的政治秩序》，李盛平等译，华夏出版社 1988 年版，第 263—265 页。

导致的反弹会日趋激烈——这时，政治动荡就会生成[①]。国内的学者则从不同的角度指出中间阶层是社会稳定的力量[②]。

历史经验则显示，中间阶层的崛起有的时候也会带来更多的社会冲突，如西方国家的中间阶层的发展 就曾引起20世纪60年代美国的反战运动、法国的学潮和随后的民主思潮等。韩国社会在20世纪70—80年代的中产化，再造了整个社会政治结构，中产阶级支持之下的学生运动，直接导致了总统直选制的产生[③]。因而中间阶层的政治参与对社会稳定的影响要依赖不同的历史社会条件。尽管如此，应该承认的是，无论中间阶层作为稳定器或是不稳定因素，其都对整个社会的稳定有着重大影响。

三　本书的核心问题

综合上述两方面的分析，本书所要探讨的核心问题是互联网使用对中国中间阶层的政治参与产生什么样的影响，互联网使用受到什么样的因素影响，互联网使用影响的方式和特点是什么，互联网使用又产生何种社会政治影响。

第四节　研究目的

在传统社会里，政治参与多与社会经济地位、社会资本、政治兴趣、政治态度等相关，随着互联网的逐渐发展，互联网所传播的信息及功能是如何影响政治参与的就成为政治学和传播学的新的研究课题。目前，国内外学术界对互联网对政治参与的影响和中间阶层的政治参与尽管均取得了许多研究成果，但从总体来看，也存在以下不足：首先，西方学者的视野主要集中在西方发达国家，对发展中国家，尤其是中国的关注不足。其次，中国学者近年来尽管日益关注互联网对政治参与的影

---

① ［美］李普赛特：《政治人：政治的社会基础》，张绍宗译，上海人民出版社1997年版。

② 李强：《关于中产阶级和中间阶层》，《中国人民大学学报》2001年第2期；胡联合、胡鞍钢：《中产阶层稳定器还是相反——西方关于中产阶层社会政治功能的研究综述及其启示》，《政治学研究》2008年第2期。

③ Kim Shinil, "*South Korea*", in *Student Political Activism: An International Reference Handbook*, edited by P. G. Altbach, New York: Greenwood Press, 1989, pp. 173 – 182.

响，但主要体现在宏观意义上的讨论，对不同群体，尤其是中间阶层的互联网使用特点及其对其不同政治参与方式的影响关注不足。再次，国内学者对中间阶层的政治参与的研究尽管已取得一定的成果，但从大众媒介，尤其是互联网的角度展开的分析并不多。最后，其他一些问题，突出体现在概念的细分上，如中间阶层的不同群体的划分、政治参与的划分等，不将概念细分将影响问题的深入分析。需要说明的是，这里作为本书的绪论，仅是简单分析一下以往研究存在的问题，在第二章将对相关研究进行详细的论述和评析。

基于以上分析，本书的目的是采用定性和定量方法结合起来使用的混合方法，分析互联网使用与中国中间阶层政治参与，并试图把定量数据的结果和定性的材料进行比较，寻求解释、例证、改进和澄清，以获得相应的结论。

第五节 研究的理论价值与现实价值

一 理论价值

本书是一个跨学科的研究，其中所涉及的领域包括传播学、社会学、政治学。从传播学的角度来看，本书可以增加对不同社会阶层的媒介使用的差距状况的认识，理解由不同的媒介使用、政治效能感等所影响下产生的政治参与的差距，而其中不同的媒介使用来源于不同社会阶层的使用目的、实际需要、功能期待。从社会学的角度来看，本书便于探索特定群体中的互联网影响政治参与的机制及变动规律，便于探索社会转型环境下中间阶层的互联网使用的需要、目的及其社会影响。从政治学的角度来看，本书便于了解发展中国家的社会转型期新媒体在中间阶层中的使用和政治影响，以及理解经济现代化和政治民主化。

二 现实价值

本书希望能够从根本上透视互联网使用与中国中间阶层的政治参与，并为促进我国中间阶层的制度内的政治参与和社会稳定提供可行的对策。这是因为政治参与已经成为中国共产党政策的一个重要组成部分，在中国共产党的十六大报告中，提出“健全民主制度，丰富民主形式，扩大公民有序的政治参与[1]。而中国共产党的十七大报告在此基础上提出要“从各个层次，各个领域扩大公民有序政治参与”，“保障人民的知情权、参与权、表达权、监督权”，“推进决策科学化、民主化，完善决策信息和智力支持系统，增强决策的透明度和公众参与度，制定与群众利益密切相关的法律法规和公共政策原则上要公开听取意见[2]”。在中国共产党的十八大报告中，对于政治参与的途径作了更明确、具体的规定，更加突出地强调政治参与的法制化、规范化。报告指出，人民代表大会制度是我国的基本政治制度，人民通过人民代表行使自己的权力，因此人大体制机制上的建设，对人民参与国家政治生活至关重要。中国共产党的十八大报告强调“在人大设立代表联络机构，完善代表联系群众制度”，这一制度的建立，就是报告所特别强调的“拓展人民有序参与立法途径”的重要举措[3]。这些文件都显示，推进有序、制度内的政治参与已经成为中国共产党的政策目标，因此，从这一点而言，本书具有重要的现实价值。

第六节　研究的重点与难点

本书重点主要体现在以下环节：解释中间阶层的互联网使用、分析其对中间阶层政治参与的影响，并以此为基础，提出中间阶层网络政治参与的几种模式、特点及社会影响。

本书难点主要有以下两个方面：一是在建立适合本课题的研究框架时，需要阅读和消化大量现有的有关政治参与、中间阶层、网络传播的文献；二是在获取中间阶层的经验资料时，需要对中间阶层的互联网使用和政治参与现象进行大量的调查、分类和比较，这也将耗费大量的时间和精力。

---

① 《全面建设小康社会，开创中国特色社会主义事业新局面——在中国共产党第十六次全国代表大会上的报告》，新华社受权播发江泽民同志在党的十六大上所作报告全文，2002 年 11 月 17 日，新华网（http：//www. xinhuanet. com/）。

② 《高举中国特色社会主义伟大旗帜　为夺取全面建设小康社会新胜利而奋斗——在中国共产党第十七次全国代表大会上的报告》，胡锦涛在党的十七大上的报告（全文），2007 年 10 月 24 日，新浪网（http：//www. sina. com. cn）。

③ 《坚定不移沿着中国特色社会主义道路前进　为全面建成小康社会而奋斗——中国共产党第十八次全国代表大会报告》，2012 年 12 月 14 日，新华网（http：//www. xinhuanet. com/）。

第七节 研究的主要创新

本书在研究角度、研究目标、研究方法、研究内容的主要创新如下：

（1）研究角度新。互联网与政治参与、中间阶层的政治参与都是近几年学术界的研究热点，但在其交叉处进行的实证研究尚不多见。本书从互联网使用与中间阶层政治参与的角度去研究，即从交叉处去分析，这体现了视角的新颖性。

（2）研究目标新。本书的目标是了解互联网使用与中国中间阶层的政治参与，该研究有利于了解全世界互联网使用人数的最多国家中的互联网使用所产生的政治社会影响，也有利于了解中国中间阶层是如何使用互联网来进行各种形式的政治参与的。

（3）研究方法新。当前，问卷调查是研究互联网使用对政治参与影响的主要方法，但是仅凭问卷调查难以理解互联网使用的多样性及政治参与形式的多样性。本书采用问卷调查、全国二手数据分析、深入访谈、内容分析、个案研究、多案例比较、统计分析等多种方法来进行综合分析。

（4）研究内容新。本书的内容既有实证调查中国中间阶层的互联网使用和政治参与状况以及它们之间的相互关系，也有从网络问政、网络社区、网络公共事件、网络政治动员里挖掘中国中间阶层使用互联网进行政治参与的特点、过程以及影响，这样的内容是以前的研究很少涉及的。

第八节 研究思路和研究方法

一 研究思路

本书在调查中按照“提出问题—构建分析框架—分析问题—解决问题”的逻辑思路展开研究。首先，采用理论思辨的方法解答相关理论问题并提出研究假设和相关问题；其次，通过二手数据、问卷调查、质化访谈、个案分析、内容分析、案例比较法、统计分析等方法，收集材料和数据，检验假设和回答问题；最后，以理论论据和实证论据为支撑，对问题进行多维度分析，并提出解决问题的方法。

二　研究方法

这里仅宏观地对研究方法与过程进行陈述，解释课题采用的资料收集方法，具体到各章节的时候再分析资料的代表性、可靠性和有效性，并说明资料处理与分析方法及其选择依据。总体来说，本书采用质化与量化的混合研究方法，具体包括以下方面：

（1）文献研究法。围绕互联网使用与政治参与这一主题，通过系统收集和整理国内外现有相关研究成果，并进行归纳、对比和提炼。此外，搜集涉及互联网具体使用方面的数据，为研究的进一步深化提供素材。

（2）二手数据分析。对2010年的中国综合社会调查（CGSS）中城市中间阶层的媒介使用和政治参与数据进行分析。

（3）问卷调查法。问卷为2013年10月到11月对全国31个省、直辖市、自治区（不包括港、澳、台）的年满16周岁及以上的网民的配额抽样调查。

（4）质化访谈法。它是在全国范围内对中间阶层的各类成分进行的一项便利抽样访谈。质化访谈法的研究目的是就某一个研究问题进行比较深入的探讨，因此样本一般比较小，采取的是“目的性抽样”原则，即抽取那些能够为研究问题提供最大信息量的人或事。

（5）内容分析法。通过对论坛、博客、微博、微信、QQ里的中间阶层政治信息，政治讨论的发帖内容、转发内容、信息来源以及好友和粉丝进行分析，探索其中的政治参与特点和影响。

（6）个案分析法。通过分析网络公共事件中典型案例，如孙志刚事件、“7·23”动车事件以及其他的典型案例，分析中间阶层在其中的表现以及特点。

（7）多案例比较法。通过分析全国九个有代表性的网络问政平台，来探索网络问政的特点、功能、局限，以及中国中间阶层在其中的表现。通过分析比较“网络打拐”、“网络公益”、“北京六里屯垃圾焚烧厂项目”、“番禺垃圾焚烧厂项目”等典型案例，分析事件背后的网络使用、舆论形成和社会动员。

（8）统计分析法。对回收的问卷进行审核，剔除无效问卷之后，录入SPSS软件，对相关变量进行描述分析，并对变量进行相关分析。具体操作是根据研究方案和设计，对调查问卷所收集的资料进行因素分析、多元统计分析等，从而构建回归模型。当数据是 Stata 形式时，则采用 Stata 相关软件进行分析。除了利用计算机进行定量分析以外，还要对实地研究的资料进行深入的定性分析，以相互印证、相互补充。

之所以采用不同的研究方法，是因为本书在分析中国人民大学免费提供的全国二手问卷调查数据时，希望能发现中间阶层互联网使用和政治参与之间的关系，但是由于该份问卷是社会学的学者设计的，因此其问卷项目中没有更多的传播变量，仅有媒介使用的一些简单情况，对互联网使用的具体情况并没有涉及，也没有对政治参与进行更细分的测量，因此，难以实现研究的更多目的。于是就进一步采用问卷调查法，希望挖掘更多的互联网使用和政治参与情况。然而问卷调查数据后，发现问卷的长度有限，设置的问题容量也有限，难以对问题进行更为深入的研究，于是就采用质化分析的方法。但是基于时间和基金的限制，质化分析仅能使用便利抽样，样本量不够，且不是面向全国的样本，而且使用访谈的形式也难以深入分析其他方面的东西，尤其是中间阶层多种多样的网络政治参与行为。因此，针对不同的中间阶层的网络政治参与形式，本书进一步采用不同研究方法来分析中间阶层是如何利用互联网来进行政治参与的。例如，在进行网络问政分析时，采用内容分析法和多案例比较法，以全面理解中间阶层在网络问政的态度和行为。在网络社区分析时，对论坛、博客、微博、微信、QQ 里的中间阶层的发帖内容进行分析，以辨别其中的阶层身份，进而分析其言论特点。在进行网络公共事件的分析时，就采用个案分析。在进行网络社会动员分析时，就采用多案例比较法。通过这些个案及不同个案之间的比较，深化对问题的认识和理解。

更为重要的是，不同的研究方法，有各自不同的优点和缺点，将不同的方法结合起来，可以更为深入地探讨本书的主要问题。例如，面向全国提供的二手问卷调查数据权威，有价值，具有很高的信度，但是问卷的问题和设计不一定都能够满足本书的需求。笔者自己做的一手问卷的调查数据能够根据研究的需要来设计题目，但要花费时间和精力。将二手问卷调查数据和笔者一手问卷的调查数据相比较，能够互相验证，又互为补充。深入访谈能够获得被访者更多对于问题的看法，能够弥补问卷调查数据中的问题设置简单的局限，但是调查样本量不大。内容分析可以了解被访者的主观看法，但是抽样时难以确认发帖人的真实身份。个案分析有利于探讨某一案例背后深入的背景、原因和影响。而多案例分析比较法类似于控制实验，能弥补个案分析的缺点。因此，通过不同的研究方法的综合利用，能够弥补不同方法各自的缺点，做到互相补充、互相印证，从而更好地深入分析和研究问题。

第九节 研究的框架与逻辑关系

本书正文共分九章：

第一章到第二章是整篇研究的基础。第一章是绪论，介绍研究的背景、相关概念介绍、研究问题、研究目的、理论和现实价值、研究的重点难点、主要创新、研究思路、研究方法、基本框架等。

第二章为文献、理论和概念的测量，即国内外文献综述，理论框架与核心概念的测量，其中互联网使用与中国中间阶层的政治参与涉及三个核心变量：互联网使用、中间阶层、政治参与。于是文献综述从变量相关的角度进行，即从互联网使用与政治参与的研究、中间阶层的政治参与研究、互联网使用与中国中间阶层政治参与的研究进行文献分析与评价。同时对核心的理论框架进行分析。并根据文献综述和理论框架，提出相关的假设和问题。最后对核心概念中间阶层、政治参与提出本书的具体测量方法。

第三章到第四章以定量的方法来探索中间阶层的互联网使用和政治参与的关系，其中第三章为二手的问卷调查数据，第四章为笔者的一手问卷调查数据。

第三章为中间阶层与社会低层的媒介使用与政治参与比较，其是基于2010年中国综合社会调查（CGSS）城市数据的研究，通过职业、教育、收入分析比较不同类型的中国中间阶层与社会低层的媒介使用和政治参与。第三章研究发现，无论是职业分层、教育分层还是收入分层，中间阶层在互联网的使用和把互联网作为最重要信息来源上都超过社会低层，并且通过了统计检验。所以中间阶层与社会低层在互联网使用之间形成了一道“数字鸿沟”。与社会低层相比，中间阶层较少使用上访等的制度外的政治参与。在面对政府有关部门或工作人员的不公正对待时，中间阶层更多的是利用媒体，尤其是互联网来进行政治参与。

第四章为职业中间阶层的互联网使用、政治效能感与政治参与：基于2013年的全国抽样。笔者通过一手的问卷调查数据发现，在互联网使用频率、互联网使用工具和使用方式上，职业中间阶层高于职业低层，并通过了统计检验，因而中间阶层与社会低层在互联网的使用上的确形成了较大的“数字鸿沟”。在对中间阶层的互联网使用、政治效能对政治参与影响分析中，发现互联网使用和政治效能感在总体上对中间阶层的各种政治参与产生影响，而互联网使用在对各种政治参与中影响最大的为网络政治参与。

第五章到第八章是分析中间阶层通过互联网来进行政治参与的不同模式，主要采用个案分析、深度访谈、观察法、内容分析法、多案例比较等定性方法来进行研究，并从问政模式、日常模式、外压模式、动员模式来展开。

第五章为网络问政里的中间阶层政治参与分析，即问政模式的分析。第五章通过对全国最为著名的9个网络问政栏目的分析，发现目前中国网络问政的内容非常广泛，涉及广泛的、具体的民生问题。在网络问政中，中间阶层并不显著高于社会低层，而是中间阶层，尤其是中间阶层的中下层和社会低层共同构成了网络问政的网民主体。中间阶层则偏好参与专业技术和问计问策的网络问政。而在对网络问政的态度上，尽管大部分中间阶层对网络问政是持积极的支持态度的，但是仍有小部分持中立态度和消极态度，这些人对网络问政的现实效果存在着怀疑。网络问政既能为国家赋权，也能为不同阶层的公民赋能。

第六章为网络社区里中间阶层的政治参与分析，即日常模式的分析。第六章通过对建立在邻里关系基础上的业主论坛，建立在弱关系基础上的博客、微博，以及主要建立在强关系基础上的QQ、微信等网络社区的分析，发现中间阶层主要关心和讨论的是自身工作与生活的信息和内容，然后才是政治方面的信息和内容，这反映出受益于经济发展的中国中间阶层的功利性和实用性。中间阶层在建立在不同关系基础上的网络社区里的政治参与特点是不同的。在网络社区里，中间阶层从事日常模式的政治参与使用的是社会网络和话语。

第七章是网络公共事件里的中间阶层的政治参与分析，即外压模式的分析。第七章发现中间阶层的专家学者、媒体工作者、律师、作家等拥有较大的话语权，其在网络公共事件中担任起意见领袖；其他的部分中间阶层则通过传播、转发、附和来表达自己的观点和态度；而中间阶层下层则在网络里发泄不满、愤怒。在网络公共事件中，中间阶层采用理性化的话语批判、情绪化的话语表达、戏谑的网络灰段子、抵抗主流文化的恶搞等话语方式来参与。网络公共事件里中间阶层在国家与社会之间进行公共领域的构建，而国家在网络公共事件中，通过各种办法来调整网络舆论。网络公共事件里的中间阶层的诉求是温和的，而并非是激进的，其除了有理性的一面，也有情绪化的一面。从宏观上看，网络公共事件里的中间阶层的社会影响，常常受制于传统媒体的报道的影响；从微观上看，其还受制于中间阶层对网络政治参与的意见和态度，以及对网络管理的意见和态度影响。

第八章是网络社会动员里的中间阶层的政治参与分析，即动员模式的分析。第八章发现动员的领导者往往是具有专业知识和教育水平的中间阶层。在共意性社会运动中，中间阶层以认知动员和情感动员为重点；在冲突性社会运动中，中间阶层以组织动员和外部力量动员为重点，同时需要认知动员、情感动员相配合。无论是共意性运动还是冲突性运动，中间阶层都尽量在法律的框架下推行，通过媒体、互联网来表达自己的诉求、动用各种可以使用的资源，避开政府的限制，发展有利的政治机会结构，甚至通过再框架化，为自己的运动的合法性和成功打下基础。对待网络社会动员下的政治参与，中间阶层的态度和行为都是温和的并出于现实利益考虑的，其目的是追求社会稳定下的利益维护。

第九章为全书的结论与讨论，目的是概括经验发现，即验证了或证伪了什么假设和回答中心问题，探讨假设的证实或证伪有什么理论意义和贡献，并分析研究的不足，提出未来的研究方向。

第二章

文献、理论和概念的测量

本章的文献、理论和概念的测量三者分别指的是文献综述、理论框架和核心概念的测量。在文献综述方面，互联网使用与中国中间阶层的政治参与涉及三个核心变量：互联网使用、中间阶层、政治参与。于是，分别从互联网使用与政治参与的研究、中国中间阶层的政治参与研究、互联网使用与中国中间阶层的政治参与研究进行分析与评价。在理论框架方面，互联网使用与中国中间阶层的政治参与涉及传播学、社会学、政治学三个领域，是一个跨学科的研究，其涉及大量的相关理论，这一章仅对核心的理论框架，如数字鸿沟、使用与满足、国家与社会、公共领域进行分析，并根据文献综述和理论框架，提出相关的假设和问题。此外，本章还对中间阶层和政治参与两个核心概念提出测量方法。

第一节　文献综述

一　互联网使用与政治参与的研究

（一）国外的研究

国外互联网使用与政治参与的研究可分为以下几个方面：

1. 互联网使用对公民的政治参与产生什么影响

在互联网出现的早期，研究者认为互联网的使用会导致公民社会资本的下降，从而减少公民的政治参与。帕特南（Putnam，1995；2000）[①] 认

---

① Putnam, R. D., "Bowling alone: America's declining social capital", *Journal of Democracy*, 6 (1), 1995, 65－78; Putnam, R. D., "Tuning in, tuning out: The strange disappearance of social capital in America PS", *Political Science and Politics*, 1995, 28, pp. 664－683; Putnam, R. D., *Bowling alone: The collapse and revival of American community*, New York: Simon & Schuster, 2000.

为互联网使用会对公民参与（也包括政治参与）产生不利的影响，因为当时的互联网主要用于娱乐，为此公民使用互联网越多，就会花越少的时间去参与公民和社会活动。这一研究将互联网使用测量为互联网使用时间。其他学者也认为假如公民用于互联网的时间过多，就会导致用于现实的社交时间的减少，最终导致现实社会网络的削弱或损害，以及减少参与社会活动①，这可称为互联网的时间替代假说，这一假说的提出基于以下几个理由：第一，互联网上的用于各种的个人娱乐的时间，会占用个人用于建立社会网络的时间；第二，互联网之间的虚拟交往与现实之间的人际交往不是一样的，其并不一定就能发展出能促进政治参与的人与人之间的社会信任；第三，在兴趣爱好上，互联网中的参与者常常选择与自己爱好相同或相近的社区，其仅能为思想相同或相近者提供一个交流平台，却不能促进多元观点的碰撞与交流②。

不过，后来的研究发现如果互联网是被用于获取政治信息或参与政治讨论的话，互联网的使用就能够促进现实的政治参与。例如，有研究③指出互联网可促进大量的社会交往出现，而这又支持互联网的使用者与他人及社区进行联系，从而促进了现实的政治参与。马斯拉等（Marcela et al.，2011）则发现年轻人参与网络政治活动越多，其进行现实政治参与就越多④。

2. 互联网使用如何对公民的政治参与产生影响

研究者从以下几个方面分析互联网使用是如何对公民的政治参与产生影响的：

（1）互联网使用为公民的政治参与提供信息。

宾伯（Bimber，2000）认为信息是理解互联网的政治含义的关键⑤，

---

① Nie, N., & Erbring, L., "Internet and society: A preliminary report", *IT & Society*, 1 (1), 2002, pp. 275 - 283.

② Druckman, J. N., & Nelson, K. R, "Framing and deliberation: How citizens' conversations limit elite influence", *American Journal of Political Science*, 47 (4), 2003, pp. 729 - 745.

③ Wellman, B, Quan-Haase, A., Boase, J., Chen, W., Hampton, K., de Diaz, I. I, et al., "The Social Affordances of the Internet for Networked Individualism", *Journal of Computer-Mediated Communication*, 8 (3), 2003.

④ Marcela Garcia-Castanon, Alisond Rank, and Matta Barreto, "Plugged In or Tuned Out? Youth, Race, and Internet Usage in the 2008 Election", *Journal of Political Marketing*, (10), 2011, pp. 115 - 138.

⑤ Bimber, "The Study of Information Technology and Civic Engagement", *Political Communication*, 17 (4), 2000, pp. 329 - 333.

这是因为：首先，从虚拟空间中获取信息的成本相对较低；其次，网络中的信息流不易被控制。这两点在很大程度上可以解释为何互联网被看作政治参与的重要工具，不过，对于信息的作用并不都是乐观的，有学者则认为互联网的信息对公民政治参与的影响是导致了信息窄化的问题。例如，美国的凯斯·桑斯坦（Cass R. Sunstein）[①] 指出，网络使用户更容易接触到的是自己偏好的信息，而拒绝接触自己不喜好的信息，结果导致信息的窄化，而信息的窄化又使社会容易趋向分裂。

相关研究者则指出，信息对政治参与的影响并不是绝对、无条件的。例如，沙阿（Shah）等[②]指出，信息流的影响是有条件的，其条件是动机，因为不同的动机对政治参与具有不同的影响，互联网使用只有在信息获取为目的的时候，才会正面影响信任和政治参与。进一步的研究显示[③]，互联网使用影响政治参与必须与用户的性情偏好产生交互作用，才会促进用户的政治参与。

（2）互联网使用为公民的政治参与提供讨论平台。

与传统媒体相比，互联网既提供政治信息，也提供政治讨论的空间[④]。与面对面的政治讨论相比，互联网提供了多样化的讨论平台，一方面，网络参与者更为广泛，广泛的网络参与者由于其政治知识、政治态度都不同，因而政治观点也更加多元化；另一方面，互联网随时随地都可以连接，使得网络讨论成本更低，网络参与者也可以更为自由地选择进行讨论的时间与地点。例如，沙阿等（2005）[⑤] 指出互联网对促进政治讨论有

---

① ［美］凯斯·桑斯坦：《网络共和国：网络社会中的民主问题》，黄维明译，上海人民出版社2003年版。

② Shah, Dhavan V., Jack M. Mcleod, and So-Hyang Yoon, "Communication, Context and Community: An Exploration of Print, Broadcast and Internet Influences", *Communication Research*, 28 (4), 2001, pp. 464 – 406.

③ Tolbert, Caroline J. & Ramona S. Mcneal, "Unraveling the Effect's of the Internet on Political Participation?", *Political Research Quarterly*, 56 (2), 2003, pp. 175 – 185; Xenos, Michael & Patricia Moy, "Direct and Differential Effects of the Internet on Political and Civic Engagement", *Journal of Communication*, 57 (4), 2007, pp. 704 – 718.

④ Dahlgren, P, "The Internet and the democratization of civic culture", *Political Communication*, 17, 2000, pp. 335 – 340; White, C. S., "Citizen participation and the Internet: Prospects for civic deliberation in the information age", *Social Studies*, 88, 1997, pp. 23 – 33.

⑤ Shah, Dhavan V., Jaeho Cho, J. R. Eveland, William P., and Nojin Kwak, "Information and Expression in a Digital Age: Modeling Internet Effects on Civic Participation", *Communication Research*, 32 (5), 2005, pp. 531 – 565.

利，这种情况不仅发生于网络领域，还可以扩展到现实生活中，而政治讨论又能促进政治参与。纳等（Nah et al.，2006）[①] 则发现，网络新闻信息通过政治讨论间接影响政治参与。

（3）互联网使用为公民政治参与提供组织动员。

组织动员是指能够促进个人及组织参与集体行动的机制，是政治参与研究中的一个重要方面[②]。互联网的广泛应用使其能为公民政治参与提供组织动员。通过组织动员，互联网在新社会运动方面产生重要的影响[③]。霍华德·瑞格德（Howard Rheingold，2002）较早就指出，互联网可能催生出“聪明的暴民”，会导致下一次的社会革命[④]。有研究者将互联网、移动电话称为“使人获得解放的技术”，其使公民能够表达意见、发动抗议活动，并拓展了自由的范围[⑤]。

总的来看，国外这方面的研究值得借鉴，但是国外的互联网使用和政治参与现状都与中国有着很大的不同。比如，中国的互联网使用在内容上受到管制，政治参与的目的与途径都与国外有很大的不同，这表明在引用国外的研究上，需要将其中不适应的分离出来，如国外的互联网最常见的应用是在竞争性的选举上，但在中国则不存在等。

（二）中国的研究

这里的中国的研究是指互联网使用与中国政治参与的研究，而这方面的研究者既有来自国内的学者，也有来自国外的学者。相关的研究包括以

---

① Nah, Seungahn, Aaron S. Veenstra, and Dhavan V. Shah, “The Internet and Anti-War Activism: A Case Study of Information, Expression, and Action”, *Journal of Computer-Mediated Communication*, 12 (1), 2006, pp. 230 – 247.

② McCarthy, J., “Constraints and Opportunities in Adopting, Adapting, and Inventing”, in *Comparative Perspectives on Social Movement's: Political Opportunities, Mobilizing Structures, and Cultural Framings*, edited by D. McAdam, J. McCarthy, and M. Zald, New York: Cambridge University Press, 1996; Davis, R., *The web of politics: The Internet's impact on the American political system*, New York: Oxford University Press, 1999; Galston, W. A., “Does the Internet strengthen community?”, *National Civic Review*, 89 (3), 2000, pp. 174 – 189.

③ Wim van de Donk, Brian D. Loader, Paul G. Nixon, Dieter Rucht, *Cyberprotest: New Media, Citizens and Social Movements*, New York: Routledge, 2006; Garrett, R. K., “Protest in an Information Society: A Review of Literature on Social Movements and New ICTs”, *Information, Communication, and Society*, 9 (2), 2006, pp. 202 – 224.

④ Howard Rheingold, *Smart Mobs: The Next Social Revolution*, Basic books, 2002.

⑤ Larry Diamond, “Liberation Technology”, *Journal of Democracy*, 21 (3), 2010, pp. 69 – 83.

下方面：

1. 使用互联网进行网络协商

随着使用互联网人口比例的增加，网络协商，或者也称网络问政，在中国政府制定政策的过程中获得了一个很大的发展，2008 年后，国务院对涉及民生的重大决策在出台前广泛征集意见建议，提高了政府决策的透明度和公众参与度，其中就包括通过互联网广泛征集意见。斯蒂雯（Steven，2012）通过对《我为医改建言献策》中的 541 个网民的意见分析发现，超过一半的提意见的网民说他们是专业技术人员①。魏娜和袁博②发现网络问政这样的网络参与方式因操作相对方便、信息传播快捷、成本相对较为低廉等特点，逐渐成为了公民参与政策制定的主流方式之一。

2. 使用互联网进行舆论表达

互联网使用与中国政治参与首先体现为通过网络舆论影响中国政治，这是因为在中国，由于缺乏真正的民意调查机构和畅通的公众表达机制，在互联网出现之前，舆论总是难以很好地表现出来，而互联网为舆论的表达提供了一个很好的平台，从而影响着中国政治的发展。另外，在中国，由于传统的大众媒介受到严格的控制③，相比之下，互联网在政治讨论，尤其是在敏感话题上较少控制，使网络舆论成为一定程度的公共领域，因而其对政治参与的影响会更明显。杨国斌（Guobin Yang，2003）④ 指出中国互联网用户对其社会和政治传播的兴趣，远远高于商业传播的兴趣，他认为通过使用网络论坛，中国互联网用户已经开始建构出一个虚拟的公共领域，并在其中激烈地讨论公共问题，是一种新型的政治行为。杨国斌（2009）⑤ 还通过对两个案例的分析，揭示了网络事件中情感动员的戏谑

① Steven J. Balla, "Information Technology, Political Participation, and the Evolution of Chinese Policymaking", *Journal of Contemporary China*, 21 (76), 2012, pp. 655 - 673.

② 魏娜、袁博：《城市公共政策制定中的公民网络参与》，《中国行政管理》2009 年第 3 期。

③ Anokwa, K., Lin, C. A., Salwen, M. B., *International Communication: Concepts and Cases*, Wadsworth/Thomson Learning, Belmont, CA, 2003; Lagerkvist, J., *After the Internet, Before Democracy: Competing Norms in Chinese Media and Society*, Peter Lang, New York, 2010; Wu, Y., Lau, T. Y., Atkin, D., Lin, C., "A comparative study of online privacy regulations in the U. S. and China", *Telecommunication Policy*, 35 (7), 2011, pp. 603 - 616.

④ Guobin Yang, "The Internet and Civil Society in China: A Preliminary Assessment", *Journal of Contemporary China*, 12 (36), 2003, pp. 453 - 475.

⑤ 杨国斌：《悲情与戏谑：网络事件中的情感动员》，《传播与社会研究》2009 年第 9 期。

和悲情两种情感动员风格。周（Zhou，2009）[①] 通过对网易博客的内容进行分析发现，在对上海市委书记陈良宇查处这件政治事件上，网易博客很快出现大量评论，各种观点都呈现在博客里，甚至出现了一些批评政府的观点。而泰（Tai，2006）[②] 则指出互联网创造了让中国公民意见得以表达的机会。

不过，另一位海外学者郑永年[③]则指出互联网主要促进了政治自由化，而不是政治民主化。国内学者胡泳[④]认为网络中的“众声喧哗”使得公私领域的区分充满了流动性和多变性。这些观点反映了互联网舆论的表达复杂性和局限性。

3. 使用互联网进行抗争性政治参与

在目前的中国环境下，抗争性政治参与一般属于制度外的政治参与，相关研究指出网民常常通过网络来进行抗争性政治参与，其中涉及集体行动。例如，汪建华[⑤]通过对罢工事件的考察，指出以互联网为主的传播技术成为了动员政治参与的中介。对中国环保运动的分析也显示，互联网为环保积极分子提供了一个替代性的媒体空间，进而影响公共舆论，并最终促成集体行动[⑥]。互联网也涉及话语抗争，蒙（Meng，2011）[⑦] 互联网通过分析中国互联网两个很有影响力的“恶搞”事件，发现“恶搞”并不能带来为了达成同一目的的理性讨论，也不能产生任何可见的政治后果，但是它们确实构成网络文化的一种重要元素，这种元素既可以进行政治批评，又使得参与者带来情感联系。阿斯勒和肖强（Ashley Esarey & Xiao Qiang，2011）[⑧] 互联网通过对报纸和博客内容的分析，发现博客里的批

① Zhou，X，“The political blogosphere in China：A content analysis of the blogs regarding the dismissal of Shanghai leader Chen Liangyu”，*New Media & Society*，11（6），2009，pp. 1003 – 1022.

② Tai，Zixue，*The Internet in China*：*Cyberspace and Civil Society*，New York：Routledge，2006.

③ Zheng，Yongnian，*Technological Empowerment*：*The Internet*，*State and Society in China*，calif：Stanford University Press，2008，pp. 186 – 187.

④ 胡泳：《众声喧哗：网络时代的个人表达与公共讨论》，广西师范大学出版社 2008 年版，第 331—334 页。

⑤ 汪建华：《互联网动员与代工厂工人集体抗争》，《开放时代》2011 年第 11 期。

⑥ Yang，Guobin and Craig Calhoun，“Media，Civil Society，and the Rise of a Green Public Sphere in China”，*China Information*，21（2），2007，pp. 211 – 236.

⑦ Meng. Bingchun，“From Steamed Bun to Grass Mud Horse：E Gao as alternative political discourse on the Chinese Internet”，*Global Media and Communication*，7（1），2011，pp. 33 – 51.

⑧ Ashley Esarey & Xiao Qiang，“Digital Communication and Political Change in China”，*International Journal of Communication*，5，2011，pp. 298 – 319.

评类型比报纸要多，有超过 61% 的博客带有某种形式的批评，而相比之下报纸仅有 19%；批评博客中 19% 的内容涉及中央政府，而报纸仅有 4%。他们认为新媒体对于中国网民进行了赋权，并且削弱了政府设置公众议程的能力。其他研究者则认为互联网为参与者提供了一个对事件进行解释的渠道[①]，从而也在一定程度上影响了传统媒体的报道[②]。

4. 互联网使用对不同群体的政治参与的影响

由于不同阶层不同群体的政治参与的形式、特点是不同的，分析互联网使用对不同阶层不同群体的政治参与的影响意义更为重要，在这方面的研究中，以往比较多地集中在互联网使用对大学生政治参与的影响[③]。在互联网对社会低层的影响研究中，则包括互联网对新生代农民工社会关系网络、身份认同、抗争行动的影响[④]，对农民政治参与的影响[⑤]。也有对全国公民的研究，如潘忠党[⑥]通过分析来自全国的问卷调查数据，发现互联网使用对全国的公民参与有普遍的正向影响。

5. 小结与评价

近年来，学者对中国的相关研究取得了不少成果，其从不同方面探讨了在中国环境下，通过互联网来进行政治参与有哪些方式，但是在分析互联网使用与某一特定社会阶层，或者某一特定社会群体的政治参与方面的成果却不多，其中对社会结构的重要层面的中间阶层的研究更是缺乏系

---

① Yang, Guobin and Craig Calhoun, "Media, Civil Society, and the Rise of a Green Public Sphere in China", *China Information*, 21 (2), 2007, pp. 211 – 236.

② Zhou, Yuqiong and Patricia Moy, "Parsing Framing Processes: The Interplay Between Online Public Opinion and Media Coverage", *Journal of Communication*, 57 (1), 2007, pp. 79 – 98.

③ 曹雅丽：《网络时代的中国青年政治参与》，《中国青年研究》2001 年第 6 期；宋争辉：《论网络时代大学生的政治参与》，《河南社会科学》2007 年第 6 期；韦路、余璐、方莉琳：《“网络一代”的数字不均：大学生多模态网络使用、政治知识和社会参与》，《中国地质大学学报》（社会科学版）2011 年第 5 期。

④ 汪建华、孟泉：《新生代农民工的集体抗争模式——从生产政治到生活政治》，《开放时代》2013 年第 1 期；汪建华：《互联网动员与代工厂工人集体抗争》，《开放时代》2011 年第 11 期。

⑤ 李蓉蓉：《农民政治效能感对政治参与影响的实证研究》，《深圳大学学报》（人文社会科学版）2013 年第 4 期；董石桃：《中国农民政治参与研究：视域与方向》，《理论与改革》2010 年第 3 期；苑鹏、白描：《福利视角下农民政治参与现状的实证研究——基于山东、河南、陕西三省六县 487 户农户的问卷分析》，《理论探讨》2013 年第 6 期。

⑥ 潘忠党：《互联网使用和公民参与：地域和群体之间的差异以及其中的普遍性》，《新闻大学》2012 年第 6 期。

统、全面的探讨。

二　中国中间阶层的政治参与研究

中国中间阶层的政治参与研究集中在社会学和政治学领域上，以往的研究主要分为以下几个方面：

（一）中国中间阶层的政治参与特点研究

相关研究发现，中国中间阶层的政治态度和政治参与的特点是复杂的，其表现如下：

1. 中间阶层的政治参与的复杂性表现在倾向上的多重性

中间阶层的政治态度和政治参与既是倾向民主也是倾向社会稳定的。尽管国外的研究认为在苏联这样的社会主义国家中，在自由和社会稳定的选择中，那些即使有民主倾向的人群也会选择自由而非稳定，但是中国的实证研究则给出了不同的答案。1995 年和 1997 年在北京进行的两次调查显示，那些支持民主倾向的人群会选择稳定，而非选择自由。这里可能来自两方面的原因：一是文化因素，因为中国文化把社会稳定作为民主的最重要的目的①，以及强调社会稳定高于个人自由②。二是社会政治的背景因素，其一是中间阶层对社会不稳的担忧，例如，根据 1997 年对北京 6 个城市的 1500 名被访者的调查分析，有 40% 的被访者倾向社会稳定，担心社会不稳会影响他们的日常生活③。其二是政府通过大众媒介广泛宣传“稳定压倒一切”，强调社会稳定对于整个社会来说是最为重要的④。

2. 中间阶层的政治参与的复杂性表现在不同时期的变化

周晓虹指出，中间阶层的政治态度是随着历史时期的变化而变化的，其政治参与的行为有时前卫，有时后卫，有时政治参与热情，有时则政治

---

① Nathan, Andrew J. , *China's Transition*, New York: Columbia University Press, 1997.

② Pye, Lucian W. , *The Spirit of Chinese Politics*, Cambridge, MA: Harvard University Press, 1992; Huntington, Samuel, “Democracy's Third Wave”, in Larry Diamond and Marc E Plattner, eds. , *The Global Resurgence of Democracy*, Baltimore, MD: The Johns Hopkins University Press, 1993.

③ Wang, Chunguang, “Social Stability in 1997”, in Xing Ru, et al. , eds. , *Analyses and Forecast of Chinese Society*, Beijing, China: Social Sciences Literature Press, 1998.

④ Chen Jie, Yang Zhong, Jan Hillard, and John Scheb, “Assessing Political Support in China: Citizens' Evaluations of Governmental Effectiveness and Legitimacy”, *Journal of Contemporary China*, 6, 1997, pp. 551 – 566.

冷漠，这些与不同时期的政治秩序有关①。

3. 中间阶层的政治参与的复杂性表现在不同的群体上

在不同的群体中，中间阶层的政治参与不同。例如，有研究发现私营部门和公共部门的中间阶层的民主意识不同②。有研究则显示体制内和体制外中间阶层在社会秩序偏好、社会地位认知方面存在显著差异③。有研究④发现市场化中间阶层、内源型的中间阶层、老中间阶层的政治态度与意识也存在不同。

4. 中间阶层的政治参与的复杂性表现在内在矛盾性上

中间阶层的政治参与还存在内在矛盾性。例如，有学者指出上海白领群体存在着“强政治取向”与“弱政治参与”的矛盾⑤。

5. 中间阶层的政治参与的复杂性表现在不同形式上

在不同形式的政治参与中，中间阶层的态度和行为又是不同的。例如，张伟⑥通过深入访谈的方式，发现中间阶层对公共政策和公共管理的关注并不需要外来的动员，而是源于这些公共事务对中间阶层自身生活和事业的直接影响，是自主型政治参与。中间阶层的维权运动是另一种政治参与方式，他们在维权运动中所表现出的高昂的参与热情和较高的参与能力，也是来自自身动力的驱使和自身智慧的展示。而卢春龙的研究也显示新兴的中产阶级对社区居委会换届选举的参与率远远低于下层阶级⑦。

（二）对中间阶层政治参与的影响因素的研究

在影响中间阶层的政治参与的因素研究中，有不同的理论框架，如政治效能理论、政治兴趣理论、资源理论、公民组织理论、社会资本理论等。国内的研究显示影响因素的复杂性。孙秀林和雷开春使用 2011 年上海市的一个新白领调查样本，发现收入分层与职业分层对于新白领的政治

---

① 周晓虹：《中国中产阶层调查》，社会科学文献出版社 2005 年版，第 308 页。

② Lu Chunlong, *The Middle Class And Political Change In China*: *Chinese Middle Classs' Attitudinal and Behavioral Orientations Towards Democracy*, PhD Dissertation, Old Dominion University, 2007.

③ 孙龙：《当前城市中产阶层的政治态度——基于北京业主群体的调查与分析》，《江苏行政学院学报》2010 年第 6 期。

④ 齐杏发：《当前中国中产阶层政治态度的实证研究》，《社会科学》2010 年第 8 期。

⑤ 李友梅：《社会结构中的“白领”及其社会功能——以 20 世纪 90 年代以来的上海为例》，《社会学研究》2005 年第 6 期。

⑥ 张伟：《冲突与变数：中国社会中间阶层政治分析》，社会科学文献出版社 2005 年版。

⑦ 卢春龙：《中国新兴中产阶级的政治态度与行为倾向》，知识产权出版社 2011 年版，第 229 页。

态度和政治参与均没有明显的影响；主观认同对于新白领的政治态度与政治参与具有非常明显的影响；政治态度对于政治行为具有显著的影响效果，尤其是"权威主义"与"自由主义"两个维度[①]。陈捷和卢春龙（Chen Jie & Lu Chunlong，2011）通过2006年对北京、成都和西安三个城市的调查，发现中国的中间阶层的政治参与的态度倾向受其与政府的依赖关系和对社会经济福利的感知影响[②]。在中间阶层的政治参与的影响因素的研究中，可发现其往往集中在个人统计特征、政治态度、政治兴趣、政治效能感、社会资本等分析上。

总的来说，国内外对中间阶层与政治参与的研究已有了比较丰富的成果，但是其研究较少分析媒体与中间阶层的政治参与，而事实上，媒体对政治参与的影响是非常重要的，因此研究媒体，特别是互联网使用与中间阶层的政治参与就显得尤为必要。

三　互联网使用与中国中间阶层的政治参与研究

根据政治学家李普赛特（Seymour Martin Lipset）的观点，经济发展带来的大众媒介的发展，教育水平的提高和中间阶层的增长，将会导致政治民主化。为此，李普赛特认为由于中间阶层属于接受教育和信息的人群，因而其会通过教育和大众媒介而态度倾向于民主[③]。也就是说，大众媒介能够影响政治参与，互联网经过20年的发展，其拥有的用户和影响力已经使其成为一个独立的重要的媒体，因而也会影响政治参与的形式和途径。

在互联网使用与中国中间阶层的政治参与的研究中，有学者做了一些问卷调查研究。例如，汪新（Wang Xin，2009）通过在北京的调查发现，中间阶层的大多数都对政治问题有着强烈的兴趣，但是由于与政府的沟通传播渠道有限，中间阶层便转向通过大众媒介参与政治问题的讨论，他们中的很多人表达了讨论政治问题的意愿，并且在网络论坛和博

---

① 孙秀林、雷开春：《上海市新白领的政治态度与政治参与》，《青年研究》2012年第4期。

② Chen Jie & Lu Chunlong, "Democratization and the Middle Class in China: The Middle Class's Attitudes toward Democracy", *Political Research Quarterly*, 64 (3), 2001, pp. 705 - 719.

③ Seymour M. Lipset, "Some Social Requisites of Democracy: Economic Development and Political Legitimacy", *American Political Science Review*, (53), 1959, pp. 69 - 105.

客里表达各种各样的观点。与传统的政治参与相比，中间阶层更倾向于网络政治参与。大众媒介在中间阶层的政治参与是复杂的，一方面，大众媒介削弱了中间阶层政治交流的兴趣，但增加了他们对大众消费文化的兴趣；另一方面，大众媒介在政府与公民之间，在关于公众与政治的话题中，扮演越来越重要的角色[①]。不过，汪新的研究仅局限于北京一地，难以代表全国，并且样本量也很小，只有216名中间阶层；另外，他把政治参与仅看成是在网络论坛和博客进行政治讨论，而忽略了网络政治参与的其他方面，如网络问政、网络动员等，也忽略了互联网使用对中间阶层的现实政治参与的影响。其他的研究者[②]在比较了农民和中产阶级的新媒体使用后，发现中产阶级形成了基于媒体平台的新的组织方式，可以摆脱对实体组织的依赖，在虚拟平台上完成组织和动员，从而拓展了社会网络，将人际关系网络延伸到互联网的虚拟网络，促进了运动的发展。但是，这一研究结论却没有用更为详细的、具有可推广性的数据或材料去证明。

有学者通过案例分析中间阶层在网络政治参与中的表现以及特点，如吴畅畅（2012）使用内容分析，通过对微博文本的分析，发现在“7·23”动车事故发生后，律师、媒体记者与专家学者等成功地引领中下层，通过微博帮助建构、型塑中国中产阶级的阶级意识与主体性[③]。艾安（Ian Weber，2011）则通过上海、厦门、西藏、新疆的四次示威活动的多案例分析来研究互联网和手机在中国的城市和农村中的维权示威和社会运动的地位和作用，其指出尽管中国的中间阶层可能在政治上并不是那么温顺，而且能够进行社会改革，但是他们由于是出于自身利益考虑，其小心翼翼地揣摩政府如何看待他们的活动，因而在进行示威活动的时候非常小心，以至于他们能够继续获得国家资本主义中的经济收益，这样的结果是，任何通过互联网和手机来实现民主的行动都是非常之缓慢和小心的，以使得有利于政府和当今的政治机会结构，这种情况尤其是当遇到一些社

---

① Wang Xin, “Seeking channels for engagement: media use and political communication by China's rising middle class”, *China: An International Journal*, 7 (1), 2009, pp. 31 – 56.

② 曾繁旭、黄广生、李艳红：《媒体抗争的阶级化：农民与中产的比较》，《东南学术》2012年第2期。

③ 吴畅畅：《去邻避化，素朴的自由主义与中产阶级的“表演式”书写——以“7·23”动车事故为例》，《新闻学研究》2012年第7期。

会和政治敏感问题，如主权问题的时候更是如此①。

有些研究并未直接使用中间阶层的概念，但从其研究的群体也可以发现中间阶层网络政治参与的特点，如很多的研究关注业主如何使用互联网来进行社区性的政治参与，而业主们也大多属于本书的中间阶层范畴②。黄荣贵经过一系列的研究，发现在线业主论坛有利于促进业主维权的抗争性政治参与③。其他研究者也从互动性④、新的社区认知⑤论证了这种影响。网络论坛除了影响社区的抗争性政治参与，还影响跨社区集体行动⑥。在业主维权案例中，研究者常喜欢以番禺反垃圾焚烧的维权事件为案例，指出互联网使用在其中的信息传递、共识塑造、网络建构、资源动员等作用⑦。但是，单一案例分析难以探索背后深层次的共性以及做出一般意义的推论。

除了关注互联网使用对业主政治参与的影响，还有研究从网络舆论的意见领袖中发现中间阶层的政治参与的行为和特点⑧，这些文献都为本书提供了材料和视角。

目前，国内外学术界对互联网使用与中国中间阶层政治参与的研究尽

---

① Ian Weber, "Mobile, Online and Angry: The Rise of China's Middle-Class Civil Society?", *Critical Arts: South-North Cultural and Media Studies*, 25 (1), 2011, pp. 25 - 45.

② Logan, J. R., Fang, Y., & Zhang, Z., "The winners in China's urban housing reform", *Housing Studies*, 25, 2010, pp. 101 - 117.

③ 黄荣贵、桂勇：《互联网与业主集体抗争：一项基于定性比较分析方法的研究》，《社会学研究》2009 年第 5 期；黄荣贵、张涛甫、桂勇：《抗争信息在互联网上的传播结构及其影响因素——基于业主论坛的经验研究》，《新闻与传播研究》2011 年第 2 期；Huang, R., & Yip, N. M., "Internet and activism in urban China: A case study of protests in Xiamen and Panyu", *Journal of Comparative Asia Development*, 11, 2012, pp. 201 - 223。

④ 卢家银、孙旭培：《新媒体在地方治理中的作用——以厦门 PX 事件为例》，《湖南大众传媒职业技术学院学报》2008 年第 3 期。

⑤ 谢静：《嵌入的空间：网络论坛与城市社区建构——以上海中远两湾城社区论坛"群租房事件"为例》，载邱林川、陈韬文编《新媒体事件研究》，中国人民大学出版社 2011 版，第 245—269 页。

⑥ 熊易寒：《从业主福利到公民权利——一个中产阶层移民社区的政治参与》，《社会学研究》2012 年第 6 期。

⑦ 袁光锋：《互联网使用与业主抗争：以番禺反垃圾焚烧维权事件为案例》，《中国地质大学学报》（社会科学版）2012 年第 3 期；曾繁旭、黄广生、刘黎明：《运动企业家的虚拟组织：互联网与当代中国社会抗争的新模式》，《开放时代》2013 年第 3 期。

⑧ 王平、谢耘耕：《突发公共事件中微博意见领袖的实证研究：以"温州动车事故"为例》，《现代传播》2012 年第 3 期；王维佳、杨丽娟：《"吴英案"与微博知识分子的"党性"》，《开放时代》2012 年第 5 期。

管已取得一定的成果，但从总体来看，也存在以下不足：

第一，相关的研究还是非常有限的、零星的，缺乏系统的、全面的、不同方法的综合分析研究，或者研究的样本量比较少，数据缺乏权威性，或者集中于单一个案，没有更多个案的综合比较，而且很少将定性分析和定量分析综合起来进行研究。

第二，西方学者的视野主要集中在西方发达国家，对发展中国家，尤其是中国的关注不足。

第三，相关研究较少关注互联网使用对中间阶层的更多的政治参与形式，如选举政治参与、日常政治参与、制度外的政治参与、网络政治参与的影响，更没有从模式的角度探索互联网使用对中间阶层政治参与的影响。

第四，国内学者在分析互联网对中间阶层政治参与影响时，或者较少对中间阶层的不同群体进行划分，而是笼统地将其作为具有统一阶层意识的群体对待，这与实际并不相符，或者是仅就中间阶层的某个群体进行讨论，而没有将其纳入中间阶层的框架体系进行中间阶层的不同群体的对比，因而缺乏对这一问题的一般意义的认识。

第五，相关研究较少探讨互联网使用与政治心理，如政治效能感等变量的互相作用，从而影响中间阶层的政治参与的深入分析；最后，在互联网使用中，并没有对不同的互联网使用所带来的信息获取、政治讨论、再框架化、组织动员进行深入分析。

第二节　理论框架

一　中间阶层互联网使用的理论框架

这里仅涉及两种最具代表性的理论：数字鸿沟和使用与满足理论。

（一）数字鸿沟

数字鸿沟是指不同群体互联网接入和使用的差距，莫斯伯格（Mossberger，2003）[①] 对数字鸿沟进行了如下区分："获取鸿沟：在基本的获取电脑和网络方面存在的不公平；技能鸿沟：在技术能力和信息素养方面存在

① Mossberger，K.，Tolbert，C.，J. and Stansbury，M. with McNeal，R.，and Dotterweich，*Virtual Inequality：Beyond the Digital Divide*，Washington，D. C：Georgetown University Press，2003，p. 9.

的不公平；经济机会鸿沟：在个人为满足社会提升（例如获得新工作）能在多大程度上利用信息方面存在的不公平。”而诺里斯（Norris，2001）[①] 则提出民主鸿沟，其指在能利用互联网提高自己的政治参与度和影响力方面存在的差距。

数字鸿沟的概念来源于知识沟理论，知识沟理论的假说提出始于对社会阶层差异所导致的信息接受和知识差距的认识。相关研究[②]指出，知识沟是以社会经济地位作为分析媒介传播效果的主要变量，认为随着媒介向社会传播的信息的增多，处于不同社会经济地位的人获得媒介知识的速度是不一样的，社会经济地位较高的人将比社会经济地位较低的人以更快的速度获取到这方面的信息，因此，这两类人之间的知识差距将会呈扩大而不是缩小之势。

早期的数字鸿沟的研究有从地区差异出发的，研究者认为互联网技术的出现并没有缩小地区之间的差距，相反，在很大程度上似乎在扩大原有的差距[③]。也有相关研究从不同群体的差异出发，如郡等人（Jung et al.，2001）[④] 对美国洛杉矶的不同民族居住区的互联网使用的技能水平和互联网使用的不同的现实用途的研究显示，互联网使用率普遍较高的社会群体，是教育程度高且收入高于平均水平的较年轻的群体，他们更有可能参与更广泛的网络活动，并且享用更丰富且在社会中更有用的网络环境，这个结论的更广泛的含义是，即使美国的互联网普及率达到饱和水平，那些能利用互联网拓展知识并发展个人、社会和专业网络的人，与那些主要用它来娱乐的人之间仍存在着数字鸿沟。

在中国最近几年的实证研究中，也显示了不同群体的媒介使用存在着数字鸿沟，张洪忠（2009）在成都的抽样调查数据显示了网络、报纸、电视已成为受众的三大媒介依赖渠道，新媒介的网络、手机依赖的群体是

---

① Norris P.，*Digital Divide：Civic Engagement，Information Poverty and the Internet worldwide*，Cambridge：Cambridge University Press，2001.

② Jordan，Amy B.，“Social Class，Temporal Orientation，and mass Media use within the Family System”，*Critical Studies in Mass Communication*，9（4），1992.

③ 黄少华、韩瑞霞：《全球化背景下：中国东西部地区的数字鸿沟》，《兰州大学学报》（社会科学版）2004 年第 2 期；邱泽奇：《中国社会的数字区隔》，《二十一世纪》2001 年第 63 期。

④ Jung，J.，Qiu. J. L. and Kim，Y.，“Internet connectedness and Inequality：Beyond the Divide”，*Communication Research*，28（4），2001，pp. 507－535.

年轻人和高学历的人比例高[①]。谢天勇和张国良（2013）[②] 采用随机抽样的电话调查，通过对安徽省民众的研究，发现越是年轻、高学历的受众，越依赖网络和手机这样的新兴媒介。

相关研究还发现，中间阶层由于教育和职业的因素，使用互联网的时间和特点都与其他阶层有着明显的差异，这是因为教育的高水平使其在使用互联网时不存在门槛，而职业多与信息处理有关，更是增加其使用互联网的频率和需要。例如，杜骏飞等对中国大城市的一系列调查都显示，中间阶层比非中间阶层的互联网使用时间要多[③]，中间阶层与非中间阶层对新媒介的选择有着明晰的区分[④]。

使用数字鸿沟观察互联网使用对中间阶层政治参与的影响，可以通过比较中间阶层和社会低层的媒介使用入手，进而分析他们的互联网使用之间的差距，并进一步分析由互联网使用所带来的对政治参与影响的差距。

（二）使用与满足

使用与满足理论把受众视为是有着特定“需求”的个人，把他们的媒介接触行为视为是基于特定的需求动机来“使用”媒介，从而使这些需求得到满足的过程。卡茨等（Katz et al.，1974）[⑤] 提出了使用与满足理论，该理论的假设前提是受众是积极的、主动的，他们知道自己的需求，而且能够采用最合适的媒介信息来满足需求[⑥]。

随着信息与传播技术如互联网的发展，使用与满足理论再度引起学界的关注，使用与满足理论将受众定位为传播过程的主动参与者，而互联网最大的特点是双向互动，甚至是多向互动。互联网传播中的传者和受者处于平等地位。互联网中用户搜索信息的主动性比以往大大加强，因此，建

---

① 张洪忠：《受众对新媒体与传统媒体不同内容的依赖比较——以成都地区居民调查为例》，《当代传播》2009 年第 1 期。

② 谢天勇、张国良：《中国大陆中部地区民众的媒介行为实证分析——以安徽省淮北市为例》，《现代传播》（中国传媒大学学报）2013 年第 6 期。

③ 杜骏飞、陈友华、巢乃鹏、苗国、梁靖雯：《中国十大城市居民网络使用偏好分析》，《当代传播》2009 年第 5 期。

④ 杜骏飞：《中国中产阶层的传播学特征——基于五大城市社会调查的跨学科分析》，《新闻与传播研究》2009 年第 3 期。

⑤ Katz, E., Blumler, J. G., & Gurevitch, M., *Utilization of mass communication by the individual*, in J. G. Blumler & E. Katz (eds.), *The Uses of Mass Communication*, Beverly Hills: Sage, 1974, pp. 19 - 34.

⑥ Ibid.

立在用户主动性基础上的使用与满足理论应该在互联网上表现得更为明显。

国外的相关研究常用使用与满足理论来分析互联网使用的动机①。在国内的研究中，张志安（2010）②基于2009年对上海市民进行的问卷调查，发现除下载和欣赏网络视频内容外，网民使用网络的主要行为是浏览新闻、搜索信息和互动聊天，从使用网络的动机看，居于前三位的是获取资讯信息、充实提升品位、提高社会地位。

当然，对于受众来说，动机是潜在的，然而方式是显现的，而且方式反映动机，例如获取资讯信息的动机与浏览新闻网站的方式是结合的，而研究测量的时候往往先分析互联网使用方式，再分析其使用动机。从使用与满足理论来看，人们接触使用媒介的目的都是为了满足自己的需求，当其在现实政治参与中遇到问题，往往会求助于媒介，互联网作为一种方便、成本低廉的媒介，为其现实政治参与提供了更多的可能空间，满足了其社会与心理需求。

二　中间阶层政治参与的理论框架

这里涉及以下几种最具代表性的理论：

（一）国家与社会的理论框架

使用互联网进行政治参与的研究常常将其置于国家与社会的理论框架下，国家与社会是西方政治学和政治社会学的核心问题，相关学者的研究显示，政治参与的发展很大程度上取决于国家与社会关系，以及以此为基础的国家对制度外的政治参与，如社会运动的再制度化的能力。例如，古德文（Goodwin，2001）③认为不同的统治方式往往会成为一个国家革命运动强弱和成败的关键。法国式的直接统治因为在政治上排斥地方精英而

---

① Indeok Song, B. A., Robert, Larose, Mattew, S. Eastin, Carolyn A. Lin, "Internet Gratifications and Internet Addiction: On the Uses and Abuses of New Media", *Cyberpsychology & Behavior*, 7 (4), 2004; Leung L., "User generated content on the internet: An examination of gratifications, civic engagement and psychological empowerment", *New Media & Society*, 11 (8), 2009, pp. 1327 - 1347; Quan-Haase A and Young A. L, "Uses and gratifications of social media: A comparison of Facebook and Instant Messaging Bulletin of Science", *Technology & Society*, 30, 2010, pp. 350 - 361.

② 张志安：《上海市民使用网络媒体的特征、动机及评价》，《新闻大学》2010年第2期。

③ Goodwin, Jeff, *No Other Way Out: States and Revolutionary Movements*, 1945 - 1991, Cambridge: Cambridge University Press, 2001.

容易引发反法统一战线和革命的形成，而英国和美国式的间接统治（即培育当地中下级官僚、推行自治等）则笼络了当地的精英，阻止了反殖民主义统一战线的形成和革命运动的进一步发展。古德文和斯考契波（Goodwin & Skocpol，1989）[①] 提出一个国家的科层化程度，即对不同政治势力的吸纳能力，以及对整个社会的渗透能力，都对这个国家是否发生社会运动产生决定性影响。

自新中国成立到改革开放之前，中国的社会不断地被政治化和国家化，中国的国家与社会关系主要表现为国家对社会的取代、控制和侵蚀。改革开放之后，国家逐渐退出原本不应管理的领域，社会在资源分配、秩序建立中的作用得到恢复，伴随着国家的权力下放，经济的快速发展，公民的权利、平等、参与等意识普遍增强。例如，有研究[②]则认为改革开放以来，中国社会结构发生的变迁可以归纳为从单位制到社区制的变迁，是国家与社会关系的重新组合，而孙立平[③]则认为，改革开放以来，中国社会结构的最根本的变化是由“总体性社会”向“分化性社会”的转变，即地方社区开始成为利益的主体。

那么，国家或社会的关系是如何影响中间阶层使用互联网进行政治参与的呢？一派观点认为，互联网对国家进行赋权，即赋予权力，这些研究认为，在世界上的任何地方，政府都最有可能管控互联网[④]。而有些研究则认为，国家能够在互联网中建立多种“监督”制度，并因而达到有效的互联网审查，即国家一方面可以通过各种法规对网络进行直接的控制，另一方面可以通过管理互联网服务提供商和互联网内容提供商来对网络进行间接的控制[⑤]。在国家赋权的思路下，国外学者认为，互联网很有可能加强中国的威权主义政权，而不是削弱它。例如，相关研究发现为了防止

---

① Goodwin, Jeff & Theda Skocpol, “Explaining Revolutions in the Contemporary Third World”, *Politics and Society*, 17 (4), 1989, pp. 489 - 509.

② 佀传振、崔琳琳：《从单位制到社区制：国家与社会治理空间的转换——以现代国家政权建设为视角》，《武汉理工大学学报》（社会科学版）2007 年第 5 期。

③ 孙立平：《转型与断裂：改革以来中国社会结构的变迁》，清华大学出版社 2004 年版，第 21—25 页。

④ Lawrence Lessig, *Code and Other Laws of Cyberspace*, New York: Basic Books, 199.

⑤ Godrum Wacker, “The Internet and Censorship in China”, in Christopher R, Hughes and Gudrun Wacher, eds., *China and the Internet: Politics of the Digital Leap Forward*, London: Routledge Cuzzon, 2003, pp. 58 - 82.

互联网形成对政府的挑战，威权体制基本上采用两种方法：“消极防范”和“积极利用”①。中国政府使用大量具体的办法对网络传播进行自上而下的控制②，如在网吧里，个人需要提供身份证或者拍照才能登录上网。这些研究的观点带有西方的价值标准，仅能作为参考之用。中国对于互联网的管理更多的是为了社会管理所用，不过其也反映了中国的互联网管理与西方国家的互联网的管理状况的不同，中国的互联网管理是具有中国特色的社会主义管理。

另一派观点认为，互联网对社会进行了赋能，即赋予其政治参与的能力③。有学者认为，作为与国家相对应的社会，其基本的结构性因素有私人领域、志愿性社团、公共领域、社会运动④。而其他的学者则认为社会主要由五个结构性因素构成，即个人、志愿性社团、公共舆论、市镇和社会运动⑤。而互联网的发展，显示了互联网对这些结构性因素的促进。第一，社会对互联网的使用促进了公共辩论和公共问题的传播，互联网已经展现出其扮演中国政治监督者角色的潜力。第二，互联网重新塑造社会组织，促进了虚拟社区的形成，拓展了公民参与的广度和深度。第三，互联网在抗争的行动中引入了新的要素⑥。

因此，互联网给予社会各阶层影响政府决策和行为的能力。相关研究显示，互联网给予了弱势群体身份认同，将网上的话语运动与现实中的维权行为结合，以新兴的网络“自组织”为依托实现赋能等⑦。

（二）公共领域的理论框架

中间阶层的政治参与，还可以置于公共领域的理论框架下进行分析。

---

① Shanthi kalathil and Taylor Boas, *The Internet and State Control in Authoritarian Regimes: China, Cuba, and the Counterrevolution*, Canegie Endowment for International Peace, 2003.

② Tamara Renee Shie, “The tangled web: does the Internet offer promise or peril for the Chinese Communist Party?”, *Journal of Contemporary China*, 13 (40), 2004, pp. 523 – 540.

③ 不过有研究者仍然称之为赋权，但本书用对社会的赋能，可以更好地与对国家的赋权区分开来。

④ 何增科编：《公民社会与第三部门》，中央编译出版社 2000 年版。

⑤ 常宗虎：《中国政府社会管理论纲》，《美中公共管理》2005 年第 1 期。

⑥ Guobin Yang, “The Internet and Civil Society in China: A Preliminary Assessment”, *Journal of Contempary China*, 12 (36), 2003, pp. 453 – 475.

⑦ 陈红梅：《网络传播与社会困难群体——“肝胆相照”个案研究》，《新闻大学》2005 年第 2 期；丁未：《新媒体赋权：理论建构与个案分析——以中国稀有血型群体网络自组织为例》，《开放时代》2011 年第 1 期。

哈贝马斯（Jurgen Habermas）认为在封建社会里，并没有古典（或现代）意义上的“公共领域”和“私人领域”的对立的模式，这是因为：

> 中世纪中期形成的封建领主权……不是古典民法或现代民法意义上的私人权，如果把古典民法或现代民法的范畴用于根本不存在公共领域和私人领域相分离的基础的社会关系，就会出现很多麻烦[①]。

因此，公共领域是为“资产阶级的公共领域”。哈贝马斯之所以把公共领域视为专属于资产阶级，是因为在这种公共领域所开展的政治批评中，一个介于贵族社会和市民阶级知识分子之间的“有教养的中间阶层”开始形成。这样的“有教养的中间阶层”类似于本书讨论的中间阶层。这样一种“资产阶级的公共领域”，就是“有教养的中间阶层”利用媒介，如手抄的和印刷的杂志来进行公开批判的场所。哈贝马斯将报刊称为“公共领域最典型的机制”[②]，他指出：

> 17世纪末，新闻检查制度的废除标志着公共领域发展到了一个新的阶段，“使得理性批判精神有可能进入报刊，并使报刊变成一种工具，从而把政治决策提交给新的公众论坛”[③]。

这显示，“资产阶级”、“媒介”、“批判”构成了公共领域的核心关键词。不过，应该看到的是，公共领域是一个历史范畴，或者说是一种理想类型。随着国家干预主义渐趋强化，资本主义的发展进入了一个新的阶段，即社会的国家化和国家的社会化同步进行，这一辩证关系逐渐破坏了资产阶级公共领域的基础——国家和社会的分离。哈贝马斯认为，一个重新政治化的社会领域摆脱了“公”与“私”的区别，消解了原本属于私人领域的自由主义公共领域，这与封建社会晚期有类似之处，因此，哈贝

① ［德］哈贝马斯：《公共领域的结构转型》，曹卫东等译，学林出版社1999年版，第5页。

② 同上书，第210页。

③ 同上书，第68—69页。

马斯称之为公共领域的“再封建化过程”[①]，即不仅国家大力干预私领域，大众媒体也唯利是图，导致公共领域无法发挥制衡的作用。哈贝马斯[②]指出，媒体从 18 世纪末即进入大量生产的商业化时期，必须投入更多资金并采用较大组织规模，导致传播渠道变得更集中化，接近公共传播的机会也因此受限。于是，出现一种新的影响力——“媒体权力”（Media Power）。它除了影响公共领域的结构外，也借由主题的选择和内容来操控公共领域。如报业集团的垄断导致多元化观点的式微，广告和公共关系使其批判性减弱，公共事务受到商业广告的操作，还切断公民的公共讨论，民意从共识的形成变为操纵的对象[③]。

为此，要实现公共领域的理想类型，就要排除其他力量的干扰。哈贝马斯认为，所谓“公共领域”：

> 首先是指能够形成公众舆论一类的事物。在原则上讲，公共领域对所有公民都是开放的……当人们在不必屈从于强制高压的情况下处理有关普遍利益的事务时，也就是说能够保证他们自由地集会和聚会、能够自由地表达和发表其观点时，公民也就是起到了公众的作用[④]。

也就是说，在这样一个“公共领域”里，人们可以对他们所关心的问题进行开放、交互和自由的讨论，并且能够不断地发表批判性意见，而不必受制于政治权力、习惯势力和传统观念的压制和约束。

互联网的出现与发展为现代公共领域的重构提供一个重要的契机，促使网上公共领域的热潮悄然兴起[⑤]。因而，互联网可以被视为新生的公共

---

① ［德］哈贝马斯：《公共领域的结构转型》，曹卫东等译，学林出版社 1999 年版，第 170—171 页。

② Habermas, J., *Further reflections on the public sphere*, in C. Calhoun (ed.), *Habermas and the public sphere*, Cambridge, MA: The MIT Press, 1992, pp. 436 - 437.

③ Habermas, J., “Political communication in media society: Does democracy still enjoy an epistemic dimension? The impact of normative theory on empirical research”, *Communication Theory*, 16 (4), 2006, pp. 411 - 426.

④ 魏斐德：《市民社会与公共领域问题的论争》，载邓正来、［英］J. C. 亚历山大编《国家与市民社会——一种社会理论的研究路径》，中央编译出版社 1999 年版，第 375 页。

⑤ 徐敬宏、王欢：《我国网上公共领域的特点研究》，《情报理论与实践》2009 年第 9 期。

领域[①]。新科技提供许多虚拟空间，如网络聊天室、网络沙龙、网络咖啡屋，类似于18世纪欧洲布尔乔亚公共领域（Bourgeois Public Sphere）的光景，网民可以超越地域的局限和社会等级的限制，在网上畅所欲言。不过，在中国的互联网受到国家监管以及政治参与缺乏制度化的实际情况下，互联网的公共领域功能是难以充分实现的，或者仅在一定范围、一定条件下可以实现，这是因为互联网在中国常常体现了商业化、娱乐化、地方化、碎片化。

中间阶层拥有财产和教育，这促使其相比于社会低层，更有权力接近公共领域，这是因为哈贝马斯指出，公共领域只是原则上向一切人开放，而事实上则是有准入标准的，两个主要的标准就是财产和教育，教育又取决于财产，受教育阶层也是有产阶层，而财产阶层分布又受制于市场机制，因此，在没有外力介入的情况下，公共领域的开放性对于穷人是不存在的[②]。

不过，也要看到，现实中，尽管中间阶层拥有更多接近公共领域的权力，但是公共领域绝不为某一个阶层所独用，这是因为公共领域强调的是对各种不同的意见的开放，只要有两个或更多的人在一起讨论公共事务，公共领域就开始出现，在这个意义上，公共领域是一个话语空间，同时公共领域不仅是意见论证的舞台，也是社会认同形成的舞台，通过不同的文化和社会阶层的教诲，社会认同在这样的话语空间被建构、解构和重构。随着互联网的普及和社会低层的使用，社会低层在理论上也具有接近公共领域并参与政治讨论的可能性。

三　相关假设与问题

根据文献综述和数字鸿沟理论，本书提出以下假设：

假设1a：由于社会经济地位的原因，中国中间阶层的传统媒介使用要高于社会低层。

假设1b：由于社会经济地位的原因，中国中间阶层的互联网使用要

---

① Shah, Dhavan V., Jaeho Cho, J R. Eveland, William P., and Nojin Kwak, "Information and Expression in a Digital Age: Modeling Internet Effects on Civic Participation", *Communication Research*, 32 (5), 2005, pp. 531－565.

② ［德］哈贝马斯：《公共领域的结构转型》，曹卫东等译，学林出版社1999年版，第94—95页。

高于社会低层。

其中假设 1a 的依据是中国中间阶层的社会经济地位高于社会低层，其使用传统媒介的条件也比社会低层高，因此中国中间阶层的传统媒介使用可能会高于社会低层。而假设 1b 的依据部分与假设 1a 的依据一致，同时由于职业和教育的原因，互联网使用需要一定的文化和技能，因此中国中间阶层的互联网使用也可能高于社会低层。

而根据文献综述和理论框架，本书提出以下具体问题：

问题 1：与社会低层相比，中国中间阶层的政治参与具有什么样的特点？

问题 2：互联网使用是如何影响中国中间阶层的政治参与的？在这一过程中，又受到中间阶层本身的什么阶层特性和政治态度的影响？

问题 3：在国家与社会的框架下，互联网使用对国家管理和中间阶层政治参与各自带来了什么？

问题 4：互联网对于中国中间阶层来说，其是否成为了一个公共领域，这样的公共领域对国家社会的影响是什么？其又受到什么样的影响？

需要说明的是，上面的这些假设和问题是建立在国内外文献综述和理论框架分析基础上所提出的，并不同于第一章所提出的贯穿全书的核心问题。

第三节　核心概念的测量

一　中间阶层的测量

中间阶层（中产阶级）概念来源于西方社会，因此测量这一概念也需参照国外的研究，才能确保中国中间阶层的定义与西方具有可比性。国外的中间阶层的测量有两个方向：主观认同和客观标准。

（一）主观认同

主观认同包括他者的评定和自我的认同，他者的评定源于社会上的他人对某个具体人物是否属于中间阶层的认同，自我的认同属于某个具体人物对自己是否属于中间阶层的认同。在主观认同的指导下，中间阶层的测量采用基于个人对自身从属于某一社会阶层的认知来界定，即他/她认为自己属于某一社会的中间阶层。这一测量的理论依据是，中间阶层是一个社会建构的产物，对中间阶层的界定依靠个人对社会阶层分化的意识以及他自己是否从属于中间阶层的认知①。

中国有相当多的研究是利用主观认同来界定中间阶层的②，利用主观认同来测量中国的中间阶层有一定的理论意义，然而存在着一定的局限，这是因为：第一，中间阶层难以认识自己的阶层位置。如20世纪90年代卢汉龙和边燕杰发现约有16%的上海受访者无法辨认自己的阶级归属③。第二，媒体误导了对中间阶层的理解。媒体依据一些消费和生活方式方面的特征，向人们描述了中间阶层的典型形象，从而消费水平成为中间阶层的划分标准。在有关中间阶层的宣传下，社会公众意识中的中间阶层通常指的是高收入和高消费的企业主、职业经理人和精英知识分子④。然而，社会学家认为，只有少数的中间阶层的上层才完全符合公众媒体所宣扬的中间阶层形象，大多数普通的中间阶层成员没有那么高的收入和消费水平⑤。

（二）客观标准

客观标准强调客观的社会经济特征是区分不同阶层的重要标准，这些客观的社会经济特征主要包括收入、教育和职业⑥，还包括财富的拥有量，对下属控制权力的大小、专业技术等级、社会声望、消费水平等。应该说，收入、职业、教育是最为常见的中间阶层的测量标准，还有一些测量标准，如消费指标，李培林和张翼曾以消费分层来界定中间阶层⑦。

---

① Bernadette C. Hayes, "The Impact of Class on Policical Attitudes: A comparative Study of Great Britiain", West Germany, Australia, and the United State, *European Journal of Political Research*, 1995 (27), pp. 70 – 75; Katherine Cramer Walsh, M. Kent Jennings and lanura Stoker, "The effects of Social Class Identification on Participatory Orientation towards Government", *British Journal of Political Science*, (34), 2004, p. 480.

② 沈晖:《当代中国中间阶层认同研究》，中国大百科全书出版社2008年版，第58—59页；李春玲:《中国当代中产阶层的构成和比例》,《中国人口科学》2003年第6期。

③ 卢汉龙、边燕杰:《从市民地位观看改革和社会经济不平等》，载李培林等《中国社会分层》，社会科学文献出版社2004年版，第167—176页。

④ 徐江:《新中产阶级崛起：中国富裕时代的开始》,《经贸世界》2001年第8期。

⑤ 李春玲:《比较视野下的中产阶级形成、过程、影响以及社会经济后果》，社会科学文献出版社2009年版；李春玲:《断裂与碎片：当代中国社会阶层分化实证分析》，社会科学文献出版社2005年版；周晓虹:《中国中产阶层调查》，社会科学文献出版社2005年版。

⑥ Robert R. Alford, "A Suggested Index of the Association of Social Class and Voting", *Public Opinion Quarterly*, 26, 1962, pp. 417 – 425; Erik Olin Wright, *Class Counts: Comparative Studies in Class Analysis*, Cambridge: Cambridge University Press, 1997, pp. 1 – 27.

⑦ 李培林、张翼:《消费分层：启动经济的一个重要视点》,《中国社会科学》2000年第1期。

目前，很多研究采取综合指标的测量。所谓综合指标法，即同时使用几种尺度来划分社会阶层，将收入、教育和职业结合起来以做全面的考察[①]。李春玲更是从职业、收入、消费和主观认同来对中产阶级进行描述和分析[②]。另外，埃里克·奥林·赖特（Erik Olin Wright）强调运用三种维度来区分不同的阶级类别：生产资料的占有情况，在权力结构中的地位（基于管理和监督上的责任），对技能和专业知识的掌握[③]。在第一维度上，拥有生产资料的人被认定为有产者：根据其占有生产资料的多少，可以将有产者进一步划分为两类，即资产阶级和小资产阶级。在第二维度上，那些管理和监督其他工人的人被认定为管理者。在第三维度上，拥有技能和专业知识的人被认定为是专业阶级。赖特认为，中产阶级主要包括小资产阶级、管理者和专业技术人员。根据这一测量，赖特发现，把上述三个职业群体——小资产阶级、管理者和专业技术人员（包括技术工人）——全部加在一起的话，美国的中产阶级的数量超过总人口的一半（约57%）左右[④]。而有研究者则认为小资产阶级属于"老中产阶级"，管理者和专业技术人员则属于"新中产阶级"[⑤]。陆学艺教授等以赖特的三维度区分法为基础，同时结合中国社会的具体情况加入了第四个维度，即把体制内和体制外的区分包含进来，形成一个四维度的阶层[⑥]。不过，

---

① Thompson William and Joseph Hickey, *Society in Focus*, Boston, MA: Pearson; Norman H. Nie, G., Bingham Powell, 2005, Jr and Kenneth Prewitt, Social Structure and Political Participation, Part I, and Part II, *American Policital Science Review*, (63), 1969, pp. 371 - 372; 李培林、张翼:《中国中产阶级的规模、认同和社会态度》,《社会》2008 年第 2 期。

② 李春玲:《中国当代中产阶层的构成和比例》,《中国人口科学》2003 年第 6 期。

③ Erik Olin Wright, *Class*, *Crisis and the State*, New York: Shooken Books, 1978, pp. 1 - 15; Erik Olin Wright, *Class Counts*: *comparative Studies in Class Analysis*, Cambridge: Cambridge University Press, 1997, pp. 1 - 27.

④ Erik Olin Wright, *Class Counts*: *comparative Studies in Class Analysis*, Cambridge: Cambridge University Press, 1997, pp. 1 - 27.

⑤ Burris, "The discovery of the New Middle Class", *Theory and Society*, 15 (3), 1986, pp. 317 - 349; Ronald M. Glassman, *The Middle class and Democracy in Socio-Historical Perspective*, in Leidened, The Netherlands: E. J. Brills, 1995, pp. 102 - 137; Milla, *White Collar*, *The American Middle Classes*, New York: Oxford University Press, 1953, pp. 1 - 8; Nicos Poulantzas, *Class in Contemporary Capitalism*, London: New Left Books, 1975, pp. 83 - 90.

⑥ 陆学艺:《当代中国社会阶层研究报告》，社会科学文献出版社 2002 年版，第 7—23 页；陆学艺主编:《当代中国社会流动》，社会科学文献出版社 2004 年版，第 1—9 页。

相关研究结果却难以形成统一认识①。

（三）本书的测量

由于个人在社会中所处的地位或阶层受多种因素的影响，所以一般而言，使用综合指标法来划分社会阶层比使用单一指标法的精度要高一些，更有利于准确地分析各阶层的价值观念和社会态度。为此，本书的测量采用一种以客观标准的职业划分为主，并以教育和收入为辅的综合指标法来测量。采取这种方法的原因是，对于中间阶层的含义和具体分类标准可谓多种多样，但却没有一种是得到公认的。研究者是根据具体研究需要选择合适的含义和具体分类标准。不同的中间阶层的划分是根据不同的研究目的而来的，如果研究目的是市场消费问题或者是收入分配问题，采用以收入或消费指标来划分的中间阶层概念就比较合适；如果关注的是中间阶层的阶层特征——特别是中间阶层的价值认同和社会态度，采用以职业划分为主的综合指标法来测量中间阶层概念就比较合适。

本书的目的是分析互联网使用对中间阶层政治参与的影响，因此，采用职业划分为主，并以教育和收入为辅的综合指标法较为适合。首先，根据客观标准，采取职业分类测量职业中间阶层，这是因为相关研究显示职业分类是界定中间阶层的最重要测量指标②。其次，采用教育和收入的分类来充实相关的划分。这种将职业、教育、收入等结合起来对中间阶层作较为全面的考察，与相关的研究是一致的③。下文将对职业分层、教育分层和收入分层进行介绍。

1. 职业分层

本书首先将职业分层作为解释中间阶层政治行为的最重要的指标。20世纪中叶，在米尔斯的研究中，中产阶级主要以职业为标准来划分，他认为美国的中产阶级主要由依附于政府机关、大机构大企业、各种事业单

---

① 李培林、张翼：《中国中产阶级的规模、认同和社会态度》，《社会》2008年第2期；Bulter, Tim and Mike Savage（eds.），*Social Change and the Middle Class*, London: UCL Press, 1995。

② Erikson, Robert, and John H. Goldthorpe, *The Constant Flux: AStudy of Class Mobility in Industrial Societies*, Oxford: Clarendon Press, 1993; Erik Olin Wright, *Class Counts: Comparative Studies in Class Analysis*, Cambridge: Cambridge University Press, 1997, pp. 1 – 27.

③ 李培林、张翼：《中国中产阶级的规模、认同和社会态度》，《社会》2008年第2期；宋辰婷：《中国中产阶级的中产认同与幸福感测量——基于2006年中国综合社会调查的实证分析》，《江汉论坛》2013年第11期；Thompson, William, and Joseph Hickey, *Society in Focus*, Boston, MA: Pearson, 2005。

位、专门从事行政管理与技术服务工作的人员构成[①]。而社会学家通常根据职业分类和就业身份来划分中间阶层，强调雇主与受雇者、体力与脑力劳动者之间的区分。白领工人与蓝领工人的区分是中间阶层与工人阶级之间的分别[②]。

在相关的研究中，东亚的一批社会科学家提出一套适用于东亚新兴工业化社会的中产阶级划分模式，即 EAMC 项目阶级分类，这一中产阶级分类模式在东亚和东南亚各国与地区的中产阶级比较研究中被广泛采纳[③]。中产阶级共划分六个阶级：（1）资产阶级或企业阶级；（2）新中产阶级；（3）老中产阶级；（4）边缘中产阶级；（5）工人阶级；（6）农业劳动者。

类似地，卢春龙在陆学艺所总结的十大阶层基础上划分出三大社会阶级，并划出其中国中产阶级的阶级框架[④]，见表 2. 1。

表 2. 1　**卢春龙分析的中国中产阶级的阶级框架**

<table>
<tr><th colspan="2">陆学艺教授及其团队所总结的十大阶层</th><th colspan="2">卢春龙修正过的中国社会阶级结构</th></tr>
<tr><td>Ⅰ</td><td>国家与社会管理者阶层</td><td rowspan="2">Ⅰ + Ⅱ</td><td rowspan="2">上层阶级</td></tr>
<tr><td>Ⅱ</td><td>私营企业主阶层</td></tr>
<tr><td>Ⅲ</td><td>经理人员阶层</td><td rowspan="4">Ⅲ + Ⅳ + Ⅴ + Ⅵ</td><td rowspan="4">中产阶级</td></tr>
<tr><td>Ⅳ</td><td>专业技术人员阶层</td></tr>
<tr><td>Ⅴ</td><td>个体工商户阶层</td></tr>
<tr><td>Ⅵ</td><td>办事人员阶层</td></tr>
<tr><td>Ⅶ</td><td>商业服务业员工阶层</td><td rowspan="4">Ⅶ + Ⅷ + Ⅸ + Ⅹ</td><td rowspan="4">下层阶级</td></tr>
<tr><td>Ⅷ</td><td>产业工人阶层</td></tr>
<tr><td>Ⅸ</td><td>农业劳动者阶层</td></tr>
<tr><td>Ⅹ</td><td>城乡无业、失业、半失业者阶层</td></tr>
</table>

① ［美］米尔斯：《白领：美国的中产阶级》，周晓红译，南京大学出版社 2006 年版。

② 周晓虹：《白领、中产阶级与中国的误读》，《读书》2007 年第 5 期。

③ Hsiao, Hsin-Huang Michael (ed.), *East Asian Middle Classes in Comparative Perspective*, Taipei: Institute of Ethonology, Acadimia Sinica, 1999; Hsiao, Hsin-Huang Michael (ed.), *Exploration of the Middle Classes in Southeast Asia*, Acadimia Sinica, 2001; Hsiao, Hsin-Huang Michael (ed.), *The Changing Faces of the Middle Class in Asia*, Pacific Taipei, Institute of Eshonology, Acadimia Sinica, 2006.

④ 卢春龙：《中国新兴中产阶级的政治态度与行为倾向》，知识产权出版社 2011 年版，第 50 页。

这种划分具有一定的合理性，但是本书认为中国的私营企业主阶层（EAMC 项目里的资产阶级或企业阶级）应属于中间阶层，而不属于上层阶级（也称社会上层），这是因为中国的私营企业主阶层是一个新产生的阶层，它的出现导致了阶层结构的深刻变化。另外，在当今中国社会的制度环境里，私营企业主阶层并不是一个最具有优势地位并掌握最多资源的阶层，与私营企业主阶层相比，国家与社会管理者阶层更加占有优势地位，并掌握着更多的资源，因此，私营企业主阶层应属于中间阶层，与个体户共同构成老中间阶层，而不应属于上层阶级。例如，李春玲也将私营企业主阶层划分为中间阶层①，而其他研究者如张宛丽②也认为考虑到中国现阶段的情况，在一段时间内，私营企业主阶层在经济、政治、文化等资源分配格局中均会处于中间状态，因而可将其视为中国社会中间阶层中的一个特殊群体。

米尔斯主张以职业为阶级分层依据，他认为老式中产阶级拥有自己的财产，而新中产阶级大多没有自己能够独立经营的财产，以领取薪水为生，由专业技术人员、经理、市场营销人员、办公人员等组成③。为此，本书也首先将中间阶层分为老中间阶层和新中间阶层，并认为中国的老中间阶层主要包括个体户和私营企业主两个群体。

个体户和私营企业主由非公有制经济发展而促生，具体经历了三个阶段。第一阶段（1978—1983 年）的特点是小商业和自我雇佣政治恢复，然而在这一阶段，我国政府只正式承认个体户的合法地位。这里的个体户指只允许八名以下的非家庭成员做工。如 1982 年《中华人民共和国宪法》第 11 条规定：“在法律规定范围内的城乡劳动者个体经济，社会主义公有制经济的补充……”④ 第二阶段（1984—1992 年）以民营企业的发展为特点，这里的民营企业是指有八名以上非家庭成员雇工的企业，同时民营企业开始与个体户正式分离。1988 年 4 月，全国人民代表大会修订了 1982 年《中华人民共和国宪法》，允许私有企业拥有比以前所允许

① 李春玲：《寻求变革还是安于现状：中产阶级社会政治态度测量》，《社会》2011 年第 2 期。

② 张宛丽：《对现阶段中国中间阶层的初步研究》，《江苏社会科学》2004 年第 6 期。

③ ［美］米尔斯：《白领：美国的中产阶级》，周晓虹译，南京大学出版社 2006 年版，第 234 页。

④ 王长富：《改革开放后的中国私营经济》，中国人民大学出版社 1997 年版，第 12—20 页。

的八名非家庭雇员更多数量的人员，从而正式承认民营企业的存在①。第三阶段（1992 年至今）开始于 1992 年邓小平南方谈话。1997 年 9 月，民营企业被我国政府确认为社会主义经济的重要组成部分。2004 年 3 月，全国人民代表大会修订了 1982 年《中华人民共和国宪法》，规定了国家依照法律规定保护公民的私有财产②。不过，个体户和私营企业主这些老中间阶层的社会政治地位较低，有的时候还受到某种程度的歧视，老中间阶层，尤其是个体户的经济收入大多处于中等左右的水平，其经济地位并不稳定，在政府政策制定方面，老中间阶层又常常被忽略，并且他们也较少有机会和途径表达他们的意见。

要说明的是，尽管当前中国社会存在着相当数量规模的个体户，其中有一部分所从事的经营活动属于半蓝领或蓝领职业，按准确的白领职业界定，他们并不属于中间阶层，但是，在中国社会里，这部分人是不能被忽略的，他们是中间阶层的一个重要组成部分。在中小城市和小城镇，他们甚至成为中间阶层的主要构成部分③，因此仍须将其划分为中间阶层。这是考虑到这群人的收入水平来划分的，也就是通过收入来补充完善职业、学历的划分。

中国的新中间阶层有两个部分。一部分为从计划经济体制下的“中间阶层”中分化出来的部分干部、知识分子。改革开放前，在计划经济体制下，普通干部、普通知识分子和国营企业职工在经济、政治、社会地位上占有明显优势，被认为是当时的“中间阶层”④，但是随着国企改革的深化，国有企业职工的地位优势急剧下降，不过，原干部、知识分子仍以各自占有的权力资源、高质量的社会关系资源、知识资源等，在以市场经济为主导的机会结构中，保持或换取了相应的地位优势，这一人群属于体制内的新中间阶层。而另一部分为由民营经济和引进“外资”及高新技术人才而产生的新型中间阶层，其包括经理阶层和“白领”员工，这一人群则属于体制外的新中间阶层。

---

① International Finance Corporation, *China's Emerging Private Enterprises*: *Prosepects for the New centrury*, Washington, D. C.: International Finance Corporation, 2000, pp. 7 – 8.

② 中华全国工商业联合会：《中国民（私）营经济研究会主编：中国私营经济年鉴（2000 年—2001 年）》，中华工商联合出版社 2003 年版，第 2—4 页。

③ 李春玲：《如何定义中国中产阶级：划分中国中产阶级的三个标准》，《学海》2013 年第 3 期。

④ 李强：《社会分层与贫富差别》，鹭江出版社 2001 年版，第 83—84 页。

基于此，本书提出根据不同职业划分职业中间阶层和其他阶层的基本框架，并得出表2.2。

表2.2 **本书分析的中国中间阶层的框架**

序号	不同职业	隶属阶层（职业划分）
Ⅰ	党政机关事业单位领导干部	社会上层
Ⅱ	党政机关事业单位一般职员	新中间阶层
Ⅲ	企业/公司高层管理人员	
Ⅳ	企业/公司中层管理人员	
Ⅴ	专业技术人员	
Ⅵ	企业/公司一般职员	
Ⅶ	个体户/工商企业主	老中间阶层
Ⅷ	制造业/生产性企业工人	社会低层
Ⅸ	商业/服务业职工	
Ⅹ	农民	
Ⅺ	无业、下岗、失业人员	

表2.2显示，从职业上划分，党政机关事业单位领导干部属于社会上层；党政机关事业单位一般职员、企业/公司高层管理人员、企业/公司中层管理人员、专业技术人员、企业/公司一般职员属于新中间阶层；个体户/工商企业主属于老中间阶层；制造业/生产性企业工人，商业/服务业职工，农民，无业、下岗、失业人员属于社会低层。

本书将党政机关事业单位领导干部作为参考群体，即不对社会上层作更多深入的分析，因为这群人在中国社会所占的比例还是比较少的。例如，在具体的分析中，如第三章将职业在副局级以上的管理干部作为“职业上层”，第四章将“党政机关事业单位领导干部”作为“职业上层”，但是三、四这两章的数据中，选择职业上层的数量少，所以也只作参考阶层用，不进行分析对比。而在学历、收入的划分上就不再区分社会上层和中间阶层，而将具有中等以上国民教育学历，收入属于社会的中等水平以上都称为中间阶层。而相关的研究也认为社会上层比重比较少，对此不作分析或者不作划分①。因

① 宋辰婷：《中国中产阶级的中产认同与幸福感测量——基于2006年中国综合社会调查的实证分析》，《江汉论坛》2013年第11期；齐杏发：《当前中国中产阶层政治态度的实证研究》，《社会科学》2010年第8期。

此，本书的中间阶层的界定主要是针对于下层阶层，也称社会低层的比较而得的。

在研究中间阶层的政治参与时，本书还将新中间阶层进一步细分，即将新中间阶层根据其体制资源分为体制内新中间阶层和体制外新中间阶层。体制内的新中间阶层指其形成发展主要受国家权力机制的影响，而体制外的新中间阶层主要通过市场权力机制而形成。而对于老中间阶层，因为在社会主义国家，老中间阶层都不属于国有或集体所有，因此实际上也属于体制外。

国有企业和集体企业改革刺激了中国体制内新中间阶层的形成，如国有企业和集体企业改革使旧有的管理者转变为新兴的经理人员阶层①。体制内新中产阶层受雇于政府部门、国有企业和政府管理的事业单位，获得相对较好的就业保障、稳定增长的收入和相当多的福利待遇，因而他们的社会经济状况在很大程度上依赖于政府的权力和稳定。同时，这些人也有相对较多的办法去影响政府的政策制定以及维护他们的利益。

体制外新中间阶层主要受雇于我国的非公有制经济，如大量的经营管理、专业技术以及文职工作。根据中国政府的统计，在“十一五”期间（2006—2010 年），中国每年吸引外商投资达 1000 亿美元，联合国贸易和发展组织发布的《2010 年世界投资报告》显示，2009 年中国外商直接投资流入量约为 950 亿美元，仅次于美国，排名世界第二。外资的大规模流入也造就了大量的经理人员和办事人员，这些人也被中国社会称为“白领”。

对于老中间阶层来说，其在性质上也属于体制外的中间阶层，但是为了区分，把老中间阶层独立出来，为此，在职业上划分，本书主要将中间阶层分为三大类：老中间阶层，体制内新中间阶层和体制外新中间阶层。

之所以要将新中间阶层分为体制内和体制外两部分，是因为以往的研究显示体制内中间阶层和体制外中间阶层在政治参与的行为和态度都有很大的不同②。而卢春龙（2011）③ 基于 2008 年 13 个城市的数据发现在体

---

① David G. Goodman, *The New Middle Class*, *The Paradox of China's Post-mao Refores*, Merle Goldman, Roderick MacFarquhar ed., Cambridge: Harvard University Press, 1999, pp. 241 – 261.

② 李路路、李升：《“殊途异类”：当代中国城镇中产阶级的类型化分析》，《社会学研究》2007 年第 6 期。

③ 卢春龙：《中国新兴中产阶级的政治态度与行为倾向》，知识产权出版社 2011 年版，第 246 页。

制内的部门工作的中产阶级在对中国这个政治共同体的认同上，在对我国政府所奉行的基本原则的认可上，在对我国政府所执行的具体政策的评价上，在对政府具体机构的信任上，都要比在体制外部门工作的中产阶级表现出了更为强烈的、更高程度的情感。

不过，在职业的具体划分中，本书会根据数据的实际和相关的理论采取一些方法区分中间阶层和社会低层。例如，赖特[①]提出了区分阶级和不平等的三种一般视角，分别称为阶级和不平等的个人属性路径、机会阻隔路径与剥削和支配路径，其中个人属性路径指特定个人的经济地位被看作是个人"成就"水平的结果，而机会阻隔路径是强调排斥和封闭的不同机制产生的职业地位的过程，剥削路径强调的是剥削群体能够出于自身利益控制另一群体的劳动。在有些数据的资料中，如果显示个人属性路径、机会阻隔路径的资料不充分，本书就采用显示剥削路径的资料来进行区分，例如在第三章中，在受雇于他人（有固定雇主）的样本中，同时又选择了"只受别人管理，不管理别人"的样本划分为职业低层，而同时选择"只管理别人，不受别人管理"，以及"既管理别人，又受别人管理"的职业中间阶层，而这里的划分依据就是由赖特的剥削和支配路径及实际的数据特点而定的。

2. 教育分层

以教育程度划分教育中间阶层和教育低层也是一个重要划分方法。教育具有收益率，且教育的收益率要高于工龄即工作经验的收益率[②]。受教育水平和收入水平与职业地位都有很高的相关性，郑杭生和李路路等认为，具备本科和研究生研究水平的城镇居民可以被看作是中产阶级的成员[③]。根据此标准，他们认为中国 10 个城市中产阶级约占我国城市居民的 25.7%。不过，他们的研究将教育中间阶层的要求定得太高了。根据中国的具体情况，本书将取得大专以上教育文凭的人员，定义为"教育中间阶层"，其他为"教育低层"。与职业分层不同，教育分层就不划分

① ［美］埃里克·奥林·赖特：《阶级分析的三种逻辑与中产阶级研究》，载李春玲主编《比较视野下的中产阶级形成过程、影响以及社会经济后果》，社会科学文献出版社 2009 年版，第 3—11 页。

② 赵人伟、李实、李思勤主编：《中国居民收入问题再研究》，中国社会科学出版社 1991 年版。

③ 郑杭生、李路路等：《当代中国城市社会结构：现状与趋势》，中国人民大学出版社 2004 年版，第 167 页。

出教育上层了。

3. 收入分层

美国国家统计局曾以人均收入中位数的75%为下限，以人均收入中位数的125%为上限定义“收入中间阶层”①。2005年中国国家统计局对26.3万个城市家庭做了一项调查，调查也将收入作为确定中等收入阶层成员的首要标准②。而学者们的研究则多以月收入作为判定中国中间阶层的标准③，不过月收入标准的划分则随着不同的调查地区、调查时间有所不同。借鉴以上的研究，本书以样本的某一基准线为标准，将高于这一标准的视为收入中间阶层，将低于这一标准的视为收入低层。

与教育分层一样，本书并不将收入分层分出收入上层和收入中间阶层。这是因为：首先，在实际的资料获得中，收入调查往往获得时遭拒答，或回答不知道，所以数据的信度不高。其次，收入、家庭财富以及产权变化过快，且社会经济环境造成的地区差异巨大。再次，收入未能考虑到国际比较的购买力平价，不同区域的收入差异非常大，发达地区居民平均月收入是欠发达地区居民的平均水平的2.5倍，城镇居民平均月收入是农村居民收入平均水平的2.5倍，而发达地区城镇居民平均月收入是欠发达地区农村居民收入平均水平的5.4倍④。最后，即使是收入最高的一群，如资产阶层或私营企业主，在中国也不表明其比国家管理者更加占有优势地位并掌握更多的资源，这在上面的职业分层就已分析过。为此，本书并不在收入分层分出收入上层和收入中间阶层，而仅在数据允许的条件下，将收入中间阶层再度划分，分为收入中间阶层上层和收入中间下层，而其他低于收入中间阶层的统称为收入低层。

---

① Kacapyr Elia, Peter, Francese and Diane Crispess, “Are you middle class? Definitions and Trends of US Middle-Class Households”, *American Demographics*, 1996.

② 国家统计局城调总队课题组：《6万到50万元：中国城市中等收入群体探究》，《数据》2005年第6期。

③ David G. Goodman, *The New Middle Class*, *The Paradox of China's Postmao Reforms*, Merle Goldman and Roderick macFarquhar ed., Cambridge: Harvard University Press, 1999, pp. 241 - 261；郑杭生、李路路：《当代中国城市社会结构：现状与趋势》，中国人民大学出版社2004年版，第167—168页；Alastair Iain Johnston, “Chinese Middle Class Attitudes Towards International Affairs Nascent Liberalization?”, *The China Quarterly*, (179), 2004, pp. 603 - 628.

④ 李春玲：《中国当代中产阶层的构成和比例》，《中国人口科学》2003年第6期。

二 政治参与的测量

（一）其他研究对政治参与的测量方法

相关研究显示，社会主义国家，政治参与的形式多种多样，例如，维巴等（Verba et al.，1978）把南斯拉夫的政治参与分为四种形式：公共活动、自我管理、个别接触以及投票①。英克尔斯和鲍尔（Inkles & Bauer，1959）发现苏联的民众清楚地将物质与抽象的观念和原则区分开来。苏联公民更关心获得更多个人的保障和生活水平的提高，而很少关心获得政治权利和宪法的保障②。

在20世纪80年代，史天健（Tianjian Shi）就发现北京居民具有28种政治行为方式，并分为投票、竞选活动、申诉、对抗性活动、朋党主义、反抗、抵制七组独特的参与模式③。这一实证研究发现，北京的政治参与形式与先前关于社会主义国家的政治参与观点大相径庭。后来，史天健又发现，20世纪90年代时，北京居民在政治参与方面的频率和强度有所增加，公民从受限于工作单位的政治参与，发展到在更为广阔的制度环境中发挥作用④。

国内学者测量政治参与则有各自的特点。例如，胡荣（2008）将中国城市居民的政治参与按制度化的强弱和主动性的强弱划分为维权抗争、利益表达、人大选举三类⑤，不过这种区分没有将暴力或准暴力的制度外的政治参与和社区事务的准政治参与包含在内，而事实上准暴力的上访、请愿这类制度外的政治参与也是一种重要的政治参与形式⑥，另外，社区事务的参与，如业主委员会的建立与参与，在当前中国的环境下都与政府

---

① Verba, Sidney, Norman H. Nie & Jae-on Kim, *Participation and Political Equality: A Seven Nation Comparison*, Chicago: University of Chicago Press, 1978.

② Inkles, Alex & Raymond A. Bauer, *The Soviet Citizen: Daily Life in a Totalitarian Society*, Cambridge, Mass: Harvard University Press, 1959.

③ Tianjian Shi, *Political Participation in Beijing*, Cambridge: Harvard University Press, 1997, p. 11.

④ Tianjian Shi, "Mass Political Behavior in Beijing", in Merle Goldmanand Roderick MacFarquhar (eds.), *The Paradox of Post-Mao Reform*, Cambridge, MA: Harvard University Press, 1999.

⑤ 胡荣：《社会资本与城市居民的政治参与》，《社会学研究》2008年第5期。

⑥ 陈云松：《互联网使用是否扩大非制度化政治参与：基于CGSS 2006的工具变量分析》，《社会》2013年第5期。

息息相关[①]，因此也应属于一种政治参与。王丽萍等（2010）将政治参与分为投票和其他形式两个不同方面，其他形式的政治参与则有九种形式[②]。根据房宁主编的《中国政治参与报告（2011）》蓝皮书的观点，从政治参与的方式来看，以宪法和法律规定的各种合法方式进行的影响活动都属于政治参与，如听证、集会、游行、示威、上访等合法活动[③]。卢春龙（2011）[④] 将政治参与分为四类：（1）制度性的社会参与，主要包括对社会团体的参与和对单位职工代表大会的参与；（2）制度性的选举和投票，主要包括区（县）、乡（镇）两级人大代表选举，城市基层社区居委会选举；（3）非制度性的与政府官员和人大代表的联系，接触；（4）非制度性的公民维权活动。金桥（2012）[⑤] 将“政治参与”分为制度内、制度外政治参与两种类型，制度内政治参与的方式主要是选举投票，包括人大代表选举投票、城乡基层自治组织选举投票等。制度外政治参与则分为在请愿书上签名、参与抵制行动、参与游行、上访、网上政治行动。

（二）本书的测量方法

虽然相关研究显示如民营企业家[⑥]、大学生的政治参与[⑦]的形式又有自己的特点，但是作为遍及各个群体的中间阶层，其政治参与形式与一般公众没有差别，因此，综合上述前人的研究，本书对中间阶层的政治参与的测量按照以下思路进行：

首先，将政治参与分为网络政治参与和现实政治参与。其中，现实政治参与指的是发生在现实世界的政治参与，国外也将现实政治参与称为线下政治参与（Offline Participation），网络政治参与则是与现实政治参与相

① 张磊：《业主维权运动：产生原因及动员机制——对北京市几个小区个案的考查》，《社会学研究》2005 年第 6 期。

② 王丽萍、方然：《参与还是不参与：中国公民政治参与的社会心理分析——基于一项调查的考察与分析》，《政治学研究》2010 年第 2 期。

③ 房宁主编：《中国政治参与报告（2011）》，社会科学文献出版社 2011 年版，第 67 页。

④ 卢春龙：《中国新兴中产阶级的政治态度与行为倾向》，知识产权出版社 2011 年版，第 222 页。

⑤ 金桥：《上海居民文化资本与政治参与——基于上海社会质量调查数据的分析》，《社会学研究》2012 年第 4 期。

⑥ 于明、苗加清、马召伟、杨震、陈发扬：《我国私营企业主阶层政治参与研究》，吉林大学出版社 2011 年版，第 146—152 页。

⑦ 王明生等：《当代中国政治参与研究》，南京大学出版社 2012 年版，第 236—237 页；王晓燕：《私营企业主的政治参与》，社会科学文献出版社 2007 年版，第 82—137 页。

对而言的，在国外也称为线上政治参与（Online Participation）。

然后，根据不同的形式特点，又将现实政治参与分为制度内的政治参与和制度外的政治参与。其中，制度内的政治参与，有的研究也称为制度化的政治参与，是公民在现有制度范围内进行的政治参与①。制度内的政治参与可分为选举政治参与、日常政治参与，具体的含义如下：

第一，选举政治参与。选举是政治参与的重要形式之一，对于部分公民来说可能是政治参与的唯一形式，投票是选举的关键环节，是选民参与选举的主要活动方式。这里的选举政治参与主要包括在现实里的区（县）、乡（镇）两级人大代表选举，城市基层社区居委会选举，农村基层里的村委会选举。当然除了投票，选举政治参与也包括在各种选举中竞选或去为候选人竞选。在中国，选举政治参与是制度内的政治参与。

第二，日常政治参与。本书的日常政治参与是发生在现实世界里的，不属于选举政治参与的所有其他的制度内的政治参与，例如：向法院起诉；申请行政裁决或复议；寻求非政府组织的帮助；寻求工会、妇联等人民团体的帮助；为自己或朋友的利益找单位领导反映；为自己合法权益找政府领导反映；与传媒联系表达对社会问题的看法；与人大、政协委员联系并向其提意见；写信给政府部门或信访部门投诉；听证会等各种政策政治参与；等等。其中，参与工会也是一种日常政治参与，其属于一种对社会团体的政治参与。而对社区事务的参与，如业主委员会的建立与参与，也属于一种日常政治参与。

制度外的政治参与，有的也称为非制度化的政治参与，指的是由政权所认可的并由法律及相关制度所规定之外的参与方式，可能是合法的也可能是非法的，也可能是法律没有明确规定的参与方式，是我国学界近年来广泛使用的术语②。当前，制度外的政治参与既有群体性事件，又有个人或者集体的上访、请愿，找关系去施加压力，私下报复，与对方直接正面冲突（包括使用暴力）等。

---

① 方江山：《非制度化政治参与——以转型期中国农民为对象分析》，人民出版社 2000 年版，第 38 页。

② 樊宏法、张健：《非制度化政治参与——构建和谐社会的一种独特机制》，《求实》2006 年第 9 期；李慧勇：《中国现阶段非制度化政治参与的原因探析》，《前沿》2007 年第 1 期；应星：《气场与群体性事件的发生机制——两个个案的比较》，《社会学研究》2006 年第 6 期；陈云松：《互联网使用是否扩大非制度化政治参与：基于 CGSS 2006 的工具变量分析》，《社会》2013 年第 5 期。

其中，“群体性事件”是一个具有中国特色的政治词汇。2004年在中共中央办公厅制定的《关于积极预防和妥善处置群体性事件的工作意见》中，首次指出群体性事件是“由人民内部矛盾引发、群众认为自身权益受到侵害，通过非法聚集、围堵等方式，向有关机关或单位表达意愿、提出要求等事件及其酝酿、形成过程中的串联、聚集等活动”①。从中共中央办公厅的定义看，“表达意愿、提出要求”的目的就是影响政府的决策和行为，因此“群体性事件”参与是一种政治参与，其由于采用“非法聚集、围堵”等方式，因而属于一种制度外的政治参与。

而个人或者集体的上访、请愿，找关系去施加压力，私下报复，与对方直接正面冲突等，由于其具有一定的抗争性，所以也属于制度外政治参与。值得一提的是，尽管信访（上访）制度也是一种名义上合法的、制度内的政治参与渠道，但在政府把降低上访率作为维稳目标的情况下，上访反而可能成为冲突的源头②，因此这里把信访（上访）也作为一种制度外的政治参与。

对这些制度外政治参与的研究，了解其状况和影响因素，有利于将其转化为制度内的政治参与，促进社会的和谐发展和政府合法性的增强。当然，需要指出的是，以颠覆政权为目的，或是以恐怖活动为手段的行动，因为其已不属于普通公民的政治参与范畴，因此不在本书考虑范围之内。

网络政治参与则是指通过互联网进行的各种形式的政治参与，如通过互联网参政议政、发表政治观点、提出政治建议、进行政治动员等，要说明的是，尽管网络政治参与也有制度内的政治参与和制度外的政治参与，但是网络政治参与的发生场域是在虚拟的互联网空间，因而为了探索虚拟空间里政治参与的特点，本书都将其归为网络政治参与，而不与现实政治参与的相关分类相混淆。

另外，网络政治参与形式是多样的，例如：关注各种热点网络事件，转发具有明显的社会政治性的帖子、微博等，评论具有明显的社会政治性的帖子、微博等，签名庆祝、支持或者声援某些活动或纪念日，在网络上与人讨论各种政治话题，通过网络（如博客、微博）直接发表自己对社

---

①　魏新文、高峰：《处置群体性事件的困境与出路》，《中共中央党校学报》2007年第1期。

②　于建嵘：《农民有组织抗争及其政治风险——湖南省H县调查》，《战略与管理》2003年第3期。

会问题、政治问题的看法或帖子，通过政府网站或政府网站开设的专栏反映意见或提建议，通过网络举报、揭露、公开社会中不公平、不公正、不合理的事情或人物。其中，根据其影响特点、效果又具体分为问政模式、日常模式、外压模式和动员模式，在第五章到第八章将逐一分析。这里的网络政治参与的模式划分，主要参考王绍光依据中国公共政策议程提出者的身份与民众参与的程度提出的六种政策议程设置的模式[①]，其中问政模式从上书模式转变而来，外压模式基本不变，以及互联网环境下，普通公民也可以采用的动员模式，还有对普通公民在日常互联网使用中的政治参与的日常模式。

另外，之所以先分析问政模式，是因为问政模式是国家推动的政治参与，而在其他的模式中，国家并没有表现出明确推动意向。日常模式则属于国家没有表现出明确推动的常态政治参与，外压模式和动员模式则属于国家没有表现出明确推动的非常态政治参与，而外压模式和动员模式又分别从网上和网下两个维度进行分析，通过这样一层层的模式分析，期望深入探讨中间阶层利用互联网进行政治参与的特点和状况。

① 王绍光：《中国公共政策议程设置的模式》，《中国社会科学》2006 年第 5 期。

第三章

中间阶层与社会低层的媒介使用与政治参与比较：基于 2010 年的中国综合社会调查（CGSS）

在不同的阶层政治参与中，中间阶层的政治参与是非常值得关注的。社会学者和政治学者对于中间阶层的研究包括其权力、财富的分配与社会流动、政治意识与行为倾向等，传播学者对于中间阶层的研究包括“媒介接触行为”和“媒介素养”等[①]，但较少有将两者结合起来的研究。互联网使用属于媒介使用的一种，因而本章将分析中间阶层与社会低层的媒介使用和政治参与有什么不同，其中间阶层的内部不同的群体又有什么不同。这里的社会低层包括以职业划分的职业低层、以教育划分的教育低层、以收入划分的收入低层。

第一节　中国综合社会调查的 2010 年数据

本章所用数据来自于中国人民大学社会系与香港科技大学社会科学部合作主持的中国综合社会调查（China General Social Survey，CGSS）项目的 2010 年调查数据，该数据由中国人民大学中国调查与数据中心负责收集，详细信息和相关资料参见该中心官方网站[②]，该数据是公开、权威和免费的，研究者只需简单申请就可获得相关全部数据。笔者于 2014 年 3 月 28 日向中国人民大学中国调查与数据中心申请并获得相关数据。

---

① 杜骏飞：《中国中产阶层的传播学特征——基于五大城市社会调查的跨学科分析》，《新闻与传播研究》2009 年第 3 期。

② 本书使用数据全部（部分）来自中国人民大学中国调查与数据中心主持的“中国综合社会调查（CGSS）”项目。感谢此机构及其人员提供数据协助，本书内容由作者自行负责。

2010 年 CGSS 项目在全国一共调查了 480 个村/居委会，每个村/居委会调查 25 个家庭，每个家庭随机调查 1 人，最终获得样本 11783 个。其中：城市样本 7222 个，占总样本量的 61.29%；农村样本 4561 个，占总样本量的 38.71%。本章使用的是城市样本，即分析 7222 个城市样本。之所以仅仅分析 2010 年中国综合社会调查中的城市数据，是因为城市是中间阶层的聚集地，很多学者研究发现经济发展会改变一个社会的结构形态[①]，其创造出大量的中间阶层，而中国的城市经济发展是远远高于乡村的，尽管中国城市现在有着大量的外来人口，如农民工，但不能否定的一个事实是，中国城市里的中间阶层的人数和比例都远远高于中国农村。例如，中国社会科学院社会学研究所的李春玲（2008）[②] 指出：从全国范围来看，中产阶级所占比例在 4%—5% 之间；在城市，中产阶级所占比例在 10% 左右；在大城市，中产阶级所占比例在 12%—15%。也就是说，中国的中间阶层在大城市和城市的比例远远高于全国的平均比例，即高于中国农村的比例。为此，城市成为研究中国中间阶层的一个很好场所。对中间阶层的研究也主要聚焦于城市社会中的管理人员、专业技术人员和企业白领[③]，所以城市的数据对中国的中间阶层的研究具有代表性。另外，之所以使用 2010 年的数据，是因为其为截止到 2014 年 9 月之前中国综合社会调查所能提供的最新数据。

CGSS 2010 年的调查问卷包括社会人口属性、健康、迁移、生活方式、社会态度、阶级认同、政治参与行为、个体认知能力、劳动力市场、社会保障、家庭、支出、社会态度、宗教信仰等模块。该网站提供的数据形式为 Stata 数据，由于 Stata 数据很难转化成 Spss 数据，因此本书采用 Stata 12.0 对数据进行分析。第二章指出本书的中间阶层的测量是采用一种以客观标准的职业划分为主，并以教育和收入为辅的综合指标法，为

---

① Norman H. Nie, G. Bingham Powell, Jr and Kenneth Prewitt, "Social Structure and Political Participation: Developmental Relationships, Part I", *American Political Science Review*, (63), 1969, pp. 361 - 378; Edward N. Muller, "Economic Determinants of Democracy", *American Sociological Review*, (60), 1995, pp. 805 - 821.

② 李春玲：《中国中产阶级的增长及其现状》，《江苏社会科学》2008 年第 5 期。

③ 张翼：《当前中国中产阶层的政治态度》，《中国社会科学》2008 年第 2 期；周晓虹：《中国中产阶级：虚幻抑或现实》，《天津社会科学》2006 年第 2 期；李友梅：《社会结构中的"白领"及其社会功能——以 20 世纪 90 年代以来的上海为例》，《社会学研究》2005 年第 6 期；李春玲主编：《比较视野下的中产阶层形成》，社会科学文献出版社 2009 年版。

此，本章对中间阶层的测量也从职业、教育、收入三个方面来进行，并对职业进行详细的分析。

第二节　职业中间阶层与职业低层的媒介使用与政治参与比较

一　本章的职业中间阶层的具体测量

以职业标准界定是中间阶层分层的最常用标准。在本章中，职业中间阶层既包括老板、个体工商户这样的“老中间阶层”[①]，也包括各种领取薪金的具有一定管理权限或技术水平的非体力劳动者的“新中间阶层”，而由于要考察新中间阶层的政治参与的行为，因此又将其根据所属单位/公司的属性划分为体制内新中间阶层和体制外新中间阶层。考虑到国家管理者，尤其是职业在副局级以上的管理干部拥有相当大的政治经济地位[②]，因此，为作对比，本章将职业在副局级以上的管理干部视为第二章的表 2.2“本书分析的中国中间阶层的框架”中的“党政机关事业单位领导干部”，即职业上的“社会上层”，简称为“职业上层”。其他既不是“职业中间阶层”，也不是“职业上层”的，则称为“职业低层”。

在 CGSS 的 2010 年的调查问卷中，虽然有“A59d. 您目前的工作的具体职业是：职业名称，具体工作内容”的具体职业测量，然而，遗憾的是，该公开数据并没有显示各被访者的具体职业名称、具体工作内容，因此只能采取以下测量项目来进行职业阶层的划分：

首先，在 A58 的测量问题中，其为“您工作经历及状况是?”，在 7222 个城市样本中，选择“目前从事非农工作”的有 3735 个。因为“目前从事非农工作”是成为职业中间阶层的前提，所以没有选择该项的群体就肯定不属于中间阶层，因此将没有选择该项目的直接归为职业低层，其中包括“拒绝回答缺失值”有 6 个，选择“目前务农，曾经有过非农

① 在别的研究里，多用“老中产阶层”来代表，由于本书统一用中间阶层代表所有类似的称谓，为此，本书用老中间阶层代表老中产阶层，而下文的新中间阶层也代表别的研究的“新中产阶层”。

② 在相关的类似研究，如对 CGSS 2003 数据的分析，则将“局级及以上党政事业单位领导”划为社会上层，参见刘欣《中国城市的阶层结构与中产阶层的定位》，载李春玲主编《比较视野下的中产阶级形成过程、影响以及社会经济后果》，社会科学文献出版社 2009 年版，第 147—159 页。

工作”的有123个，选择“目前务农，没有过非农工作”的有193个，选择“目前没有工作，而且只务过农”的有350个，选择“目前没有工作，曾经有过非农工作”的有2274个，选择“从未工作过”的有541个。

而选择“目前从事非农工作”的3725个居民，A59的问题是“下列各种情形，哪一种更符合您目前的工作?”，其中选择“劳务工/劳务派遣人员”的有56个，“零工，散工（无固定雇主的受雇者）”的有269个，“自由职业者”的有91个，“其他”的有15个，“拒绝回答缺失值”的有10个，这些选项显示该被访者的工作并不稳定或不确定，因此也将其划归为职业低层。

在选择了受雇于他人（有固定雇主）的样本（2444个）中，将选择“只受别人管理，不管理别人”的1674个也划分为职业低层，这里将其划分为职业低层是依据赖特的剥削和支配路径及实际的数据特点而定的，具体分析可见第二章“中间阶层的测量”的职业分层部分的分析。最终，职业低层的总数为5602个，占总体样本的77.57%，其详细的构成可见表3.1。

本章将选择“自己是老板”、“个体工商户”、“在自己家的生意/企业中工作/帮忙，不领工资”、“在自己家的生意/企业中工作/帮忙，领取工资”的都划分为老中间阶层，这一群体共844个，占11.69%。

体制内的新中间阶层包括两类，一类是选择党政机关，另一类是选择国有或国有控股，集体所有或集体控股，同时选择“只管理别人，不受别人管理”，“既管理别人，又受别人管理”，这一阶层共519个，占7.19%。

体制外的新中间阶层为选择私有/民营或私有/民营控股，港澳台资或港澳台资控股，外资所有或外资控股，同时选择“只管理别人，不受别人管理”，“既管理别人，又受别人管理”，这一阶层共255个，占3.53%。

另外，选择行政或管理职务的职务级别在“副司局级及以上”的有两个，本书划为职业上层，虽然这两个不具统计学的意义，但是可以将此作为参考对照，最终得出表3.1。

表 3.1　　　　CGSS 2010 年 7222 个城镇居民的职业分层

		个数	百分比（%）
职业低层	缺失值	6	0.08
	目前务农，曾经有过非农工作	123	1.70
	目前务农，没有过非农工作	193	2.67
	目前没有工作，而且只务过农	350	4.85
	目前没有工作，曾经有过非农工作	2274	31.49
	从未工作过	541	7.49
	劳务工/劳务派遣人员	56	0.78
	零工，散工（无固定雇主的受雇者）	269	3.72
	自由职业者	91	1.26
	其他	15	0.21
	回答职业描述时选择“拒绝回答”及缺失值	10	0.14
	受雇于他人（有固定雇主）的职业低层（只受别人管理，不管理别人）	1674	23.18
职业低层合计		5602	77.57
老中间阶层	自己是老板	844	11.69
	个体工商户		
	在自己家的生意/企业中工作/帮忙，不领工资		
	在自己家的生意/企业中工作/帮忙，领取工资		
老中间阶层合计		844	11.69
体制内新中间阶层	党政机关	519	7.19
	只管理别人，不受别人管理；既管理别人，又受别人管理（国有或国有控股，集体所有或集体控股）		
体制内新中间阶层合计		519	7.19
体制外新中间阶层	只管理别人，不受别人管理；既管理别人，又受别人管理（私有/民营或私有/民营控股，港澳台资或港澳台资控股，外资所有或外资控股）	255	3.53
体制外新中间阶层合计		255	3.53
职业上层	副司局级及以上	2	0.03
职业上层合计		2	0.03
全部样本数合计		7222	100.00

在表 3.1 中，本章将老中间阶层、体制内新中间阶层、体制外新中间阶层都称为职业中间阶层，职业中间阶层有 1618 个，占 22.4%；职业低

层有 5602 个，占 77.57%；职业上层有 2 个，占 0.03%。本章对 7222 条职业阶层的数据进行重新编码，生成一个职业阶层的新变量。

其他的研究，如李培林在 2006 年 3 月到 5 月进行的“2006 年中国社会状况综合调查”（CGSS 2006），该调查覆盖全国 28 个省、市、区，130 个县（市、区），260 个乡（镇、街道），520 个村/居委会，访问住户 7100 户，获得有效问卷 7063 份，他把各种领取薪金的具有一定管理权限或技术水平的非体力者定义为职业中间阶层（不包括体力劳动监管人员），其中也包括了自雇者和雇主等，从中计算出来的职业中间阶层的比例也为 22.4%[①]，与本章研究的比例完全一样。为此，本章这样的划分和测量是具有一定的逻辑性和可对比性的。

二　职业中间阶层与职业低层的媒介使用比较

（一）媒介接触频率比较

在 CGSS 数据中关于媒介接触频率的选项是“A28. 过去一年，您对以下媒体的使用情况是?”，其分支项为“报纸，杂志，广播，电视，互联网（包括手机上网），手机定制信息”，五个答案选项分别为“从不，很少，有时，经常，总是”，“从不”到“总是”分别从 1 到 5 进行编码，剔除了该选项的缺失值后，与职业阶层变量进行二联表分析，得出表 3.2。需要特别说明的是，职业上层因为仅有 2 个，因此其统计值将不会与其他任何组进行比较和分析，仅作为参考所用。

表 3.2　**职业中间阶层与职业低层的媒介接触频率比较**

媒介接触频率 / 职业阶层	过去一年，您对以下媒体的使用情况是?					
	报纸	杂志	广播	电视	互联网	手机定制信息
职业低层	2.59	2.10	2.05	4.18	2.15	1.59
老中间阶层	2.63	2.07	1.86	4.11	2.35	1.86
体制内新中间阶层	3.59	2.92	2.34	4.18	3.63	2.33
体制外新中间阶层	3.30	2.79	2.14	4.06	3.79	2.49
职业上层	3.50	3.50	3.00	3.50	3.00	1.50
平均	2.69	2.18	2.05	4.17	2.34	1.70

① 李培林、张翼：《中国中产阶级的规模、认同和社会态度》，《社会》2008 年第 2 期。

表3.2显示，在各种媒介使用中，电视、互联网和报纸是所有阶层的三大主要使用媒介，截至2010年，尽管互联网在中国已经发展了15年，但是在所有阶层中，电视使用的频率仍然是最高的，而在使用电视的不同阶层里，职业低层的电视使用频率排行第一，均值高达4.18。而不同阶层使用互联网情况是：体制外的新中间阶层第一，均值为3.79；其次是体制内新中间阶层，均值为3.63；老中间阶层第三，均值为2.35；最低为职业低层，均值为2.15。而报纸的使用在职业低层和老中间阶层排行第二，而在体制内和体制外的新中间阶层里排行第三。

在所有的阶层中，杂志的媒介接触率排行第四，广播和手机定制信息是媒介接触率最低的两种媒介。

（二）最主要信息来源比较

在最主要信息来源比较中，CGSS数据的测量问题是"A29. 在以下媒体中，哪个是您最主要的信息来源?"，对其选项与职业阶层变量进行交互分类后得出表3.3。

表3.3　**职业中间阶层与职业低层的最主要的信息来源比较**　单位:%

最主要的信息来源 / 职业阶层	在以下媒体中，那个是您最主要的信息来源?						
	报纸	杂志	广播	电视	互联网	手机定制信息	合计
职业低层	8.11	0.38	2.51	71.72	16.36	0.92	100.00
老中间阶层	7.04	0.60	1.43	69.33	19.45	2.15	100.00
体制内新中间阶层	9.85	0.00	1.16	45.37	42.28	1.35	100.00
体制外新中间阶层	8.76	0.40	0.40	39.04	49.40	1.99	100.00
职业上层	100.00	0.00	0.00	0.00	0.00	0.00	100.00

表3.3显示，电视是职业低层的最主要的信息来源，高达71.72%，然后电视作为最主要的信息来源的比例从老中间阶层、体制内新中间阶层到体制外新中间阶层不断下降，但无论是在体制内还是体制外的新中间阶层中，比例都少于50%。互联网作为最主要信息来源在体制外新中间阶层为49.40%，体制内新中间阶层为42.28%，在老中间阶层为19.45%，都要比职业低层的16.36%高。报纸是所有阶层中作为第三位的最主要的

信息来源。

作为最主要的信息来源，杂志的比例是最低的，把广播作为最主要的信息来源的所有阶层比较中，职业低层要比中间阶层高，这一特点跟电视类似。

从上面的分析中可得出以下结论：电视在职业低层中是最主要的信息来源的地位不可动摇；从不同阶层比较，互联网作为最主要的信息来源在中间阶层中要远高于社会低层；而报纸属于所有阶层中的第三信息来源媒介。

表3.3显示，不同阶层的媒介使用有同也有异。相同的是，电视、报纸、互联网都是所有阶层的三个主要的新闻媒介来源；不同的是，职业中间阶层的互联网的使用和信息来源都要明显高于职业低层，而职业低层的电视使用和把电视作为最主要的信息来源则是最高的，都要比中间阶层高。

另外，在媒介接触上，电视、网络、报纸是职业分层下中间阶层接触最多的媒介并将其作为主要的信息来源。该研究与其他的实证调查结论基本相同①，这也显示了本书的信度以及与其他研究的可比性。

三　职业中间阶层与职业低层的制度内的政治参与比较

2010年的CGSS调查问卷中制度内政治参与包括两个方面：（1）选举政治参与，指参与居委会选举的投票状况。本章用CGSS调查问卷中“上次居委会选举/村委会选举，您是否参加了投票？”这一项问题来测量居民的投票参与状况，答案选项是“是，否，没有投票资格”。（2）对社会团体的参与，这里测量参与工会的情况。本章用CGSS调查问卷中“请问您是不是工会会员？”这一项问题来测量，答案选项是“是；以前是，现在不是；从来都不是”。

（一）选举政治参与

首先分析选举政治参与的差别，得出表3.4。

---

① 周葆华：《新技术环境下上海市民媒介使用现状与特征——2009年调查报告》，《新闻记者》2010年第9期；张志安、沈菲：《中国受众媒介使用的地区差异比较》，《新闻大学》2012年第6期。

表 3.4　**职业中间阶层与职业低层的选举政治参与的比较**　单位:%

选举政治参与 / 职业阶层	上次居委会选举/村委会选举，您是否参加了投票?			
	是	否	没有投票资格	合计
职业低层	36.22	57.89	5.89	100.00
老中间阶层	30.17	62.83	7.01	100.00
体制内新中间阶层	32.88	64.22	2.90	100.00
体制外新中间阶层	23.92	69.02	7.06	100.00
职业上层	50.00	50.00	0.00	100.00

表 3.4 显示，在上次居委会选举/村委会选举投票的测量中，最高的是职业低层，达 36.22%，比所有的中间阶层包括老中间阶层（30.17%）、体制外新中间阶层（23.92%）、体制内新中间阶层（32.88%）都要高。

在中间阶层这一群体里，投票率最高的是体制内新中间阶层，比老中间阶层和体制外新中间阶层都要高。老中间阶层和体制外新中间阶层本质上都属于体制外，因而其投票率低于体制内的新中间阶层，因此对于中间阶层来说，投票率高低取决于其体制资源。体制内的新中间阶层在党政部门、事业单位以及国有企业工作的体制资源高，因而其参与投票的选举政治参与就比体制外的中间阶层和老中间阶层要高。

（二）对社会团体的参与

接着分析对社会团体的参与的差别，通过数据整理，得出表 3.5。

表 3.5　**职业中间阶层与职业低层的对社会团体的参与的比较**　单位:%

对社会团体的参与 / 职业阶层	请问您是不是工会会员?			
	是	以前是，现在不是	从来都不是	合计
职业低层	15.42	19.42	65.17	100.00
老中间阶层	6.67	8.33	85.00	100.00
体制内新中间阶层	60.42	4.63	34.94	100.00
体制外新中间阶层	23.92	8.63	67.45	100.00
职业上层	50.00	0.00	50.00	100.00

工会，是以领取工资生活的人们以维持和改进工作、生活条件为目的建立起来的组织。参与工会是一种对社会团体的参与，其同时发生在日常生活中，因而也属于一种日常政治参与，并且属于制度内的政治参与。

表3.5显示，体制内新中间阶层是工会成员的比例最高，达到60.42%。而体制外的新中间阶层排行第二，也就是说，体制外的新中间阶层所从事的单位，如外资公司等也有一部分建立工会。最低的是老中间阶层，这些个体户/工商主的工会成员比例仅为6.67%，比职业低层的15.42%还要低。

在中间阶层的对社会团体参与的其他研究中，卢春龙（2011）[①]发现体制内和体制外的新中间阶层都比下层阶级显示出更高程度的参与，而在体制内部门工作的中产阶级比在体制外部门工作的中产阶级有着更高的对社会团体的参与率，因此本书的结论与卢春龙的研究是一致的。之所以出现这种情况，卢春龙的解释是两种类型的中产阶级相对下层阶级而言，具有参与政治活动的兴趣、拥有政治参与的主观效能，还拥有资源为他们参与社会团体活动提供支撑，而在体制内部门工作的中产阶级最积极参与社会团体活动的原因，是由于他们在党政部门、事业单位以及国有企业工作，因而有着更多的机会去参与同样有着官方色彩的社会团体，如工会。

同时，本书发现老中间阶层的工会参与率要大大低于其他所有阶层，这是以往研究没有显示的，对比卢春龙的分析，可以看出，尽管老中间阶层在拥有的其他资源，如经济资源上并不比新中间阶层少，但是其参与工会这些社会团体的程度却是最低的，因此影响中间阶层参与如工会这样的官方色彩的社会团体，关键是其体制资源，而不是其他。归结职业中间阶层的政治参与行为，可以得出这样的结论：体制内的中间阶层无论是选举政治参与还是对社会团体的参与，都比体制外的中间阶层（包括老中间阶层和体制外新中间阶层）要高。

值得一提的是，在现实中，工会的功能已经大大退化。例如，我国许多基层工会组织功能不健全，一般企业仅设有一两个专职工会干部，在节假日发点福利和搞点娱乐活动，有的研究也显示工会在企业内部的影响力还不强[②]。不过，一些实证研究还是显示中国工会对提高工人工资和其他

① 卢春龙：《中国新兴中产阶级的政治态度与行为倾向》，知识产权出版社2011年版，第225页。

② 赵德余：《工会组织在职工工资决定中的影响与作用：来自上海的经验》，《社会科学战线》2011年第3期。

福利有积极作用[1]。有的研究则通过对义乌工会的研究指出，地方工会通过主动有为的组织功能发展，构筑起适应职工新需求的社会化维权平台，为党在基层社会中的执政提供了社会整合的具体经验[2]。在制度设置上，工会作为我国重要的社会政治团体，仍然是一种值得研究的政治参与形式。因此，把参与工会当作对社会团体参与的一种形式有利于了解社会各阶层在这方面的政治参与状况和影响因素。

当然，除了参与工会之外，对社会团体的参与还包括行业协会、社会福利组织、专业协会、妇联、青年团体、文化体育兴趣团体等，但是由于二手数据问卷的局限，这里仅能以参与工会作为对社会团体参与的唯一表现形式。

四　职业中间阶层与职业低层的政治参与手段选择比较

制度内的政治参与和制度外的政治参与都是公民政治参与的手段，不同的政治参与手段的选择可以反映出不同阶层的政治参与情况。在 CGSS 2010 的问卷中，有一题为“D13a. 请您回想一下，在过去一年中，您是否受到过政府有关部门或工作人员的不公正对待?”，在选择“是”的被访者中，接下去一个问题为“D13b. 您或您家当时采用了以下哪些解决途径呢?（多选)”，其选项有“（1）忍了算了；(2）向法院起诉；(3）申请行政裁决或复议；(4）单独向上级领导或部门投诉（包括单独上访)；(5）联合向上级领导或部门投诉（包括集体上访)；（6）向新闻媒体投诉；（7）把事情曝光到网上；（8）寻求非政府组织的帮助；(9）寻求工会、妇联等人民团体的帮助；(10）找关系去施加压力；(11）私下报复，未与对方发生正面冲突；（12）与对方直接正面冲突，包括使用暴力；（13）其他（请注明：________________)”，这里的选择既有“向法院起诉”这样的制度内的政治参与，也有“与对方直接正面冲突，包括使用暴力”的制度外的政治参与，也有“把事情曝光到网上”的网络政治参与。在各种手段的选择中，各阶层的选择如表 3.6 所示。

---

[1] 姚洋、钟宁桦：《工会是否提高了工人的福利？——来自 12 个城市的证据》，《世界经济文汇》2008 年第 5 期；姚先国、李敏、韩军：《工会在劳动关系中的作用——基于浙江省的实证分析》，载颜辉主编《中国工会·劳动关系研究（2008)》，中国工人出版社 2009 年版，第 9—29 页。

[2] 韩福国、骆小俊、林荣日、葛海有：《新型产业工人与中国工会：义乌工会社会化维权模式研究》，上海人民出版社 2008 年版。

表 3.6　　**职业中间阶层与职业低层的政治参与手段选择比较**　　单位：人、%

在过去一年中，当您受到过政府有关部门或工作人员的不公正对待时，您或您家当时采用了以下哪些解决途径呢？（多选）	职业低层		老中间阶层		体制内新中间阶层		体制外新中间阶层		职业上层	
	人数	百分比	人数	百分比	人数	百分比	人数	百分比	人数	百分比
忍了算了	298	70.8	87	74.4	22	66.7	18	81.8	0	0
向法院起诉	17	4.0	5	4.3	3	9.1	1	4.6	1	100
申请行政裁决或复议	8	1.9	2	1.7	0	0.0	1	4.6	0	0
单独向上级领导或部门投诉（包括单独上访）	64	15.2	12	12.3	7	21.2	2	9.1	1	100
联合向上级领导或部门投诉（包括集体上访）	27	6.4	6	5.1	2	6.1	0	0.0	0	0
向新闻媒体投诉	13	3.1	2	1.7	3	9.1	0	0.0	1	100
把事情曝光到网上	3	0.7	1	0.85	4	12.1	1	4.6	1	100
寻求非政府组织的帮助	8	1.9	0	0.0	1	3.0	0	0.0	0	0
寻求工会、妇联等人民团体的帮助	9	2.1	0	0.0	1	3.0	0	0.0	0	0
找关系去施加压力	4	1.0	6	5.1	0	0.0	0	0.0	0	0
私下报复，未与对方发生正面冲突	0	0.0	1	0.9	0	0.0	0	0.0	0	0
与对方直接正面冲突，包括使用暴力	9	2.1	1	0.9	1	3.0	0	0.0	0	0

注：人数指选择该项目的各阶层人数，百分比指选择该项目“是”的占全部选项“是”和“否”的比项，缺失值不计。

表 3.6 显示，在“在过去一年中，当您受到过政府有关部门或工作人员的不公正对待时，您或您家当时采用了以下哪些解决途径呢？（多选）”问题中，不同阶层的政治抗争的选择，即选择何种政治参与手段，对于所有阶层来说，即使是受到不公正的对待，由于做出此行为的是政府有关部门或工作人员，因此不同的阶层都有超过半数选择“忍了算了”，其中体制外新中间阶层选择此选项的比例最多，达 81.8%，而体制内新中间阶层选择此选项的比例最少，仅为 66.7%，在面对政府有关部门或工作人员的不公正对待时，体制外新中间阶层和体制内新中间阶层表现的行为选择截然不同，这反映出体制资源在中国公民选择政治参与手段时的重要地位。

在面对政府有关部门或工作人员的不公正对待时所采取的政治参与手段的选择中，单独向上级领导或部门投诉（包括单独上访）成为所有阶层进行抗争手段的首选，其中体制内新中间阶层最多，达 21.2%；体制外新中间阶层最少，仅为9.1%。导致这种状况的主要原因是体制内的单位大多具有一定的行政级别，其上级领导或部门都与政府部门有各种关系，体制内的新中间阶层因而具有体制资源和习惯来单独向上级领导或部门投诉，相反体制外的新中间阶层多属于私人企业或外资企业，因此其单独向上级领导或部门投诉的渠道就缺乏。这也间接证明上面分析的体制外的新中间阶层在遇到这种情况选择“忍了算了”最多，而体制内的新中间阶层则恰好相反。

排行第二的政治参与手段选择在不同的阶层发生分化，职业低层选择联合向上级领导或部门投诉（包括集体上访）的比例（6.4%）在所有阶层中是最高的，这反映出职业低层选择制度外的政治参与要高于职业中间阶层。

另外，采用“与对方直接正面冲突，包括使用暴力”最多的人次的阶层也是职业低层，有9人，占比2.1%，也仅低于体制内新中间阶层3.0%。不过使用此手段的体制内新中间阶层仅1人。在这方面的选择，职业低层则是远远高于老中间阶层（0.9%）以及体制外新中间阶层（0%）。采用“与对方直接正面冲突，包括使用暴力”也是制度外的政治参与手段。也就是说，在面对政府有关部门或工作人员的不公正对待时，职业低层更多使用制度外的政治参与手段，甚至有时候采用暴力或者准暴力。而与职业低层相比，职业中间阶层在进行政治参与手段的选择的时候更倾向于通过温和的制度内政治参与来进行。

在面对政府有关部门或工作人员的不公正对待时，把事情曝光到网上则成为体制内新中间阶层（12.1%）和体制外新中间阶层（4.6%）的选择，其远远高于职业低层（0.7%），而且老中间阶层（0.85%）也高干职业低层，这反映出在这种状况下，中间阶层对网络政治参与的选择要高于职业低层。其中，体制内新中间阶层选择该手段的比例又比体制外新中间阶层使用的比例高，是所有阶层中最高的。也就是说，体制资源对中间阶层的网络政治参与产生影响。

在使用政治参与手段选择中，体制内新中间阶层除了把事情曝光到网上进行政治参与外，还通过向新闻媒体投诉进行政治参与（3人次，9.1%），这样比例也大大高于其他阶层。而作为个体户、工商业主的老中间阶层则通过找关系去施加压力（6人次，5.1%）这一中国特色的手段来进行政治参与，比其他所有阶层都要高。

总之，遇到政府有关部门或工作人员不公正对待时，体制内新中间阶层最不能忍，体制资源在中国公民对于选择政治参与手段的选择中非常重要。职业低层则选择制度外的政治参与的比例最高，中间阶层选择把事情曝光到网上的网络政治参与的比例比职业低层要高，其中，体制内的中间阶层选择把事情曝光到网上的网络政治参与比例最高。遇到政府有关部门或工作人员不公正对待时，中间阶层除了擅长使用互联网来进行政治参与外，其也擅长使用传统媒体来进行政治参与。

五 职业中间阶层与职业低层的制度外的政治参与比较

制度外的政治参与有很多形式，其中最有代表性的是群体性事件。在群体性事件的政治参与中，在 CGSS 2010 的问卷中，有一题为“D12a. 在现实生活中，经常会看到一些群体性的活动或行动，比如，联合抵制不合理收费、串联起来反对征地或拆迁、集体抵制某些项目的上马、集体请愿、集体上访、集体罢工、集会、游行、示威，等等。请问，在过去三年中，您身边是否发生过这样的事情?”在选择“是”的被访者中，接下去一个问题为“D12c. 在这些活动或行动中，您是否担任过以下角色?”，其选项有“（1）组织者；（2）亲自参与活动；（3）未参与活动，但提供了物质支持；（4）未参与活动，但提供了道义支持；（5）其他（请注明：____________）；（6）从未参与”。此题的“群体性的活动或行动”即是中国语境下的“群体性事件”。各阶层的选择结果如表 3.7 所示。

表 3.7 **职业中间阶层与职业低层的群体性事件参与比较** 单位：人、%

群体性事件参与 \ 职业阶层	职业低层		老中间阶层		体制内新中间阶层		体制外新中间阶层		职业上层	
	人数	百分比	人数	百分比	人数	百分比	人数	百分比	人数	百分比
组织者	4	0.52	4	2.52	0	0.00	0	0.00	0	0.00
亲自参与活动	126	16.28	22	13.84	4	3.50	3	6.00	0	0.00
未参加活动，但提供了物质帮助	7	0.90	0	0.00	0	0.00	2	4.00	0	0.00
未参加活动，但提供了道义帮助	57	7.36	16	10.06	11	9.60	5	10.00	0	0.00
其他	3	0.39	1	0.63	0	0.00	1	2.00	0	0.00
从未参与	577	74.55	116	72.96	100	87.00	39	78.00	1	100.00
合计	774	100.00	159	100.00	115	100.00	50	100.00	1	100.00

注：人数指选择该行动的各阶层人数，百分比指选择该行动的占可选择的行动的百分比。

表3.7显示，在参与群体性事件的人群中，从未参与所占比例最低的是职业低层（74.55%）和老中间阶层（72.96%）。而组织者和亲自参与活动比例最高的两个阶层也是职业低层和老中间阶层，合计都约为16%。也就是说，最积极参与群体性事件的群体是职业低层和老中间阶层。

在参与群体性事件的人群中，从未参与所占比例最高的是体制内新中间阶层，达87.00%，而体制内和体制外新中间阶层都没有群体性事件的组织者，仅有4人（占3.50%）和3人（占6.00%）亲自参加过活动，体制内和体制外新中间阶层对待群体性事件除了不参与，更多的是“未参加活动，但提供了道义帮助”，分别有11人（占9.60%）和5人（占10.00%）。也就是说，与职业低层和老中间阶层相比，新中间阶层更少参与，也更不倾向于参与群体性事件。

结合上面的职业中间阶层与职业低层的政治参与手段选择比较分析来看，中间阶层，尤其是新中间阶层，在受到政府有关部门或工作人员的不公正对待时，善于利用媒体（包括互联网）来进行政治参与，而职业低层则更倾向于选择利用暴力或者准暴力的制度外的政治参与。

需要注意的是，在职业中间阶层与职业低层的制度内的政治参与比较时，老中间阶层的选举政治参与倒数第二（30.17%），对工会的参与倒数第一（6.67%），在职业中间阶层与职业低层的政治参与手段选择比较中，在面对政府有关部门或工作人员的不公正对待时，老中间阶层选择“找关系去施加压力”的比例（5.10%）比其他阶层都要高，而职业中间阶层与职业低层的制度外的政治参与比较中，老中间阶层和职业低层是两个最积极参与群体性事件的群体。这些都显示，老中间阶层的政治参与特点与新中间阶层的政治参与特点不同，因而，在分析中间阶层政治参与的时候，要注意到这一点。

第三节　教育中间阶层与教育低层的媒介使用与政治参与比较

一　本章中的教育中间阶层的具体测量

本章首先以教育程度划分教育中间阶层和教育低层。教育具有收益率，且教育的收益率要高于工龄即工作经验的收益率[①]。受教育水平和收

① 赵人伟、李实、李思勤主编：《中国居民收入问题再研究》，中国社会科学出版社1991年版。

入水平、职业地位都有很高的相关性，根据中国的具体情况，在此，本章把取得大学专科（包括成人高等教育和正规高等教育）及以上教育文凭的人员都定义为教育中间阶层，而其他的则定义为教育低层。

按此标准测算，在7222个城镇居民中，根据对"A7a. 您目前的最高教育程度是?（包括目前在读的）"问题的回答，整理出表3.8。

表3.8　　　　CGSS 2010年7222个城镇居民的教育分层

测量问题	回答选项	个数	百分比（%）
您目前的最高教育程度是?（包括目前在读的）	教育低层		
	其他	9	0.12
	拒绝回答的缺失值	2	0.03
	没有受过任何教育	536	7.42
	私塾	46	0.64
	小学	1024	14.18
	初中	2023	28.01
	职业高中	146	2.02
	普通高中	1051	14.55
	中专	576	7.98
	技校	81	1.12
	教育低层小计	5494	76.07
	教育中间阶层		
	大学专科（成人高等教育）	408	5.65
	大学专科（正规高等教育）	471	6.52
	大学本科（成人高等教育）	220	3.05
	大学本科（正规高等教育）	541	7.49
	研究生及以上	88	1.22
	教育中间阶层小计	1728	23.93
	合计	7222	100.00

表3.8显示，教育中间阶层合计1728个，占23.93%；而教育低层合计5494个，占76.07%。在2006年的调查中，李培林的研究中发现的教育中间阶层占12.7%[①]，不过李培林的研究既包括城镇也包括农村，且他将教育中间阶层定义为取得中专和大学本科阶段及以上的教育文凭的人，

① 李培林、张翼：《中国中产阶级的规模、认同和社会态度》，《社会》2008年第2期。

而且本章的调查时点为2010年，比2006年晚了4年，另外本章的样本是城镇，并不包括农村，所以本章的教育中间阶层的比例比李培林的要高就可以接受了。

二　教育中间阶层与教育低层的媒介使用比较

这里的媒介使用比较中是以表3.8“CGSS 2010年7222个城镇居民的教育分层”划分为教育中间阶层与教育低层，而下面的其他比较，也是按此划分，就不再重复了。

（一）媒介接触频率比较

分析教育中间阶层与教育低层的媒介接触频率比较，得出表3.9。

表3.9　**教育中间阶层与教育低层的媒介接触频率比较**

媒介接触频率 / 教育阶层	过去一年，您对以下媒体的使用情况是？					
	报纸	杂志	广播	电视	互联网	手机定制信息
教育低层	2.48	1.96	1.97	4.23	1.87	1.51
教育中间阶层	3.37	2.89	2.05	3.98	3.80	2.31
平均	2.93	2.43	2.01	4.11	2.84	1.91

表3.9显示，横向比较，教育低层中，电视使用第一，其次是报纸、广播、杂志，然后是互联网、手机定制信息；而教育中间阶层中，电视使用也是第一，但其次就是互联网，然后是报纸、杂志、手机定制信息、广播。

而纵向比较，教育低层（4.23）的电视使用要比教育中间阶层（3.98）高。教育中间阶层（3.80）的互联网使用要远高于教育低层（1.87）。这显示，互联网被人们寄予厚望，以为作为信息权利平等象征的互联网的出现，会有效地填平以往在传统媒体时代形成的知识沟、信息沟，但是事实却恰恰相反，新的知识鸿沟却以数码沟的形式出现了，尤其是在以教育划分的阶层上更是如此。而在报纸、杂志、广播、手机定制信息的其他的媒介使用中，教育中间阶层的媒介接触频率值都要比教育低层高。

（二）最主要信息来源比较

接着对教育分层下的不同阶层的最主要信息来源进行比较，得出表3.10。

表 3.10　**教育中间阶层与教育低层的最主要的信息来源比较**　单位:%

最主要的信息来源 / 教育阶层	在以下媒体中，那个是您最主要的信息来源？						
	报纸	杂志	广播	电视	互联网	手机定制信息	合计
教育低层	7.41	0.37	2.42	78.66	10.09	1.05	100.00
教育中间阶层	10.48	0.41	1.57	35.86	50.29	1.40	100.00

表 3.10 显示，电视是教育低层的最主要信息来源，为 78.66%，是两倍于教育中间阶层的比例，因为教育中间阶层仅为 35.86%。

教育低层把互联网作为最主要的信息来源的仅有 10.09%，远低于 78.66% 的电视；而在教育中间阶层上，互联网使用已成为最主要的信息来源，占 50.29%，并且超过电视 35.86% 的比例。纵向比较来看，互联网作为最主要的信息来源的比例在教育中间阶层（50.29%）是教育低层（10.09%）的 5 倍。

在媒介使用中，教育中间阶层和教育低层的差别在于互联网使用，而在信息来源也体现这种差别，教育低层的信息来源仍主要偏好电视，而互联网则成为教育中间阶层首选的信息来源。因此，与职业分层相比，教育分层更能区分不同的互联网使用，教育低层在互联网使用和把互联网作为最主要的信息来源都低于教育中间阶层，形成“数字鸿沟”，这可能是由于尽管互联网的使用不断普及，互联网使用的门槛也越来越低，但是其使用仍然还是需要一定的技能、时间、金钱。

不过，要看到的是，教育低层把互联网使用作为最主要信息来源的比例也达到 10.09%，仅次于电视，这反映随着互联网的普及和使用门槛的降低，教育低层也开始把互联网作为最主要信息来源之一，并且已超过报纸、杂志和广播等传统媒介。

三　教育中间阶层与教育低层的制度内的政治参与比较

（一）选举政治参与

将教育中间阶层与教育低层的选举政治参与这类制度内的政治参与进行比较，得出表 3.11。

表 3.11　**教育中间阶层与教育低层的选举政治参与比较**　单位:%

教育阶层 \ 选举政治参与	上次居委会选举/村委会选举，您是否参加了投票?			
	是	否	没有投票资格	合计
教育低层	38.16	55.92	5.92	100.00
教育中间阶层	24.27	70.09	5.63	100.00

在选举政治参与中，表 3.11 显示教育中间阶层（24.27%）比教育低层的投票率（38.16%）要低。而在表 3.4“职业中间阶层与职业低层的选举政治参与的比较”中，投票率最高的也是职业低层，这可能是因为投票是一种动员政治参与，而居委会选举/村委会的事务跟社会低层利益相关大，所以社会低层投票率就高。

（二）对社会团体的参与

将教育中间阶层与教育低层的对社会团体的参与这类制度内的政治参与进行比较，得出表 3.12。

表 3.12　**教育中间阶层与教育低层的对社会团体的参与比较**　单位:%

教育阶层 \ 选举政治参与	请问您是不是工会会员?			
	是	以前是，现在不是	从来都不是	合计
教育低层	13.09	17.95	68.96	100.00
教育中间阶层	33.39	12.60	54.01	100.00

表 3.12 显示，在对社会团体的参与中，教育中间阶层（33.39%）比教育低层（13.09%）属于工会成员的比例要高。而表 3.5“职业中间阶层与职业低层的对社会团体的参与的比较”也显示体制内和体制外的新中间阶层的工会参与率都要比职业低层高，教育是产生新中间阶层的最重要的因素，因此将这两个结论结合起来就很容易理解了。

四　教育中间阶层与教育低层的政治参与手段选择比较

在选择“在过去一年中，当您受到过政府有关部门或工作人员的不公正对待时，您或您家当时采用了以下哪些解决途径呢?（多选）”，教育分层下的不同群体的选择结果如表 3.13 所示。

表 3.13 **教育中间阶层与教育低层的政治参与手段选择比较** 单位：人、%

在过去一年中，当您受到过政府有关部门或工作人员的不公正对待时，您或您家当时采用了以下哪些解决途径呢？（多选）	教育低层		教育中间阶层		合计	
	人数	百分比	人数	百分比	人数	百分比
忍了算了	315	64.15	110	67.48	425	64.98
向法院起诉	20	4.07	7	4.29	27	4.13
申请行政裁决或复议	10	2.04	1	0.61	11	1.68
单独向上级领导或部门投诉（包括单独上访）	70	14.26	16	9.82	86	13.15
联合向上级领导或部门投诉（包括集体上访）	33	6.72	2	1.23	35	5.35
向新闻媒体投诉	14	2.85	5	3.07	19	2.91
把事情曝光到网上	4	0.81	6	3.68	10	1.53
寻求非政府组织的帮助	6	1.22	3	1.84	9	1.38
寻求工会、妇联等人民团体的帮助	8	1.63	2	1.23	10	1.53
找关系去施加压力	4	0.81	6	3.68	10	1.53
私下报复，未与对方发生正面冲突	1	0.20	0	0.00	1	0.15
与对方直接正面冲突，包括使用暴力	6	1.22	5	3.07	11	1.68

表 3.13 显示，在“在过去一年中，当您受到过政府有关部门或工作人员的不公正对待时，您或您家当时采用了以下哪些解决途径呢？（多选）”问题中，教育中间阶层（67.48%）比教育低层（64.15%）采取更多的“忍了算了”，不过差距不大。

在选择制度外的政治参与时，如联合向上级领导或部门投诉（包括集体上访），教育低层（6.72%）比教育中间阶层（1.23%）的比例要高。这显示，教育低层更多使用制度外的政治参与，这在职业分层的分析中也是如此。

但是，在受到政府有关部门或工作人员的不公正对待时，在选择“向新闻媒体投诉”中，教育中间阶层（3.07%）比教育低层（2.85%）的比例要高；在选择“把事情曝光到网上”的网络政治参与中，教育中间阶层（3.68%）也比教育低层（0.81%）的比例要高。这显示，在面对政府有关部门或工作人员的不公正对待时，以教育分层的中间阶层比教育低层要更善于利用媒体，尤其是互联网，这在职业分层的分析中也显示出同样的特点。

五　教育中间阶层与教育低层的制度外的政治参与比较

这里的制度外的政治参与仍然以群体性事件参与为代表，在群体性事件参与中，教育分层下的不同群体的比较如表 3. 14 所示。

表 3. 14　**教育中间阶层与教育低层的群体性事件参与比较**　单位：人、%

群体性事件参与＼教育阶层	教育低层		教育中间阶层		合计	
	人数	百分比	人数	百分比	人数	百分比
组织者	7	0. 94	1	0. 28	8	0. 73
亲自参与活动	137	18. 44	18	5. 06	155	14. 10
未参加活动，但提供了物质帮助	7	0. 94	2	0. 56	9	0. 82
未参加活动，但提供了道义帮助	55	7. 40	34	9. 55	89	8. 10
其他	1	0. 13	4	1. 12	5	0. 45
从未参与	536	72. 14	297	83. 43	833	75. 80
总共	743	100. 00	356	100. 00	1099	100. 00

表 3. 14 显示，在群体性事件中，一方面，教育低层（0. 94%）作为群体性事件组织者比教育中间阶层（0. 28%）的比例要高，而教育低层（18. 44%）亲自参与群体性事件的活动也比教育中间阶层（5. 06%）的比例要高。另一方面，从未参与群体性事件的比例，教育中间阶层（83. 43%）则比教育低层（72. 14%）要高。综合这两方面来看，与教育低层相比，教育中间阶层更少使用群体性事件这一制度外的政治参与。

另外，即使是参与群体性事件的中间阶层，最多的是“未参加活动，但提供了道义帮助”，共 34 人，占 9. 55%，该比例比“亲自参与活动”（5. 06%），“未参加活动，但提供了物质帮助”（0. 56%），“组织者”（0. 28%），“其他”（1. 12%）累加的总比例还要高。因此，中间阶层即使是参与群体性事件，也最多是做出“提供道义帮助”这些温和的、不涉及自身利益的行动来。

第四节　收入中间阶层与收入低层的媒介使用与政治参与比较

一　本章中的收入中间阶层的具体测量

在以往的研究中，常把收入的平均值，以及收入平均值的2.5倍作为一个划分阶层的关键点。例如，李培林和张翼设计了一个划分中产阶级的标准，他们采用中国社会科学院社会学研究所“2006年中国社会状况综合调查”（CGSS 2006）计算出当年的人均收入，并确定年人均收入的2.5倍作为划分“高收入者”收入的指标，把年人均收入至平均线2.5倍之间的人群定义为“中等收入者”，并把“高收入者”和“中等收入者”共同归类为“收入中间阶层阶级”[①]，而其他的研究也类似如此，如李春玲采用2006年中国社会科学院社会学研究所的CGSS抽样调查数据，把城镇年人均收入的2.5倍（21715元）设定为收入中产（即收入中间阶层）标准线，把城镇家庭年人均收入的2.5倍（21715元）设定为中产家庭标准。李春玲将在2006年个人年收入达到或超过282722元的人归类为中产阶级，年收入人均收入达到或超过21715元的家庭归类为中产家庭[②]。

本书的对象是个人的媒介使用和政治参与的情况，这都涉及个人行为，不涉及家庭，因此，本书采用“A8a. 您个人去年全年的总收入是多少?”作为测量收入的唯一标准，在7222个样本数据中，回答“不适用”的有428个，回答“不知道”的有80个，“拒绝回答”的有386个，在有回答的6328个中，最小值为0，最大值为6000000元，均值为18916元，为此，本章将年收入达到或超过平均收入的2.5倍即47290元（均值18915.97元乘以2.5）的个人称为收入中间阶层的上层，而年收入在平均收入18916元到平均收入的2.5倍即47290元之间的称为收入中间阶层的下层，但这两者都统称为收入中间阶层，而年收入低于平均收入18916元的则称为收入低层。

数据显示，在7222个样本中，收入中间阶层的上层有550个，占

① 李培林、张翼：《中国中产阶级的规模、认同和社会态度》，《社会》2008年第2期。

② 李春玲：《中国中产阶级的增长及其现状》，《江苏社会科学》2008年第5期。

7.62%，收入中间阶层的下层有1314个，占18.2%，两者共有1864个，占25.8%，都为收入中间阶层，其他则统称为收入低层，有5358个，占74.19%。

二　收入中间阶层与收入低层的媒介使用比较

（一）媒介使用频率

收入中间阶层与收入低层的媒介使用频率比较的方法与职业分层和教育分层一样，最终得出表3.15。

表3.15　**收入中间阶层与收入低层的媒介使用频率比较**

媒介使用频率 / 收入阶层	过去一年，您对以下媒体的使用情况是？					
	报纸	杂志	广播	电视	互联网	手机定制信息
收入低层	2.53	2.03	2.01	4.20	1.99	1.54
收入中间阶层下层	3.07	2.56	2.08	4.12	3.09	2.04
收入中间阶层上层	3.43	2.78	2.36	4.00	3.90	2.54
平均	3.01	2.46	2.15	4.11	2.99	2.04

表3.15显示，电视是所有阶层中使用最多的媒介，在不同的阶层中，其使用电视最多的是收入低层（4.20），这一结论与职业分层和教育分层的结论是一致的。

在互联网使用中，收入中间阶层上层（3.90）和收入中间阶层下层（3.09）都比收入低层（1.99）比例要高。这一结论也与职业分层和教育分层的结论是一致的。

而在报纸、杂志、广播、互联网、手机定制信息这几种媒介中，收入的中间阶层（包括收入中间阶层上层和收入中间阶层下层）的使用比例都比收入低层要高，这反映出收入在不同阶层的媒介使用中的重要影响。

（二）最主要信息来源比较

通过整理数据，将收入中间阶层与收入低层的最主要信息来源进行比较，得出表3.16。

表 3.16 收入中间阶层与收入低层的最主要信息来源比较 单位:%

收入阶层 \ 最主要信息来源	在以下媒体中，哪个是您最主要的信息来源？						
	报纸	杂志	广播	电视	互联网	手机定制信息	合计
收入低层	7.94	0.34	2.61	74.97	13.21	0.93	100.00
收入中间阶层下层	8.73	0.54	1.30	55.67	31.85	1.91	100.00
收入中间阶层上层	8.81	0.37	0.55	34.68	54.31	1.28	100.00

表 3.16 显示，在收入低层中，电视是最主要的信息来源，这一结论与职业分层和教育分层的结论是一致的。

而把互联网作为信息的最主要来源中，收入中间阶层上层（54.31%）和收入中间阶层下层（31.85%）都比收入低层（13.21%）的比例要高，这一结论与职业分层和教育分层的结论是一致的。这也反映收入中间阶层和收入低层之间形成了“数字鸿沟”。

不过，从横向比较来看，收入低层把互联网作为信息的最主要来源，也已达到 13.21%，仅次于这一阶层中把电视作为最主要的信息来源（74.97%）的情况，而比报纸、杂志、广播、手机定制信息都要高，这反映了社会低层也逐渐把互联网作为信息的最重要来源之一了。

三 收入中间阶层与收入低层的制度内的政治参与比较

（一）选举政治参与

将收入中间阶层与收入低层的选举政治参与进行比较，得出表 3.17。

表 3.17 收入中间阶层与收入低层的选举政治参与比较 单位:%

收入阶层 \ 选举政治参与	上次居委会选举/村委会选举，您是否参加了投票？			
	是	否	没有投票资格	合计
收入低层	37.65	56.21	6.14	100.00
收入中间阶层下层	28.67	66.44	4.89	100.00
收入中间阶层上层	22.12	72.58	5.30	100.00

表 3.17 显示，以收入来划分，收入低层的居委会选举/村委会选举投票率是最高的（37.65%），要高于收入中间阶层下层（28.67%）和收入中间阶层上层（22.12%）。这一结论与职业分层和教育分层的结论是一

致的，即社会低层的选举政治参与是所有阶层中最高的。

（二）对社会团体的参与

将收入中间阶层与收入低层的对社会团体的参与情况进行比较，得出表3.18。

表3.18　**收入中间阶层与收入低层的对社会团体的参与比较**　单位：%

对社会团体的参与 / 收入阶层	请问您是不是工会会员？			
	是	以前是，现在不是	从来都不是	合计
收入低层	12.39	19.74	67.87	100.00
收入中间阶层下层	33.05	8.32	58.63	100.00
收入中间阶层上层	35.95	6.75	57.30	100.00

表3.18显示，在是工会成员的比例中，收入中间阶层上层（35.95%）和收入中间阶层下层（33.05%）都比收入低层（12.39%）要高，这一结论与职业分层与教育分层的结论是一致的。

四　收入中间阶层与收入低层的政治参与手段选择比较

将收入分层下不同群体的政治参与手段选择进行比较，得出表3.19。

表3.19　**收入中间阶层与收入低层的政治参与手段选择比较**　单位：人、%

在过去一年中，当您受到过政府有关部门或工作人员的不公正对待时，您或您家当时采用了以下哪些解决途径呢？（多选）	收入低层		收入中间阶层下层		收入中间阶层上层	
	人数	百分比	人数	百分比	人数	百分比
忍了算了	309	70.87	71	70.30	45	78.95
向法院起诉	19	4.36	4	3.96	4	7.02
申请行政裁决或复议	9	2.06	2	1.98	0	0.00
单独向上级领导或部门投诉（包括单独上访）	68	15.60	10	9.90	8	14.04
联合向上级领导或部门投诉（包括集体上访）	27	6.19	7	6.93	1	1.75
向新闻媒体投诉	14	3.21	3	2.97	2	3.51
把事情曝光到网上	6	1.38	2	1.98	2	3.51
寻求非政府组织的帮助	8	1.83	1	0.99	0	0.00

续表

在在过去一年中，当您受到过政府有关部门或工作人员的不公正对待时，您或您家当时采用了以下哪些解决途径呢？（多选）	收入低层		收入中间阶层下层		收入中间阶层上层	
	人数	百分比	人数	百分比	人数	百分比
寻求工会、妇联等人民团体的帮助	10	2.29	0	0.00	0	0.00
找关系去施加压力	6	1.38	3	2.97	1	1.72
私下报复，未与对方发生正面冲突	1	0.23	0	0.00	0	0.00
与对方直接正面冲突，包括使用暴力	7	1.61	2	1.98	2	3.45

表3.19显示，在“在过去一年中，当您受到过政府有关部门或工作人员的不公正对待时，您或您家当时采用了以下哪些解决途径呢？（多选）”问题中，选择“忍了算了”最多的是收入中间阶层上层（78.95%），比收入中间阶层下层（70.30%）和收入低层（70.87%）的比例要高。

在面对政府有关部门或工作人员的不公正对待时，选择“联合向上级领导或部门投诉（包括集体上访）”这些制度外的政治参与中，收入低层（6.19%）比收入中间阶层上层（1.75%）的比例要高，而和收入中间阶层下层（6.93%）差不多，也就是说，收入低层和职业低层、教育低层一样更多地使用制度外的政治参与。

在面对政府有关部门或工作人员的不公正对待时，选择“把事情曝光到网上”选项的，收入低层（1.38%）则低于收入中间阶层下层（1.98%）和收入中间阶层上层（3.51%）的比例。这反映与收入低层相比，收入中间阶层更多使用网络政治参与。

五　收入中间阶层与收入低层的制度外的政治参与比较

这里的制度外的政治参与仍然以群体性事件参与为代表，收入分层下不同群体的群体性事件参与比较如表3.20所示。

表3.20　**收入中间阶层与收入低层的群体性事件参与比较**　单位：人、%

收入阶层 / 群体性事件参与方式	收入低层		收入中间阶层下层		收入中间阶层上层	
	人数	百分比	人数	百分比	人数	百分比
组织者	3	0.42	3	1.19	2	1.54
亲自参与活动	115	16.04	31	12.30	9	6.92

续表

群体性事件参与方式＼收入阶层	收入低层		收入中间阶层下层		收入中间阶层上层	
	人数	百分比	人数	百分比	人数	百分比
未参加活动，但提供了物质帮助	7	0.98	0	0.00	2	1.54
未参加活动，但提供了道义帮助	55	7.67	20	7.94	14	10.77
其他	1	0.14	4	1.59	0	0.00
从未参与	536	74.76	194	76.98	103	79.23
总共	717	100.00	252	100.00	130	100.00

表3.20显示，一方面，收入低层（16.04%）亲自参与群体性事件的活动比收入中间阶层下层（12.30%）的比例要高，也比收入中间阶层上层（6.92%）的比例要高。另一方面，从未参与群体性事件的比例，收入低层（74.76%）的比例，比收入中间阶层下层（76.98%）要低，也比收入中间阶层上层（79.23%）要低。综合这两方面来看，与收入低层相比，收入中间阶层更少使用群体性事件这一制度外的政治参与。

即使是在参与群体性事件的收入中间阶层中，最多的是“未参加活动，但提供了道义帮助”，其中，收入中间阶层下层选择比例为7.94%，收入中间阶层上层选择比例为10.77%，因此，收入中间阶层即使是参与群体性事件，也最多是做出“提供道义帮助”这些温和的、不涉及自身利益的行动。

总之，与收入低层相比，收入中间阶层更少使用群体性事件这一制度外的政治参与。收入中间阶层对待群体性事件要么不参与，要么仅提供道义上的帮助，而上面的分析则显示，在受到政府有关部门或工作人员的不公正对待时，收入中间阶层更多地使用网络政治参与。

第五节　不同社会分层下的媒介使用和政治参与总结与分析

一　中间阶层与社会低层在互联网使用上的统计检验

上面的分析发现，无论是从职业、教育还是收入的分层来看，中间阶层的互联网使用都比相对应的社会低层要高。不过，这仅从样本的描述统计来分析，中间阶层的互联网使用与社会低层的比较能否得到统计检验，本章将对此做进一步分析。

为了分析比较方便，在数据的职业中间阶层里，本章将体制内新中间阶层和体制外新中间阶层整合为新中间阶层，因此在职业分层里，仅是比较新中间阶层和老中间阶层与职业低层的互联网使用差别。在教育分层里，仅比较教育中间阶层与教育低层的互联网使用差别。在收入分层里，则比较收入中间阶层下层、收入中间阶层上层与收入低层的互联网使用差别。使用的统计方法为两两独立样本检验，最终得出表 3. 21。

表 3. 21　　**中间阶层与社会低层的互联网使用的统计检验**

互联网使用	不同阶层	均值	标准差	T 检验值	是否通过检验①
互联网使用	新中间阶层（职业）	3. 68	1. 35	26. 8075	通过
	职业低层	2. 15	1. 53		
互联网使用	老中间阶层（职业）	2. 35	1. 50	3. 5197	通过
	职业低层	2. 15	1. 53		
互联网使用	教育中间阶层	3. 80	1. 30	52. 5573	通过
	教育低层	1. 87	1. 33		
互联网使用	收入中间阶层上层	3. 90	1. 33	29. 65	通过
	收入低层	1. 99	1. 44		
互联网使用	收入中间阶层下层	3. 09	1. 50	24. 39	通过
	收入低层	1. 99	1. 44		

表 3. 21 显示，无论是职业分层、教育分层还是收入分层上，中间阶层在互联网使用上都比社会低层要高，且都能通过统计检验，这显示中间阶层与社会低层在互联网使用上的差距不仅体现在描述统计上，也体现在统计检验上，因而中间阶层与社会低层之间是的确存在数字鸿沟的。

二　对中间阶层的媒介使用和政治参与分析小结

（一）本章的研究发现

1. 互联网使用的差别

本书发现，社会低层的互联网使用与中间阶层形成了一道“数字鸿

① Stata 的两独立样本检验仅显示是否通过 T 检验值，并未给出显著性水平。

沟”，这是因为无论是职业分层、教育分层还是收入分层，中间阶层在互联网的使用和把互联网作为最重要的信息来源方面都超过社会低层，并且通过了统计检验。“数字鸿沟”的存在，可能是由于互联网的使用仍然需要一定的收入、教育水平和职业便利。而在社会低层中，电视使用和作为信息来源仍然处于最重要的地位，这可能是电视的使用门槛远低于互联网，而且声音、视频的综合视听效果，使得社会低层仍然把电视作为最重要的接触媒介。不过，也要看到，无论是职业分层、教育分层还是收入分层，社会低层把互联网作为最重要的信息来源的状况已经开始提高了，并已超过杂志、广播、手机定制信息，而仅次于电视。这也反映了随着互联网的普及和推广，互联网不仅影响着中间阶层，还影响着社会低层。当然，由于职业、教育、收入的限制，互联网使用对社会低层的影响并没有中间阶层这么明显。

2. 制度内政治参与的差别

本书还发现，在制度内的政治参与上的选举政治参与中，无论是职业分层、教育分层还是收入分层，社会低层的投票率都要高于中间阶层。而卢春龙的研究也显示新兴的中产阶级（中间阶层）对社区居委会换届选举的参与率远远低于下层阶级，卢春龙认为新兴中产阶级对参与社区居委会选举缺乏热情的解释是，新兴中产阶级觉得社区居委会是一个琐碎的、不太重要的机构，这一机构不能够解决社区内的重要问题，诸如社区停车位、社区绿化等问题；另外，社区居委会发挥了不少针对弱势群体的救助和福利功能，而这些救助和福利与下层阶级（社会低层）的生活息息相关，因此，下层阶级的成员有利益驱动去参与社会居委会的选举活动①。

本书还发现，在制度内的政治参与上的对社会团体的政治参与中，如参与工会，无论是职业分层、教育分层还是收入分层，社会低层的参与率基本都低于中间阶层，仅在职业分层中，职业低层的工会参与率比老中间阶层要高。

而在职业中间阶层的内部，影响职业中间阶层的制度内的政治参与的关键因素是体制资源，即体制内中间阶层无论是选举还是参与工会，都要远远高于体制外的中间阶层。

① 卢春龙：《中国新兴中产阶级的政治态度与行为倾向》，知识产权出版社 2011 年版，第229 页。

3. 其他政治参与的差别

在面对“政府有关部门或工作人员的不公正对待”时，无论是职业分层、教育分层还是收入分层，社会低层选择采用暴力或者准暴力等制度外的政治参与要高于中间阶层，而且即使中间阶层参与群体性事件，也最多是做出“提供道义帮助”这些温和的而不涉及自身利益的行动。

在面对“政府有关部门或工作人员的不公正对待”时，无论是职业分层、教育分层还是收入分层，中间阶层在使用媒体，尤其是使用互联网来进行政治参与方面，又都远远高于社会低层。这一方面可能是由于在媒介使用上，中间阶层除在使用电视以外都比社会低层要高，因而其能更善于利用媒体；另一方面中间阶层由于其社会、政治、经济地位都相对比社会低层要高，其受益于中国经济的发展，因而与社会低层相比较少使用上访或群体性事件这些暴力或准暴力的制度外政治参与，这一结论与其他实证研究也是一致的[①]。

在遇到政府有关部门或工作人员不公正对待时，体制内新中间阶层最不能忍，其中，体制内的中间阶层选择把事情曝光到网上的网络政治参与比例在所有阶层中是最高的，这也就是说，体制资源对中间阶层的网络政治参与产生影响。这一结论也是本章的一个重要发现。

本章还发现，即使同样是制度内的政治参与，社会低层和中间阶层在选举政治参与上就与对社会团体的政治参与不同，因此在分析阶层的政治参与的时候，要注意区分不同形式的政治参与。

（二）本章数据的一些说明

本章的数据发现，首先，无论用职业、教育还是收入进行分层，其得出的中间阶层和社会低层的媒介使用和政治参与都基本相似，只不过职业分层所反映的内容更为丰富、具体。因此，在第二章中所分析的对中间阶层采用一种以客观标准的职业划分为主，并以教育和收入为辅的综合指标法来测量是符合本书的需要的。

其次，由于数据的局限，本章的网络政治参与是在“受到政府有关部门或工作人员的不公正对待”时，采取的“把事情曝光到网上”的一种形式，具有特殊性和抗争性。实际上，网络政治参与形式多样，如关注各种热点网络事件形式等，其模式又可分为问政模式、日常模式、外压模

---

① 齐杏发：《当前中国中产阶层政治态度的实证研究》，《社会科学》2010 年第 8 期。

式和动员模式。因此，直接将该章的这种特殊的、抗争的网络政治参与的结论推广到所有的网络政治参与形式的结论是不恰当的，其他网络政治参与的阶层参与的情况与特点，应该根据不同的网络政治参与形式来做出分析。

最后，由于媒介使用的媒介接触频率只有从 1 到 5 的定序划分，而选举政治参与仅有 3 个定类划分值，对社会团体的参与也仅有 3 个定类划分值，因此直接对媒介接触频率与选举政治参与和对社会团体的参与进行相关分析是不恰当的，因为媒介使用和政治参与的两个变量之间还有其他的很多中介变量，如政治效能感、政治信任、政治知识、政治支持、社会资本等。因此，本章并没有对媒介使用和政治参与的两个变量进行不同阶层之间的相关分析，这是基于本章数据的特点，至于媒介使用和政治参与的相关，甚至因果分析，将在第四章的一手数据中进行。

第四章

职业中间阶层的互联网使用、政治效能感与政治参与：基于 2013 年的全国抽样

第三章分析了中间阶层的媒介使用和政治参与，但是由于使用的是二手数据，媒介使用的具体情况，尤其是互联网使用的具体情况，如互联网使用工具、互联网使用方式都没有进行分析，与政治参与相关的重要变量如政治效能感也没有分析，政治参与的更多形态，如更多的日常政治参与形式，以及网络政治参与的多种形式都没有测量，而且二手数据也没有显示具体职业分层下中国中间阶层的互联网使用、政治效能感与政治参与的关系，为此，本章通过笔者设计的问卷调查完善相关研究，以挖掘更多这方面的资料。

第一节　本章数据情况

一　问卷调查数据的抽样方法

本章设计了以下的面向全国的问卷调查，调查时间为 2013 年 10—11 月，调查对象总体是全国 31 个省、直辖市、自治区（不包括港、台、澳）的 16 周岁及以上的网民[①]。参与访问的调查员为选修笔者课程的某大学的大学本科生。这次调查是一份基于全国的配额抽样调查[②]。配额抽样是对随意抽样的一种改进，具体做法是给出人们的相关类别，然后决定每一个类别要抽取多少人，因此样本中的不同类别人数都是固定的，配额抽样可以确保样本具有总体的某种差异。相关研究显示，虽然配额调查不

① 为了挖掘更多网络使用和网络政治参与的信息，因此以网民为总体。

② 配额抽样问卷请参见附录 1。

同于传统的按比例分层抽样，但却能产生与总体特征较为可比的数据[①]。本章的具体配额抽样调查的过程如下：

（1）按照网民统计数据中的性别和年龄数据对访问对象进行配额。中国互联网络信息中心（CNNIC）2013 年 7 月 17 日发布的第 32 次《中国互联网络发展状况统计报告》显示[②]：中国网民的性别比例为男 55.6%，女 44.4%；10 岁以下 1.3%，10—19 岁 23.2%，20—29 岁 29.5%，30—39 岁 26.1%，40—49 岁 12.6%，50—59 岁 5.2%，60 岁以上 2.0%。在该数据基础上，本章进行简化的性别比例和年龄比例的配比。即排除了本章不调查的 16 岁以下青少年群体之后，要求访问者完成 9 份有效问卷：16—22 岁的 2 人，23—30 岁的 3 人，31—40 岁的 2 人，40 岁以上的 2 人，并且要求这 9 人的男女比例为5∶4，也就是说 5 个男的，4 个女的。

抽样配比的具体方法是先寻找 16—22 岁的被访者，然后寻找 23—30 岁的，再寻找 31—40 岁的，最后寻找 40 岁以上的，在每一类年龄的被访者完成后，都根据问卷记下该被访者的性别，当累计的被访者的性别达到男的 5 人，或者女的到了 4 人，就停止对这类性别的访问，转为对另外一类性别的访问。最终保证了每个调查者都获得配额的性别和年龄比。

（2）根据 2011—2012 年国内各省（直辖市、自治区）[③] 网民规模进行调查人员的分配，分配表格如表 4.1 所示。至于调查人员选择调查哪一个省的网民，则由自己自由选择与研究者最终分配安排相结合，即有 5 个调查员愿意选择到北京调查，而北京实际只需 4 名调查员，就将其中 1 名调配到别的省份。

---

① Putnam, R. D., *Bowling Alone: The Collapse and Revival of American Community*, New York: Simon & Schuster, 2000; Putnam, R. D., & Yonish, S., *How important are random samples? Some surprising new evidence*, Paper presented to the annual meeting of the American Association of Public Opinion Research, St. Petersburg, FL, 1999.

② 因为调查时点是 2013 年 10—11 月，因此参考的总体数据就采用 2013 年 7 月公布的数据。

③ 在 2013 年 10—11 月的调查时点，仅能找到 2011—2012 年中国内地各省（直辖市、自治区）网民规模数据。

表 4.1　　2011—2012 年国内各省（直辖市、自治区）网民规模和调查人员分配情况

省份	网民数（万人）	网民所占百分比（%）	调查人员分配数（人）
北京	1458	2.59	4
上海	1606	2.85	4
广东	6627	11.75	18
福建	2280	4.04	6
浙江	3221	5.71	9
天津	793	1.41	2
辽宁	2199	3.90	6
江苏	3952	7.01	11
山西	1589	2.82	4
海南	384	0.68	1
新疆	962	1.71	3
青海	238	0.42	1
河北	3008	5.33	8
陕西	1551	2.75	4
重庆	1195	2.12	3
宁夏	258	0.46	1
山东	3866	6.85	10
湖北	2309	4.09	6
内蒙古	965	1.71	3
吉林	1062	1.88	3
黑龙江	1329	2.36	4
广西	1586	2.81	4
湖南	2200	3.90	6
西藏	101	0.18	0
四川	2562	4.54	7
安徽	1869	3.31	5
甘肃	795	1.41	2
河南	2856	5.06	8
贵州	991	1.76	3
云南	1321	2.34	4
江西	1267	2.25	3
全国	56400	100.00	150

（3）在具体的配额抽样调查中，又分为两个阶段：第一阶段是让调查员通过 QQ 在自己选择的省份进行配额随机抽样①。由于 QQ 采访拒访率比较高，在采访了一部分样本之后，根据调查员的意见，进入调查的第二个阶段。第二阶段是利用调查员的关系随机寻找配额的调查对象，为了保证这样的抽样具有一定的信度，一个被访者只能被调查一次，如遇到已经接受调查的，就换其他被访者，在实际的调查过程中，笔者还将调查员分为若干个小组，每组配备组长进行督导和监控，调查完毕后，还要求调查员完成调查的总结报告，以保证问卷调查的真实性和可靠性。

（4）最终，经过将近一个月的调查，总共成功访问 1099 名被访者，调查结束后对数据进行了预处理、核对了变量的取值和变量之间的逻辑关系等，对于不合格样本的数据予以整体删除处理，而存在缺失值的数据则保持原样。经过数据处理分析之后，总共得到 1074 个样本数据，问卷及格率为 97.72%，以下的数据将围绕 1074 个样本数据进行分析。

二　样本数据个人基本资料分析

在这 1074 个样本数据中，其基本资料如年龄、性别、教育、政治身份、地区，以及编码方法如表 4.2 所示。

表 4.2　**样本数据的年龄、性别、教育、政治身份、地区以及编码方法**

年龄分布	平均值	标准差	编码
年龄	29.16	9.691	按实际数编码
	人数	百分比（%）	
16—22 岁	336	31.28	
23—30 岁	337	31.38	
31—40 岁	217	20.20	
40 岁以上	184	17.13	
合计	1074	100.00	

① 配额抽样的具体过程如下：Ⅰ. 下载 QQ 2011 软件，安装；Ⅱ. 使用 QQ 号码登录，没有 QQ 号码的注册一个；Ⅲ. 点击右下角“查找”；Ⅳ. 在弹出窗口查找方式选择“按条件查询”，国家选择“中国”，地区在“所在地”处选择研究人员安排的地区，如是北京，就选择北京；Ⅴ. 查找到相应对象，按当时在线顺序采访，直到成功采访为止。

续表

性别分布	性别	百分比（%）	编码
男	586	55.49	1
女	470	44.51	0
合计	1056	100.00	
性别缺失值	18		
教育分布	人数	百分比（%）	编码
初中及以下	68	6.38	1
高中或中专	227	21.31	2
大专	196	18.40	3
本科	507	47.61	4
研究生及以上	67	6.29	5
合计	1065	100.00	
教育程度缺失值	9		
政治身份分布	人数	百分比（%）	编码
党员	181	17.12	1
非党员	876	82.88	0
合计	1057	100.00	
政治身份缺失值	17		
常住省份分布			
扣除222个的缺失值后，除宁夏、西藏两个自治区没有调查外，其他省份都调查到了			

表4.2显示，样本数据的年龄和性别分布基本与预先的配比相符，样本数据与全国互联网信息中心的统计数据相比，年龄、性别比、职业分布基本一致，常住省份也基本覆盖了除宁夏、西藏两个自治区的全国各个省、直辖市、自治区，基本上这是一份比较有代表性的样本。

该样本的缺点为学历教育的样本中学历为大专及以上占的比例偏高，这是因为在调查的过程中曾利用调查员（都为大学本科生）的关系进行调查，可能很多调查员就随机采访了自己的同学，所以样本的学历就偏高了。

需要说明的是，问卷中收入的测量问题为“请你估计2012全年一年的家庭各种收入总和约为多少（这里包括全家所有成员的全部工资、各种奖金、补贴、分红、股息、经营性纯收入、银行利息、馈赠等）?”，其中选择“不知道/不愿回答”或者拒绝回答的有466个，占43.4%，由于收入值缺失太多，因而对收入值不做统计分析。

第二节　职业中间阶层与职业低层的使用媒介比较

一　根据职业选择进行分层

该问卷的职业测量，是参照中国互联网络信息中心（CNNIC）的历次中国互联网络发展状况统计报告中的职业结构的测量，并根据前测，做了些许调整。其最终样本数据的职业和阶层分布如表4.3所示。

表4.3　**样本数据的职业和阶层分布**

不同职业和阶层	人数	百分比（%）
党政机关事业单位领导干部	1	0.09
职业上层小计	1	0.09
党政机关事业单位一般职员	29	2.73
企业/公司高层管理人员	27	2.54
企业/公司中层管理人员	51	4.80
专业技术人员	62	5.83
企业/公司一般职员	171	16.09
新中间阶层小计	340	31.98
个体户/工商企业主	129	12.14
老中间阶层	129	12.14
制造业/生产性企业工人	26	2.45
商业/服务业职工	82	7.71
农民	2	0.19
无业、下岗、失业人员	41	3.86
职业低层小计	151	14.21
学生	378	35.56
退休人员	7	0.66
其他	48	4.52
不清楚/不知道	9	0.85
不明阶层小计	442	41.58
有效样本合计	1063	100.00
缺失值	11	
总计	1074	

表4.3显示，剔除了11个缺失值后，在1063个有效样本中，党政机关事业单位领导干部占0.09%。第三章是将局级以上干部划为职业上层，本章则将党政机关事业单位领导干部作为职业上层，因为选择该项的数量少，所以也只作参考阶层用，不进行分析对比。而对于新中间阶层，则包括：党政机关事业单位一般职员，占2.73%；企业/公司高层管理人员，占2.54%；企业/公司中层管理人员占，4.80%；专业技术人员，占5.83%；企业/公司一般职员，占16.09%。属于老中间阶层的是个体户/工商企业主，占12.14%。属于职业低层的有：制造业/生产性企业工人，占2.45%；商业/服务业职工，占7.71%；农民，占0.19%；无业、下岗、失业人员，占3.86%。

需要说明的是，本章把选择以下4项的划分为不明阶层，其中包括学生（35.56%）、退休人员（0.66%）、其他（4.52%）、不清楚/不知道（0.85%），这是因为学生的职业未定，退休的已经不在原岗位了，其他和“不清楚/不知道”则更属于不明阶层。对于不明阶层的人群，本章只列出相应数据，不做分析处理，尤其是对于学生的数据不做分析对比，使得本章分析的资料中的高学历大大降低，因而更接近实际情况。而且对学生的数据不做分析，也减少了调查过程中曾利用调查员（都为大学本科生）的关系进行调查的偏误，增加数据分析的可靠性和信度。

总之，本章的划分尽量与第三章的划分保持基本一致，但是由于两个调查的测量毕竟有些不同，因此就有些许差别。

二　职业中间阶层与职业低层的使用媒介频率比较

本章分析职业中间阶层与职业低层的媒介使用的具体不同，以扩充第三章所没有的数据材料，增进对中间阶层的媒介使用的认识。

首先对职业中间阶层与职业低层的媒介使用频率进行比较，其中包括看电视、听广播、看报刊、浏览互联网，这4项的测量是“从不”编码到“差不多每天”从1到6分别编码，最终得出各项目的平均值进行比较，另外一项是关注新闻，测量题目为：“在您看电视，听广播，看报刊以及上网时，对于时事新闻（包括‘焦点访谈’之类的专题调查报告/报道）的关注程度是怎样的呢?”该选项是从“一点也不关注”到“非常关注”分别从1到5进行编码，也是算出平均值，最终得出表4.4。

表4.4　　职业中间阶层与职业低层的媒介使用频率比较

阶层	人数	看电视	听广播	看报刊	浏览互联网	关注新闻
职业上层小计	1	3.00	5.00	5.00	4.00	3.00
新中间阶层小计	340	4.84	3.45	4.46	5.30	3.41
老中间阶层小计	129	4.64	3.43	4.34	5.06	3.17
职业低层小计	151	4.93	3.67	4.16	4.80	3.30
不明阶层小计	442	4.18	2.97	4.07	5.42	3.18
合计	1063	4.55	3.28	4.24	5.25	3.27

表4.4显示，在看电视、听广播中，职业低层要比新中间阶层和老中间阶层的值高，这一结果和第三章的结果是基本一致的。而在看报刊、浏览互联网上，新中间阶层和老中间阶层又要比职业低层高。对于互联网使用来说，结合第三章的数据和本章的数据，职业中间阶层和职业低层的确形成一个“数字鸿沟”。在新闻关注上，新中间阶层（3.41）要比职业低层（3.30）高，不过老中间阶层（3.17）却是最低的。

三　职业中间阶层与职业低层的互联网使用工具比较

对职业中间阶层与职业低层的互联网使用工具情况进行比较，其测量借用中国互联网络信息中心的调查问卷中的互联网使用工具的测量项目，对包括“即时通信”等17项使用工具进行测量，这17项的测量采用“从不使用”到“经常使用”从1到6分别编码，最终得出各项目的平均值进行比较，并将这17个值加总平均后得到一个“互联网使用工具均值”，最终得出表4.5（由于该表较长，因而分为三部分，分别为表4－5－1、表4－5－2、表4－5－3）。

表4.5　　职业中间阶层与职业低层的互联网使用工具比较

表4－5－1（表4.5的第一部分）

阶层	人数	即时通信	搜索引擎	网络音乐	博客/个人空间	网络视频	网络游戏
职业上层小计	1	2.00	4.00	2.00	1.00	1.00	1.00
新中间阶层小计	340	4.74	4.83	4.17	3.62	4.17	3.06
老中间阶层小计	129	4.74	4.83	4.41	3.83	4.27	3.40
职业低层小计	151	4.41	4.22	4.14	3.57	3.83	3.19
不明阶层小计	442	5.10	5.12	4.79	4.22	4.73	3.78
合计	1063	4.84	4.86	4.45	3.89	4.36	3.42

表 4-5-2（表 4.5 的第二部分）

阶层	微博	社交网站	电子邮件	网络购物	网络文学	网上银行	网上支付
职业上层小计	1.00	1.00	4.00	2.00	1.00	2.00	2.00
新中间阶层小计	3.72	3.37	4.24	3.82	3.19	3.90	3.91
老中间阶层小计	3.91	3.72	4.16	3.81	2.97	3.83	3.82
职业低层小计	3.57	3.14	3.60	3.44	2.98	3.46	3.54
不明阶层小计	4.21	3.74	4.12	4.10	3.32	3.73	3.84
合计	3.92	3.53	4.09	3.88	3.19	3.75	3.82

表 4-5-3（表 4.5 的第三部分）

阶层	论坛/BBS	旅行预订	团购	网络炒股	互联网使用工具均值
职业上层小计	2.00	2.00	1.00	6.00	2
新中间阶层小计	3.06	2.89	2.97	2.56	3.66
老中间阶层小计	2.80	2.84	2.89	2.36	3.68
职业低层小计	2.85	2.71	2.90	2.56	3.42
不明阶层小计	3.05	2.63	2.92	1.76	3.83
合计	3.00	2.75	2.93	2.21	3.70

表 4.5 显示，在即时通信、搜索引擎、网络音乐、博客/个人空间、网络视频、微博、社交网站、电子邮件、网络购物、网络文学、网上银行、网上支付、论坛/BBS、旅行预订、团购 15 个项目中，新中间阶层和老中间阶层的使用值都高于职业低层。而在网络游戏、网络炒股 2 个项目中，新中间阶层在网络游戏中低于职业低层，老中间阶层在网络炒股中低于职业低层。也就是从整体上来说，在互联网使用工具方面，老中间阶层和新中间阶层都要高于职业低层，因而职业中间阶层和职业低层在互联网使用工具上也形成较大的差别。

四　职业中间阶层与职业低层的互联网使用方式比较

在职业中间阶层与职业低层的互联网使用方式比较方面，本章对互联网的使用方式的测量主要集中在为了何种的使用目的，即使用与满足理论中的核心概念动机上。祝建华等（Zhu J. H. & He Z.，2002）① 在使用与

① Zhu J. H. & He Z.，"Perceived Characteristics，Perceived Needs，and Perceived Popularity Adoption and Use of the Internet in China"，*Communication Research*，29（4），2002，pp. 466-495.

满足理论以及其他理论基础上，提出了测量 6 种网民需求（动机的内容）类型，即了解国内外新闻事件、获得有关个人生活的信息、获得有关工作的信息、娱乐、表达个人意见和看法，以及增进人际关系。

借鉴祝建华的这一分类，本书对互联网使用方式的测量有以下 12 项：（1）上网了解国内外新闻事件；（2）上网进行网络购物；（3）上网与朋友、家人或其他人沟通交流；（4）上网发表个人对各种公众事物的看法、意见；（5）上网娱乐或为满足个人爱好；（6）上网获得有关工作、生活的信息；（7）上新闻网站看新闻；（8）上网进行网上支付；（9）上网收发电子邮件，使用即时通信工具；（10）上网通过 BBS、博客等上贴文章或参与 BBS 的讨论；（11）上网玩游戏、听音乐、看电影等；（12）上网通过搜索引擎查找自己感兴趣的信息。这 12 项的测量是“极少使用”到“经常使用”从 1 到 5 分别编码。

由于在“极少使用编码”“经常使用编码”测量项目中，第 1 项和第 7 项类似，将其归为“浏览新闻信息”，第 2 项和第 8 项类似，将其归为“网络购物支付”，第 3 项和第 9 项类似，将其归为“网络沟通交流”，第 4 项和第 10 项类似，将其归为“意见表达讨论”，第 5 项和第 11 项类似，将其归为“网络游戏娱乐”，第 6 项和第 12 项类似，将其归为“寻求个人信息”，最终求得各项目的平均值进行比较，最终得出表 4.6。

表 4.6　**职业中间阶层与职业低层的互联网使用方式比较**

阶层	人数	浏览新闻信息	网络购物支付	网络沟通交流	意见表达讨论	网络游戏娱乐	寻求个人信息
职业上层小计	1	2.50	2.00	3.00	1.50	2.00	3.00
新中间阶层小计	340	3.50	3.33	3.85	2.75	3.61	3.79
老中间阶层小计	129	3.42	3.28	3.84	2.78	3.72	3.62
职业低层小计	151	3.31	3.07	3.53	2.78	3.44	3.49
不明阶层小计	442	3.39	3.33	3.85	2.78	3.97	3.83
合计	1063	3.41	3.29	3.80	2.77	3.75	3.74

表 4.6 显示，互联网的 6 种方式，除了意见表达讨论外，新中间阶层和老中间阶层都要比职业低层高，在意见表达讨论上，数据显示这三个阶层基本无差别，因而新中间阶层和老中间阶层，与职业低层间也基本上形成互联网使用方式的差别。

五 职业中间阶层与职业低层的使用媒介的统计检验

上面的比较是从样本的统计数字来进行分析的，为了考察样本的差别是否有统计上的显著水平，本章还对新中间阶层与职业低层、老中间阶层与职业低层在看电视、听广播、看报刊、浏览互联网、互联网使用工具均值、互联网使用的六种方式（浏览新闻信息、网络购物支付、网络沟通交流、意见表达讨论、网络游戏娱乐、寻求个人信息）这些方面进行各自的两两独立样本 T 检验[①]，得出表 4.7。

表 4.7 职业中间阶层与职业低层的各种媒介使用统计检验

媒介使用	不同阶层	均值	标准差	T 检验值	显著性水平
看电视	新中间阶层	4.84	1.42	-0.675	0.500
	职业低层	4.93	1.31		
	老中间阶层	4.64	1.56	-1.667	0.097
	职业低层	4.93	1.31		
听广播	新中间阶层	3.45	1.84	-1.216	0.225
	职业低层	3.67	1.85		
	老中间阶层	3.43	1.74	-1.111	0.268
	职业低层	3.67	1.85		
看报刊	新中间阶层	4.46	1.61	1.868	0.062
	职业低层	4.16	1.66		
	老中间阶层	4.34	1.57	0.916	0.360
	职业低层	4.16	1.66		
浏览互联网	新中间阶层	5.30	1.23	3.692***	0.000
	职业低层	4.80	1.43		
	老中间阶层	5.06	1.42	1.501	0.134
	职业低层	4.80	1.43		
互联网使用工具均值	新中间阶层	3.66	1.06	2.490*	0.013
	职业低层	3.40	1.06		
	老中间阶层	3.68	1.06	2.14*	0.033
	职业低层	3.40	1.06		

① 所谓独立样本是指两个样本之间彼此没有任何关联，两个独立样本各自接受相同的测量，研究者的主要目的是了解两个样本之间是否有显著差异的存在。

续表

		均值	标准差	T 检验值	显著性水平
浏览新闻信息	新中间阶层	3.50	1.16	1.637	0.102
	职业低层	3.31	1.16		
	老中间阶层	3.42	1.13	0.859	0.391
	职业低层	3.31	1.16		
网络购物支付	新中间阶层	3.33	1.28	2.065*	0.039
	职业低层	3.07	1.39		
	老中间阶层	3.28	1.29	1.374	0.171
	职业低层	3.07	1.39		
网络沟通交流	新中间阶层	3.85	0.97	2.962**	0.003
	职业低层	3.53	1.19		
	老中间阶层	3.84	1.05	2.529*	0.012
	职业低层	3.53	1.2		
意见表达讨论	新中间阶层	2.75	1.15	-0.230	0.818
	职业低层	2.78	1.15		
	老中间阶层	2.78	1.19	0.166	0.868
	职业低层	2.78	1.15		
网络游戏娱乐	新中间阶层	3.61	1.10	1.658	0.098
	职业低层	3.44	1.10		
	老中间阶层	3.72	1.15	2.157*	0.032
	职业低层	3.44	1.10		
寻求个人信息	新中间阶层	3.79	0.97	3.033**	0.003
	职业低层	3.49	1.06		
	老中间阶层	3.62	1.18	0.954	0.341
	职业低层	3.49	1.06		

注：* 表示 $p<0.05$；** 表示 $p<0.01$；*** 表示 $p<0.001$。

表 4.7 显示，在传统媒介使用上，如看电视、听广播、看报刊上，职业中间阶层虽然与职业低层有差别，但未通过统计检验，在浏览互联网、互联网使用工具均值、网络购物支付、网络沟通交流、网络游戏娱乐、寻求个人信息等，老中间阶层或者是新中间阶层都要比职业低层高（表 4.7 中加有星号的项目），而新中间阶层表现更为突出，也就是说，中间阶层和职业低层之间的互联网使用，即包括互联网接触频率、互联网使用工具以及互联网使用方式的差距是明显的，即存在着较大的数字鸿沟，并且通过统计检验。

第三节　职业中间阶层与职业低层的政治效能感比较分析

政治效能感（Political Efficacy）是人们对自己的参与行为影响政治体系和政府决策能力的评价。自从《1960 的美国选民》出版之后，政治效能感成为了解释公民个人为什么参与政治活动，尤其是传统政治活动的一个重要因素①。

相关研究显示，政治效能感强的人往往更多参与政治②。政治效能感与公民技能和政治知识等因素有关。认为自己公民技能越强的人越有可能参与政治活动；越是参与政治活动，人们越感觉自己的政治效能感强。许多研究证实，政治效能感是个体政治参与行为的强有力预测因素③。政治效能理论认为，中间阶层更愿意实践他们的民主信仰，因为他们有非常强烈的政治效能感，也就是说他们更有信心认为自己能够在公共事务上发挥作用，并且比其他较低的社会阶层更有主观能力参与政治④。相关研究也显示政治参与和主观能力有着密切的相关性，一方的提高势必导致另一方的提高⑤。

一　职业中间阶层与职业低层的内部和外部政治效能感比较

在测量政治效能上，鲍尔奇（Balch，1974）⑥ 提出了内在政治效能和外在政治效能两个维度，借鉴这一研究，对职业中间阶层与职业低层的

---

① Craig, Stephen C., Richard G. Niemi, & Glenn E. Silver, "Political Efficacy and Trust: A Report on the NES Pilot Study Items", *Political Behavior*, 12 (3), 1990, pp. 289 – 314.

② Abramson, P., *Political Attitudes in America: Formation and Change*, New York: Free Press, 1983.

③ Verba, S., K. L. Schlozman, H. E. Brady, *Voice and Equality*, Cambridge: Harvard University Press, 1995.

④ Heinz Eulau, "Identification with Class and Political Perspective", *Journal of Politica*, 18 (2), 1956, pp. 236 – 237; Heinz Eulau, "Identification with Class and Political Role Behavior", *Public Opinion Quarterly*, 20 (3), 1956, pp. 515 – 529.

⑤ Lester W. Mibrath, *Political Participation: How and Why Do People Get Involved in Polics?*, Chicago: Rand McNally College Publishing Company, 1977, p. 59.

⑥ Balch, George I., "Multiple Indicators in Survey Research: the Concept 'Sense of Political Efficacy'", *Political Methodology*, (1), 1974, pp. 1 – 43.

媒介使用政治效能感进行比较，本章采取 6 个项目来测量政治效能感：(1) 我具有参与中国政治的资格；(2) 我能很好地理解当代中国最重要的政治问题；(3) 我完全有能力成为一个中国政府官员；(4) 我比其他人更了解中国政治和政府。这 4 个项目称为内部政治效能，另两个项目为：(5) 当今政府不关心像我这样的普通公民；(6) 当今政府的管理效率不高，这两个项目为外部政治效能。6 个项目的选项“一点也不对”到“非常对”从 1 到 5 分别编码，分别得出表 4.8 和表 4.9。

表 4.8　**职业中间阶层与职业低层的内部效能感的比较**

阶层	我具有参与中国政治的资格	我能很好地理解当代中国最重要的政治问题	我完全有能力成为一个中国政府官员	我比其他人更了解中国政治和政府	内在效能均值
职业上层小计	1.00	2.00	5.00	4.00	3.00
新中间阶层小计	3.09	2.88	2.59	2.62	2.80
老中间阶层小计	2.83	2.83	2.37	2.44	2.62
职业低层小计	2.95	2.77	2.29	2.46	2.62
不明阶层小计	3.02	2.82	2.37	2.43	2.66
合计	3.01	2.83	2.43	2.50	2.69

表 4.9　**职业中间阶层与职业低层的外部效能感比较**

阶层	当今政府不关心像我这样的普通公民	当今政府的管理效率不高	外在效能均值
职业上层小计	2.00	2.00	2.00
新中间阶层小计	2.89	3.24	3.07
老中间阶层小计	3.12	3.4	3.26
职业低层小计	2.87	3.17	3.02
不明阶层小计	3.12	3.39	3.26
合计	3.01	3.31	3.16

表 4.8 显示，在内部效能感的各选项和均值上，新中间阶层比职业低层要高，也就是说新中间阶层比职业低层更有信心认为自己能够在公共事务上发挥作用，而老中间阶层的均值与职业低层没有差别。

表4.9显示，在外部效能上的各选项和均值上，新中间阶层和老中间阶层都比职业低层要高。

二　职业中间阶层与职业低层的政治效能感的统计检验

上面是从样本的统计数字来进行分析的，为了样本的差别是否有统计上的显著水平，本书对新中间阶层与职业低层、老中间阶层与职业低层在内部和外部效能感进行各自的两两独立样本T检验，得出表4.10。

表4.10　**职业中间阶层与职业低层的政治效能感统计检验**

政治效能感	不同阶层	均值	标准差	T检验值	显著性水平
内部效能（均值）	新中间阶层	2.8	0.93	1.862	0.063
	职业低层	2.62	0.90		
	老中间阶层	2.62	0.94	0.014	0.989
	职业低层	2.62	0.90		
外部效能（均值）	新中间阶层	3.06	1.02	0.258	0.796
	职业低层	3.03	1.02		
	老中间阶层	3.26	1.03	1.797	0.073
	职业低层	3.03	1.02		

表4.10显示，尽管新中间阶层和老中间阶层在政治效能感的内部效能和外部效能比职业低层要高，但却未通过统计上的显著水平检验。

第四节　职业中间阶层与职业低层的政治参与比较分析

一　职业中间阶层与职业低层的制度内的政治参与比较

本章的制度内政治参与包括选举政治参与和日常政治参与。

（一）选举政治参与

本章的选举政治参与具体分为村民/居民委员会选举和地方人民代表大会代表选举。本章用“您在上一次的地方人民代表大会代表选举中有没有投过票呢？（单选）”和“您在上一次的居民/村民委员会选举中有没有投过票呢？（单选）”来测量村民/居民委员会选举和地方人民代表大会代表选举情况，答案选项是“没有”编码0；选“有，但是因为单位/企业领导或村干部要求才去的”编码1；选择“有，是自己自发/主动去的”编码2。三个选项之间按照参与投票的主动性状况看，有一定的顺序关系，“没有投票”是投票的参与冷漠者，“受到要求才去的”是投票的被动参与者，“自发主动去”是投票的积极参与者。最后得出表4.11。

表4.11 **职业中间阶层与职业低层的选举政治参与的比较**

	单位（百分比）	人大选举政治参与			村民/居民选举政治参与		
阶层		没有	有，但是因为单位/企业领导或村干部要求才去的	有，是自己自发/主动去的	没有	有，但是因为单位/企业领导或村干部要求才去的	有，是自己自发/主动去的
职业上层	个数	0	0	1	1	0	0
	百分比（%）	0.00	0.00	100.00	100.00	0.00	0.00
新中间阶层	个数	212	80	46	211	60	66
	百分比（%）	62.70	23.70	13.60	62.60	17.80	19.60
老中间阶层	个数	97	18	12	95	20	12
	百分比（%）	76.40	14.20	9.40	74.80	15.70	9.40
职业低层	个数	97	27	27	90	34	26
	百分比（%）	64.20	17.90	17.90	60.00	22.70	17.30
不明阶层	个数	370	55	15	375	44	22
	百分比（%）	84.10	12.50	3.40	85.00	10.00	5.00
合计	个数	776	180	101	772	158	126
	百分比（%）	73.40	17.00	9.60	73.10	15.00	11.90

表4.11显示，职业低层的选举政治参与要高于老中间阶层的选举政治参与，这一结果和第三章的结果也是基本一致的。这反映了本章虽然是笔者的个人调查，却与第三章的全国调查数据在这一项目结果上是一致的，这反映了笔者的个人调查的样本的信度。

（二）日常政治参与

第三章的日常政治参与仅测量了对社会团体的参与，即工会的参与，而本章的日常政治参与是指以下各种形式的参与，比如：为自己或朋友的利益找单位领导反映；为自己合法权益找政府领导反映；与传媒联系表达对社会问题的看法；与人大、政协委员联系并向其提意见；写信给政府部门或信访部门投诉。其选项“很少或没有”编码1，“较少”编码2，“一般”编码3，“较经常”编码4，“经常”编码5，并将这五项加总平均后得出一个日常政治参与均值，并得出表4.12。

表4.12　　**职业中间阶层与职业低层的日常政治参与比较**

阶层	为自己或朋友的利益找单位领导反映	为自己合法权益找政府领导反映	与传媒联系表达对社会问题的看法	与人大、政协委员联系并向其提意见	写信给政府部门或信访部门投诉	日常政治参与均值
职业上层	1.00	1.00	1.00	1.00	1.00	1.00
新中间阶层	2.14	2.00	1.85	1.64	1.64	1.85
老中间阶层	2.05	1.99	1.85	1.69	1.63	1.84
职业低层	2.01	2.12	2.09	1.90	1.97	2.02
不明阶层	1.68	1.52	1.46	1.33	1.33	1.46
合计	1.95	1.8	1.73	1.52	1.51	1.70

表4.12显示，在日常政治参与中，新中间阶层、老中间阶层和职业低层在不同的政治参与形式上各有偏好。职业低层偏好其他方面的日常政治参与。

从日常政治参与的平均值来看，职业低层（2.02）比新中间阶层（1.85）和老中间阶层（1.84）都要高，这可能是职业低层需要诉求的利益较多，因此日常政治参与的行为值较中间阶层要高。

二　职业中间阶层与职业低层的制度外的政治参与比较

本章的制度外的政治参与采取以下问题进行测量，在“您有没有参加过以下活动呢？（每行单选）”选择的支项为，“个人上访/请愿”、“集体上访/请愿”，答案选项“有”、“没有”编码分别为“1”、“0”，并得出表4.13。

表 4. 13　　　　职业中间阶层与职业低层的制度外的政治参与比较

职业阶层 \ 制度外的政治参与		个人上访/请愿		集体上访/请愿	
		没有	有	没有	有
职业上层	个数	1	0	1	0
	百分比（%）	100.00	0.00	100.00	0.00
新中间阶层	个数	307	31	302	35
	百分比（%）	90.80	9.20	89.60	10.40
老中间阶层	个数	122	5	117	11
	百分比（%）	96.10	3.90	91.40	8.60
职业低层	个数	128	21	123	26
	百分比（%）	85.90	14.10	82.60	17.40
不明阶层	个数	412	27	403	34
	百分比（%）	93.80	6.20	92.20	7.80
合计	个数	970	84	946	106
	百分比（%）	92.00	8.00	89.90	10.10

表 4.13 显示，在制度外的政治参与中，无论是个人的还是集体的上访/请愿，职业低层参与的比例都要高于职业新中间阶层和老中间阶层，这和第三章的全国调查结果是一致的，这也显示了本章个人调查的信度。

三　职业中间阶层与职业低层的网络政治参与比较

这里的网络政治参与指的是通过互联网进行的各种形式的政治参与，具体分成 8 种不同的网络政治参与形式，并将 8 种形式加总得出一个平均值，称为网络政治参与均值，得出表 4. 14。

表 4. 14　　　　职业中间阶层与职业低层的网络政治参与比较

阶层	注 1	注 2	注 3	注 4	注 5	注 6	注 7	注 8	网络政治参与均值
职业上层	4.0	2.0	1.0	1.0	1.0	1.0	2.0	1.0	1.6
新中间阶层	3.0	2.3	2.3	2.2	2.1	2.2	2.0	2.0	2.3
老中间阶层	2.9	2.5	2.3	2.4	2.2	2.3	2.2	2.4	2.4

续表

阶层	注1	注2	注3	注4	注5	注6	注7	注8	网络政治参与均值
职业低层	2.8	2.5	2.4	2.3	2.3	2.3	2.2	2.1	2.4
不明阶层	2.9	2.2	2.2	2.2	2.0	2.1	1.8	1.8	2.2
合计	2.9	2.3	2.3	2.2	2.1	2.2	2.0	2.0	2.3

注：

1. 关注各种热点网络事件（如躲猫猫、钓鱼执法、跨省追捕、雷政富不雅视频等）；
2. 转发具有明显的社会政治性的帖子、微博等；
3. 评论具有明显的社会政治性的帖子、微博等；
4. 签名庆祝、支持或者声援某些活动或纪念日；
5. 在网络上与人讨论各种政治话题；
6. 通过网络（如博客、微博）直接发表自己对社会问题、政治问题的看法或帖子；
7. 通过政府网站或政府网站开设的专栏反映意见或提建议；
8. 通过网络举报、揭露、公开社会中不公平、不公正、不合理的事情或人物。

表4.14显示，职业低层、新中间阶层和老中间阶层的网络政治参与的各种形式及总平均值差不多。

四　职业中间阶层与职业低层的政治参与的统计检验

为了考察职业中间阶层和职业低层在政治参与各值的差别是否有统计上的显著水平，本书对新中间阶层与职业低层、老中间阶层与职业低层在政治参与各值分别进行两两独立样本T检验，得出表4.15。

表4.15　**职业中间阶层与职业低层各种政治参与的统计检验**

		均值	标准差	T检验值	显著性水平
人大选举政治参与	新中间阶层	1.51	0.72	-0.379	0.705
	职业低层	1.54	0.78		
	老中间阶层	1.33	0.64	-2.408*	0.017
	职业低层	1.54	0.78		
村民/居民选举政治参与	新中间阶层	1.58	0.809	-0.159	0.874
	职业低层	1.59	0.794		

续表

		均值	标准差	T 检验值	显著性水平
村民/居民选举政治参与	老中间阶层	1.35	0.647	-2.811**	0.005
	职业低层	1.59	0.794		
日常政治参与均值	新中间阶层	1.75	0.74	-1.869	0.063
	职业低层	1.91	0.91		
	老中间阶层	1.84	0.8	-0.686	0.493
	职业低层	1.91	0.91		
自发性的爱国主义游行示威	新中间阶层	1.19	0.41	-1.119	0.264
	职业低层	1.23	0.42		
	老中间阶层	1.16	0.37	-1.454	0.147
	职业低层	1.23	0.42		
个人上访/请愿	新中间阶层	1.09	0.29	-1.508	0.133
	职业低层	1.14	0.35		
	老中间阶层	1.07	0.31	-1.798	0.073
	职业低层	1.14	0.35		
集体上访/请愿	新中间阶层	1.12	0.34	-2.108**	0.036
	职业低层	1.2	0.43		
	老中间阶层	1.10	0.33	-2.153**	0.032
	职业低层	1.20	0.43		
网络政治参与均值	新中间阶层	2.26	1.02	-1.023	0.307
	职业低层	2.36	1.05		
	老中间阶层	2.40	1.03	0.303	0.762
	职业低层	2.36	1.05		

注：* 表示 $p<0.05$；** 表示 $p<0.01$。

表 4.15 显示，在选举方面，包括人大和居委会选举，职业低层高于老中间阶层通过了统计检验。在集体上访/请愿方面，职业低层高于新中间阶层和老中间阶层也通过统计检验。但在网络政治参与上，新中间阶层和老中间阶层与职业低层则无统计上的差别。

第五节　职业中间阶层中互联网使用、政治效能感对政治参与的影响分析

在比较了职业中间阶层与职业低层的互联网使用、政治效能感和政治参与之后，接下来分析职业中间阶层里的互联网使用、政治效能感两个变量对不同形式的政治参与的影响。上文分析样本中的新中间阶层 340 人，属于老中间阶层的是个体户/工商企业主 129 人，因而职业中间阶层共 469 人，以下的回归分析仅在 469 个职业中间阶层中进行。

一　因变量组

将政治参与设为因变量，共有选举政治参与、日常政治参与、制度外的政治参与和网络政治参与四个因变量，分别计算出各自的均值。

将选举政治参与两个选项（人大选举政治参与，村民/居民选举政治参与）的值加起来，其中：选举政治参与值为 0 的有 270 人，占 57.6%；值为 1 的有 43 人，占 9.2%；值为 2 的有 84 人，占 17.9%；值为 3 的有 26 人，占 5.5%；值为 4 的有 39 人，占 8.3%；缺失值为 7 人，占 1.5%。选举政治参与均值为 0.963，标准差为 1.32。

日常政治参与的均值为 2.996，标准差为 0.8398。

将制度外的政治参与的“个人上访/请愿”和“集体上访/请愿”两个选项加起来，其中：制度外的政治参与值为 0 的有 402 人，占 85.7%；值为 1 的有 40 人，占 8.5%；值为 2 的有 20 人，占 4.3%；缺失值有 7 人，占 1.5%。制度外的政治参与均值为 0.1732，标准差为 0.47985。

将网络政治参与所有选项加起来，得出均值为 2.30，标准差为 1.02。

上面数据显示，中间阶层的日常政治参与最高，其次是网络政治参与，再次是选举政治参与，而制度外的政治参与最低。

二　自变量组

自变量为两组，一为互联网使用，一为政治效能感。

（一）互联网使用

互联网使用包括职业中间阶层的互联网使用频率、互联网使用工具和互联网使用方式。

1. 互联网使用频率

在互联网使用频率上，其值即媒介接触频率里的“浏览互联网频率”，其均值为5.23，标准差为1.29。

2. 互联网使用工具

在互联网使用工具上，为了防止选项的多重共线性，对其进行因子分析，互联网使用工具因子分析检验统计值KMO高达0.916，Bartlett's球状检验卡方值为1098，自由度为136，在0.000（Sig = 0.000）水平上统计检验显著，这些指标说明因子分析效度很高。

该次因子分析采用主成分分析法，以特征值大于1作为选择因子的标准，因子旋转采用正交旋转法中的最大方差旋转法。通过因子分析，从17项互联网使用工具抽取了3个因子，3个因子的方差贡献率分别为21.540%、18.990%、18.744%，累积方差贡献率为59.274%，基本达到了因子分析的要求。

经过因子旋转，得出各个基础陈述在不同因子上的负荷，见表4.16。

表4.16　**旋转后的互联网使用工具因子载荷矩阵**

	因子		
	1	2	3
即时通信（1）	0.698	0.273	-0.056
搜索引擎（1）	0.719	0.329	0.015
网络音乐（2）	0.511	0.574	0.150
博客/个人空间（2）	0.204	0.782	0.153
网络视频（2）	0.474	0.488	0.140
网络游戏（2）	0.129	0.601	0.226
微博（2）	0.307	0.725	0.153
社交网站（2）	0.190	0.678	0.305
电子邮件（1）	0.632	0.200	0.207
网络购物（1）	0.620	0.268	0.455
网络文学（3）	0.333	0.188	0.471
网上银行（1）	0.655	0.116	0.593
网上支付（1）	0.694	0.125	0.572
论坛/BBS（3）	0.228	0.460	0.575
旅行预订（3）	0.164	0.239	0.749
团购（3）	0.273	0.258	0.685
网络炒股（3）	-0.157	0.086	0.662

注：在互联网使用工具中，（1）为因子1的选项，（2）为因子2的选项，（3）为因子3的选项。

表4.16显示，由于这三个因子比较混乱，难以赋予含义，因此直接将其命名为互联网使用工具因子1、因子2和因子3。

3. 互联网使用方式

为了防止选项的多重共线性，也对互联网使用方式进行因子分析。互联网使用方式因子分析检验统计值KMO高达0.875，Bartlett's球状检验卡方值为2571，自由度为66，在0.000（Sig = 0.000）水平上统计检验显著，这些指标说明此次因子分析效度也很高。

该次因子分析采用主成分分析法，以特征值大于1作为选择因子的标准，因子旋转采用正交旋转法中的最大方差旋转法。通过因子分析，从12项互联网使用工具抽取了2个因子，2个因子的方差贡献率分别为33.888%、22.997%，累积方差贡献率为56.886%，基本达到了因子分析的要求。

经过因子旋转，得出各个基础陈述在不同因子上的负荷，见表4.17。

表4.17 **旋转后的互联网使用方式因子载荷矩阵**

	因子	
	1	2
上网了解国内外新闻事件（2）	0.243	0.793**
上网进行网络购物（1）	0.744	0.261
上网与朋友、家人或其他人沟通交流（2）	0.399	0.452**
上网发表个人对各种公众事物的看法、意见（1）	0.573*	0.354
上网娱乐或为满足个人爱好（1）	0.723*	0.205
上网获得有关工作、生活的信息（2）	0.314	0.666**
上新闻网站看新闻（2）	0.099	0.852**
上网进行网上支付（1）	0.784*	0.229
上网收发电子邮件，使用即时通信工具（1）	0.543*	0.540
上网通过BBS、博客等上贴文章或参与BBS的讨论（1）	0.600*	0.251
上网玩游戏、听音乐、看电影等（1）	0.802*	0.113
上网通过搜索引擎查找自己感兴趣的信息（1）	0.651*	0.318

注：在互联网使用方式中，（1）为因子1的选项，（2）为因子2的选项。

*表示 $p<0.05$；**表示 $p<0.01$。

表4.17显示，在因子1上负荷较高的互联网使用方式选项与娱乐沟通相关，称为娱乐沟通因子；在因子2上负荷较高的选项与获取信息相关，称为获取信息因子。

（二）政治效能感

同样也对政治效能感进行因子分析，政治效能感因子分析检验统计值KMO高达0.738，Bartlett's球状检验卡方值为1095，自由度为15，在0.000（Sig=0.000）水平上统计检验显著，这些指标说明此次因子分析效度很高。

该次因子分析采用主成分分析法，以特征值大于1作为选择因子的标准，因子旋转采用正交旋转法中的最大方差旋转法。通过因子分析，从6项政治效能感测量选项抽取了2个因子，2个因子的方差贡献率分别为44.645%、28.341%，累积方差贡献率为72.986%，基本达到了因子分析的要求。

经过因子旋转，得出各个基础陈述在不同因子上的负荷，见表4.18。

表4.18 **旋转后的政治效能感因子载荷矩阵**

政治效能感各选项	因子	
	1	2
我具有参与中国政治的资格（1）	0.713*	0.149
我能很好地理解当代中国最重要的政治问题（1）	0.878*	0.058
我完全有能力成为一个中国政府官员（1）	0.819*	0.131
我比其他人更了解中国政治和政府（1）	0.828*	0.186
当今政府不关心像我这样的普通公民（2）	0.116	0.911**
当今政府的管理效率不高（2）	0.174	0.891**

注：在政治效能感中，（1）为因子1的选项，（2）为因子2的选项。

*表示 $p<0.05$；**表示 $p<0.01$。

表4.18显示，在因子1上负荷较高的选项为内部效能感因子；在因子2的选项为外部效能感因子。

三 传播变量组

传播变量组将媒介使用频率的看电视（均值）、听广播（均值）、阅读报刊（均值）加起来平均，称为传统媒体使用频率，其均值为4.22，标准差为1.31，再把测量“关注新闻”作为关注新闻的值，其均值为3.35，标准差为1.022。

四　控制变量组

本章将年龄、性别、教育、政治身份和收入这些被发现对因变量有影响的变量作为控制变量组。相关研究显示这些与政治参与有关。例如，基莫高（Kimmo，2007）在研究中发现25—34岁的人群借助网络媒介获取政治信息更为普遍，而且公众通过网络搜寻政治信息的行为与其受教育程度呈正相关关系①。也有学者发现18—24岁的年轻人更倾向于通过网络搜寻政治信息并与政治官员联系②。有学者发现男性更倾向于网络参与③，也有学者根据其研究指出女性网络参与政治的积极性更高④。

在这群中间阶层样本中，男270人（占57.6%），女192人（占40.9%），缺失值7人（占1.5%）；年龄均值为32.78，标准差为8.24；教育在“初中及以下”的35人（占7.5%），“高中或中专”的104人（占22.2%），“大专”的103人（占22%），“本科”的185人（占39.4%），“研究生及以上”的40人（占8.5%），缺失值2人（占0.4%）；政治身份中，党员103人（占22%），非党员360人（占76.8%），缺失值6人（占1.3%）。

五　互联网使用、政治效能感对政治参与影响的回归分析

本章分别以政治参与的4个变量为因变量，以互联网使用频率、互联网使用工具的3个因子，互联网使用方式的2个因子，政治效能感的2个因子为自变量，同时引入传播变量和控制变量进行多元逐步回归，其回归分析结果见表4.19。

---

① Kimmo G.，“Knowing and Not Knowing：The Internet and Political Information”，*Scandinavian Political Studies*，30（3），2007，pp. 397－418.

② Corinna di Gennaro，William Dutton，“The Internet and the Public：Online and Offline Political Participation in the United Kingdom”，*Parliamentary Affairs*，（2），2006，pp. 299－313.

③ Lori M. Weber，Alysha Loumakis and James Bergman，“Who Participates and Why? An Analysis of Citizens on the Internet and the Mass Public”，*Social Science Computer Review*，21（1），2003，pp. 26－42.

④ Ellen Quintelier，Sara Vissers，“The Effect of Internet Use on Political Participation：An Analysis of Survey Results for 16-Year-Olds in Belgium”，*Social Science Computer Review*，26（4），2008，pp. 411－427.

表 4.19　　　**互联网使用、政治效能感对政治参与影响的回归分析**

分析对象：职业中间阶层	选举政治参与		日常政治参与		制度外的政治参与		网络政治参与	
	Beta	Sig.	Beta	Sig.	Beta	Sig.	Beta	Sig.
控制变量组								
性别（男 =1，女 =0）	-0.047	0.334	-0.119*	0.013	0.035	0.458	0.064	0.128
年龄（实际）	0.056	0.314	0.167**	0.002	-0.046	0.398	-0.042	0.378
教育	-0.062	0.269	-0.003	0.963	-0.070	0.199	0.044	0.362
政治身份（党员 =1，非党员 =0）	0.195***	0.000	0.040	0.404	0.124*	0.010	0.067	0.115
增加的拟合优度（%）	12.4	7.5	9.6	12.6				
传播变量组								
传统媒体使用频率	-0.027	0.635	0.200***	0.000	-0.205***	0.000	-0.054	0.260
关注新闻	0.110*	0.038	-0.050	0.329	0.132*	0.011	0.111*	0.014
增加的拟合优度（%）	1.8	6	6.5	3				
互联网使用变量组								
互联网使用频率	-0.171**	0.004	-0.096	0.097	-0.286***	0.000	-0.187***	0.000
互联网使用工具因子 1	-0.043	0.532	0.249***	0.000	-0.052	0.439	-0.235***	0.000
互联网使用工具因子 2	0.028	0.633	0.128*	0.027	0.049	0.396	0.228***	0.000
互联网使用工具因子 3	0.067	0.234	0.016	0.767	0.108*	0.049	0.190***	0.000
互联网使用方式因子 1	-0.126	0.106	-0.111	0.143	-0.024	0.747	0.294***	0.000
互联网使用方式因子 2	-0.019	0.757	0.028	0.643	-0.007	0.914	0.270***	0.000
增加的拟合优度（%）	5	6.7	9	26.6				
政治效能变量组								
内在政治效能感	0.126*	0.011	0.220***	0.000	-0.033	0.488	0.059	0.161
外在政治效能感	-0.060	0.207	-0.058	0.211	-0.036	0.439	-0.063	0.126
增加的拟合优度（%）	1.7	4.3	0.2	0.6				

续表

分析对象：职业中间阶层	选举政治参与		日常政治参与		制度外的政治参与		网络政治参与	
	Beta	Sig.	Beta	Sig.	Beta	Sig.	Beta	Sig.
拟合优度（R SQUARE）（%）	20.9	24.5	25.3	42.8				
调整后的拟合优度（ADJUSTED R SQUARE）（%）	18.0	21.8	22.6	40.7				
回归方程的显著性检验（F）	7.297	8951	9280	20.158				
显著度（SIG）	0.000	0.000	0.000	0.000				

注：* 表示 $p<0.05$；** 表示 $p<0.01$；*** 表示 $p<0.001$；N = 469。

表 4.19 显示：（1）控制变量组对各种形式的政治参与具有一定的解释力。例如，控制变量组的个人属性变量对选举政治参与解释拟合优度为 12.4%，日常政治参与解释拟合优度为 7.5%，制度外的政治参与解释拟合优度为 9.6%，网络政治参与解释拟合优度为 12.6%。需要说明的是，表中的 Beta 数是控制变量加入所有变量后的值，因此已看不出原初的直接影响了，尽管如此，在加入所有变量之后，政治身份对选举政治参与（$b=0.195$，$p<0.001$）和制度外的政治参与（$b=0.124$，$p<0.05$）呈显著正面影响，即党员倾向于选举政治和制度外的政治参与，在日常政治参与里，性别和年龄也有不同的影响。

（2）传播变量组的两个变量对各种形式的政治参与的影响不同。传播变量组的关注新闻对选举政治参与（$b=0.11$，$p<0.05$）、制度外的政治参与（$b=0.132$，$p<0.05$）、网络政治参与（$b=0.111$，$p<0.05$）都起正面显著影响，也就是说，越是关注新闻的中间阶层，就越容易进行选举政治参与、制度外的政治参与、网络政治参与。而传统媒体使用频率对日常政治参与呈正面影响（$b=0.200$，$p<0.001$），对制度外的政治参与呈负面影响（$b=-0.205$，$p<0.001$），这可能与传统媒体意识形态相关，如日常政治参与和意识形态较为统一，制度外的政治参与和意识形态有所冲突。

（3）互联网使用变量组对网络政治参与的影响最大。互联网使用变量组中，对选举政治参与解释拟合优度为 5%，日常政治参与解释拟合优度为 6.7%，制度外的政治参与解释拟合优度为 9%，网络政治参与解释拟合优度为 26.6%，其中对网络政治参与解释最大，也就是说，互联网使用越多越丰富，网络政治参与就越多，当然，在互联网使用变量组的各变量中，对各政治参与的影响有正有负，这既反映互联网使用的“时间替代假说”，也反映互联网使用不同功能方式对政治参与的正负影响。

（4）内在政治效能感对制度内的政治参与具有正面影响。政治效能变量组中，内在政治效能感对选举政治参与（$b=0.126$，$p<0.05$）和日常政治参与（$b=0.220$，$p<0.001$）都有正面影响，但对其他政治参与没有影响。

（5）不同的因素对不同形式的政治参与影响力是不同的。对于选举政治参与来说，控制变量即个人属性影响最大，对于网络政治参与来说，互联网使用占了最重要的地位，而对于日常政治参与来说，是控制变量、传播变量、互联网使用变量、政治效能感共同起作用。对于制度外的政治参与，则是控制变量、传播变量、互联网使用变量共同起作用。

（6）不同的因素对不同形式的政治参与的解释力度都较高。对于各种形式的政治参与来说，各因素最后的解释力度，即调整后的拟合优度（ADJUSTED R SQUARE）都是很高的，选举政治参与为 18.0%，日常政治参与为 21.8%，制度外的政治参与为 22.6%，网络政治参与更是高达 40.7%，且回归方程的显著性检验（F）都通过了假设检验，这在其他同类研究中是较为少见的，这也反映出互联网使用和政治效能感的确是总体上对中间阶层的部分政治参与产生了影响，即互联网使用和政治效能感可以促进中间阶层的政治参与。

第六节　本章小结

第三章和本章的数据综合显示，中国中间阶层的互联网使用的几个方面，即互联网接触频率、互联网使用工具、互联网使用方式都高于社会低层，并且这几方面的中间阶层与社会低层的差距不仅体现在样本中，同时还通过了统计检验，因而中间阶层与社会低层在互联网的使用上的确形成了较大的数字鸿沟。

本章发现，在中间阶层的互联网使用、政治效能对政治参与影响分析中，互联网使用和政治效能感在总体上对中间阶层的政治参与产生了显著影响，而互联网使用在各种政治参与中，影响最大的为网络政治参与，即互联网使用可以促进中间阶层的网络政治参与。以下第五章到第八章将详细分析中间阶层具体的网络政治参与。

本章发现，在选举政治参与中，职业低层的选举政治参与要高于老中间阶层的选举政治参与，在制度外的政治参与中，职业低层参与的比例都要高于职业新中间阶层和老中间阶层，这些结论都和第三章的全国调查的二手数据结果是基本一致的，这显示，本章虽然是笔者的个人调查，但仍然有一定的信度及可靠性。不过要承认的是，由于资金和时间的关系，本章并未能完成一份面向全国的、严格随机抽样、具有高度效度和信度的问卷，所以数据上的准确性和推论性还需要更多的研究来充实。

第五章

网络问政里的中间阶层政治参与分析

本章首先分析网络政治参与的第一种模式：以网络问政为代表的问政模式。本章首先分析网络问政的概念和发展，并挑选出九个全国代表性的网络问政栏目来进行内容、效果和网民的分析，从而探索了网络问政参与者的阶层，并进而分析网络问政里的中间阶层所担任的角色，以及网络问政里的网民进行政治参与的影响。

第一节　网络问政与政治参与

一　网络问政的概念和发展

中国政府一直都在致力于建立沟通公民和政府的机构和制度[1]，这样的沟通机构和制度不但有利于政府合法性的形成，也有利于获得公众意见的有效信息[2]。随着互联网技术的发展和网民人数的激增，不同的社会阶层都在不同程度地使用互联网，在互联网上建立沟通公民和政府的机构和制度成为我国政府在新形势下增进合法性的新举措，于是作为这样的一种制度网络问政出现了。

网络问政是通过互联网进行政治参与的一种重要形式，其内涵涉及两个主体，一个是政府，一个是公民。如果从公民指向政府，那是公民问政问事问责于政府，即不仅要求政府对所问的问题给予信息说明，提供解释

① Tianjian Shi, *Political Participation in Beijing*, Cambridge, MA: Harvard University Press, 1997.

② Laura M. Luehrmann, "Facing citizen complaints in China, 1951 - 1996", *Asian Survey*, 43 (5), 2003, pp. 845 - 866.

理由，更重要的是要求他们采取行动，给予办理、落实，或者给予惩罚。如果是政府指向公民，则是政府问计问策于公民，政府部门及其领导人通过网络问政于民、汇聚民智，实现科学民主决策、解决实际问题、接受群众监督。以往的相关研究也是从这两个方面切入来分析网络问政的①。

我国的网络问政平台的建设可以追溯到2001年，湖南红网创办的“百姓呼声”栏目，这是国内较早开通的政府与公民的网上沟通平台。2006年，人民网创办“地方领导留言板”栏目。2009年5月，人民网创建了“E政广场”。2010年以来，随着社会化媒体的发展，微博成为了网络问政的新渠道，从中央到地方多个层级的政府机构和官员开通政务微博。截至2013年10月底，经腾讯微博平台认证的政务微博已达16万个，其中党政机构9.2万个，党政官员6.7万个。随着微信的发展，微信又成为新的网络问政平台，在微信平台上，经过认证的政务微信公众账号超过3000个②。2014年，国务院部署加强政府网站、政务微博和微信等网络问政平台的建设③。经过将近十年的发展，我国的中央和全国各省份已建设了各种大型的、具有影响力的网络问政栏目，这些栏目既有政府网站开设的相关功能的平台，也有媒体开办的一系列具有网络问政性质的栏目，因为其都承担着公民问政问事问责于政府，或者政府问计问策于公民的功能，因此都称为网络问政栏目。

二 网络问政与问政模式

根据王绍光的《中国公共政策议程设置的模式》从影响政府行为和政策来看，网络问政类似于其所说的上书模式，在王绍光的文章里，上书模式是指给各级决策者写信，提出政策建议，但不包括为个人或小群体利益申述之类的行为。在上书模式里，建议人不是专职的政府智囊，因此并不同于由接近权力核心的政府智囊们提出建议的内参模式。不过在过去，即使是上书模式，上书的也未必是普通公民，他们往往是具有

---

① 赵红卫：《论“网络问政”及其良性发展的路径选择》，《法制与社会》2010年第15期；李金兆、董亮：《网络问政与政府门户网站发展》，《中国信息界》2010年第3期。

② 人民网舆情监测室：《2013年腾讯政务微博和政务微信发展研究报告》，2013年，人民网（http：//www.people.com.cn）。

③ 《国务院部署今年信息公开：加强政务微博建设》，2014年，新华网（http：//news.sina.com.cn/c/2014-04-01/180229842033.shtml）。

知识优势、社会地位的人，由平头百姓一纸上书影响议程设置的案例简直是凤毛麟角[①]。本章里的网络问政，是指在互联网环境下，普通公民通过问政问事问责于政府，或者向政府献计献策，甚至投诉举报，影响政府的决策和行为，实现政治参与，因此网络问政是一种类似于上书模式的网络政治参与，不过网络问政与王绍光所定义的“上书模式”有两点不同：一是网络问政的参与者是普通的公民，而非王绍光所定义的特殊公民；二是网络问政中既包括公共问题，也包括为个人或小群体利益申述之类的行为，并非王绍光的“上书模式”中大部分提出的问题属于与提出者自身利益无关的公共问题。为此，本章将网络问政命名为问政模式，而非上书模式。

三　本章的研究思路

在网络问政的以往研究中，有从政治沟通的角度去分析的，如《中国式网络问政》指出网络问政对于推动当今中国政治沟通具有重要作用[②]。有从政治问责的角度来分析的，如肖滨[③]以广东河源市网络问政为例，通过问责的角度去探讨如何建构问责；有从服务型政府的角度去探索网络问政的[④]。然而以往研究缺乏网络问政的参与者的状况以及对网络问政内容的分析，尤其缺乏从阶层的角度去分析，因而难以深入理解网络问政的特点及影响。

另外，相关网络问政的研究多以个案为例切入分析，如李月军（2014）以辽宁民心网为例分析网络问政的成绩与问题[⑤]，王国华等以人民网地方领导留言板为例分析回复率的影响因素[⑥]，李军鹏以九江市政府

---

① 王绍光：《中国公共政策议程设置的模式》，《中国社会科学》2006 年第 5 期。

② 钟瑛、罗昕：《“网络问政”类栏目的创新、问题及对策——兼评“中国式网络问政一书”》，《中国记者》2011 年第 2 期。

③ 肖滨：《网络问政如何建构问责：基于对广东河源市网络问政的分析》，《学术研究》2012 年第 12 期。

④ 刘文萃：《地方政府网络问政平台建设的现实困境及路径选择——基于服务型政府视角的审视与分析》，《公共管理研究》2014 年第 3 期。

⑤ 李月军：《中国地方政治沟通模式的变革、绩效与限度——以辽宁民心网为例》，《中国行政管理》2014 年第 1 期。

⑥ 王国华、罗枭、方付建：《网络问政平台运行绩效影响因素研究：基于人民网地方领导留言板的分析》，《管理现代化》2011 年第 5 期。

“民声直通车”为例分析政府的回应体系[①]。个案的研究虽然有利于深入地理解某一网络问政网站或栏目的特点，但难以从宏观的角度去理解中国的网络问政的全貌的特点与影响。当然，也有一些是通过多个网络问政平台去分析的[②]。

基于以上的分析，本章的研究希望通过对全国具有代表性的网络问政网站或栏目进行分析，从阶层的角度去分析网络问政的参与者的状况以及网络问政的内容，尤其是探索网络问政是如何影响中间阶层的政治参与的，并以此分析中间阶层对网络问政的参与行为和态度。

第二节　全国代表性的网络问政栏目

在本章中，选择了9个具全国代表性的网络问政栏目：人民网的两个网络问政栏目，即人民网地方干部留言板和人民网E政广场；东部省份三个著名网络问政栏目，即广东的奥一网的网络问政、山东胶东在线的网上民声、浙江宁波网的对话栏目；中部省份的两个著名网络问政栏目，即湖南省红网的百姓呼声、安徽省的中安在线的网上问政；西部省份的两个著名网络问政栏目，即陕西西部网民生热线和重庆网络问政平台。

之所以如此选择上面的网络问政栏目，首先对于中央的网络问政栏目来说，人民网是最早进行网络问政的中央级网站，其网络问政不仅取得了明显的实际成效，而且具有一定的示范意义，这两个栏目分别先后获得第19届和第21届中国新闻奖一等奖；另外，人民网属于人民日报网站，而《人民日报》又是直属于中国共产党党中央管辖的报纸，其地位在中国的媒体中是无可替代的。在其余7个网络问政栏目中，或者获得过中国新闻奖一等奖，如山东的胶东在线和浙江宁波网的对话栏目，或者是2012年度或者是2013年度的中国互联网站品牌栏目，更为重要的是，从东部抽3个省份，中、西部各抽两个省份的最有代表性的网络问政栏目，能够有效地代表我国地方网站的网络问政栏目的建设情况。

另外，这九个网络问政栏目代表了我国网络问政栏目中的最好的知

---

① 李军鹏：《完善政府公众诉求回应体系，打造回应型政府：以九江市政府“民声直通车”为例》，《行政论坛》2011年第3期。

② 罗昕、李兮言：《媒体网络问政平台的传播效果探析》，《东南传播》2012年第5期。

名度、认可度。之所以以有最好的知名度、认可度的网络问政平台来分析，是因为这些网络问政栏目吸引大量的网民关注和参与，其栏目的建设也会为其他的网络问政栏目所学习，因而分析这些栏目有利于了解全国网民在进行网络问政时的主要行为和态度。另外，在第三章和第四章中，其样本都是面向全国选取的，因此本章希望选取的样本也能代表全国的网络问政。接下来，将分别从内容、效果和受众三个方面分析这些网络问政栏目，即网民在问什么、其回复率和影响究竟如何以及什么网民在问。

第三节　网络问政的内容分析：网民在问什么

一　人民网网络问政的内容分析

（一）人民网地方领导留言板的分析

人民网地方领导留言板创办于 2006 年，是目前为全国省、市、县党政“一把手”开通的全天候的留言版面，人民网地方领导留言板侧重于网络问政内涵中的公民问政问事问责于政府。2014 年，人民网地方领导留言板总共刊登网民留言约 16 万条，全国省、市、县三级党政“一把手”通过这一平台对 11 万余条网友留言做出公开回应，历史回复总数在 2014 年末累计突破 30 万条①。

从 2013 年 1 月 1 日到 2014 年 7 月 12 日，在人民网地方领导留言板里，留言最多的是城建类别有 24366 条，占总留言的 13.49%，在城建类别中，反映居民住房质量、配套设施建设、小区无法按期完工等问题的留言最为集中，约占总量的 60%。例如，2014 年 6 月，河南新乡一网友向省委书记反映，自己所购的房屋不能按期交付，售楼部天天大门紧闭。同样的问题也困扰着西安的一位网友，这位网友在 2011 年签下购房合同，约定 2013 年 12 月 31 日交房，可过了 3 年房子依旧未建，向地产商提出退房，开发商却拒绝退钱，遂向西安市市长留言求助。

“三农”问题也是人民网地方领导留言板留言最多的议题之一，其共有 21257 条，占 11.77%。在“三农”类别中，涉及农村建设和耕地问题

① 《一块留言板一年解决 11 万件网友诉求　累积回复量超 30 万》，2015 年，人民网（http：//leaders. people. com. cn/n/2015/0109/c178291 - 26354153. html）。

的留言共占到50%，这其中反映耕地被侵占、破坏的留言占据了相当的比例。2014年3月，安徽阜阳市的一位农民给市长留言，举报有人在颍上县沿河村淮河非法采沙，“辛辛苦苦种的小麦马上到了收割的季节，他们那群人在晚上的时候都给抽没了”。也有河南的网友反映，在以农业为主的平舆县，由于大量劳动力出去打工，许多农用耕地被违法占用，用于建小型加工厂、盖自住房等，希望得到治理。在交通类别中，网友的投诉则集中在公共交通、道路修建问题上。

（二）人民网E政广场的分析

人民网E政广场可追溯到2009年“两会”期间，人民网“强国论坛”推出了大型互动社区“E两会”，2009年5月，“强国论坛”在“E两会”的基础上，推出常态化版本“E政广场”，为网民提供了一个参政议政平台，也为国家各级机关提供了一个倾听民意、民声的空间[①]。2010年底，人民网与全国政协提案委员会建立了“E案”报送机制，2011年“两会”前夕，全国政协提案委员会汇编了《人民网强国论坛“E政广场”E提案选编》，摘编了30份网民E案，发放到每一位全国政协委员手中。人民网E政广场侧重于上面所分析的网络问政中的政府问计问策于公民。

对于人民网E政广场来说，截至2014年7月，时政类建议21310条，民生类6953条，科教类2549条，经济类2287条，综合类2106条。在2011年评选的优秀提案中，前38名优秀提案中包括教育、矿难、电网整改、审计、承包土地、财产公开、房地产税公车改革、养老保险、国企改革等问题，大多涉及民生行政。

二　地方网络问政的内容分析

这里的地方网络问政指上面介绍的奥一网的网络问政、胶东在线的网上民声、宁波网的对话、红网的百姓呼声、中安在线的网上问政、西部网民生热线和重庆网络问政平台。

其中，广东的奥一网的网络问政创办于2006年2月，当时奥一网策划推出“有话问总理”等网络问政栏目，最终成为奥一网的网络问政平台；山东的胶东在线的网上民声成立于2003年5月，2008年10月，网上

①　刘红、肖红、申宁：《“强国论坛”的创新之路》，《新闻战线》2010年第4期。

民声栏目又被山东省委宣传部确定为全省重要典型；浙江宁波网对话栏目2002年2月创办，其以问政为特色、以视频与文字同步直播为主要传播方式，让网友与嘉宾互动沟通，以达到化解社会矛盾的目的，2011年宁波网对话栏目获得中国新闻奖一等奖的新闻名专栏奖；湖南红网的百姓呼声成立于2001年，其目的是成为“做党委、政府与百姓沟通的桥梁”，打造一个老百姓可以说话、说了有用的平台；安徽省的中安在线的网上问政平台于2009年12月正式开通，该栏目以“问政于民、问计于民、问需于民”为宗旨；陕西西部网民生热线于2009年3月正式上线，是一个各级政府及职能部门倾听民意、汇集民智、了解民情的网络互动平台；重庆网络问政平台由重庆市委办公厅等单位共同主办、华龙网全力承办，是重庆最大的问政平台。

这些地方的网络问政的内容，基本可以分为“建言献策”、“咨询求助”、“投诉举报”三大块。例如，在2014年11月3日对奥一网网络问政进行查询，分析其帖子的类型、条数、起止时间，得出表5.1。

表5.1　　2014年11月3日对奥一网网络问政查询的帖子资料

类型	条数	百分比（%）	帖子起止时间
建言献策	32103	38.19	2007年1月1日到2014年11月3日
粤东粤西	286	0.34	2012年12月5日到2014年11月2日
问政求助	711	0.85	2012年5月5日到2014年10月31日
投诉举报	26445	31.46	2007年12月7日到2014年11月3日
咨询求助	14700	17.49	2007年2月2日到2014年11月3日
拍砖灌水	9370	11.15	2009年2月16日到2014年10月31日
网络问企	457	0.54	2009年7月20日到2014年10月16日
合计	84072	100.00	

表5.1显示，在所有的网民的网络问政的帖子中，占前三位的是“建言献策”、“投诉举报”、“咨询求助”，这三类内容共占了87.13%，而且这三类栏目也显示帖子起始于2007年，一直持续到现在。

地方的网络问政，其内容多与民众的日常生活息息相关。例如，山东胶东在线2014年9月的报告显示，其当月网民进行网络问政的热点话题包括：（1）占道摆摊、环境卫生、路灯不亮；（2）城市规划、拆迁改造、违章建筑；（3）户口、护照办理、治安问题；（4）城市交通、驾考、违章问题；（5）公交车线路、站点问题；（6）噪声、废气废水排放、环境污染；（7）垃圾、垃圾箱、卫生问题；（8）教育问题；（9）档案、社保、职称问题；（10）房产证、物业问题①。

又如，2014 年 9 月，重庆网络问政平台收到咨询投诉 494 件，其中房产问题占 14%、行政行为问题占 12%、环境问题占 9%、求助问题占 7%、土地问题占 6%、道路改造问题占 4%、占道问题占 5%、公共设施问题占 5%、社会人力问题占 4%、教育问题占 4%、咨询占 22%，这些网络问政内容所包含的热点关键词有“施工单位噪声扰民问题接连发生”、“乡村道路硬化问题不断”、“房屋维权事件持续、质量问题仍为主要投诉”、“公共设施需要完善并需定期保养检查”、“关于教育维权的话题”等②。

总之，无论是人民网还是地方的网络问政的内容，都涉及广泛的具体的民生问题，其主要包括投诉举报和咨询求助的民生服务型问题，以及建言献策的公共服务型问题。民生服务型问题的出现反映出社会转型下经济发展与人们权利的矛盾和不平衡，体现了在改革开放过程中的利益受损人群通过互联网表达意见、投诉和求助，因此其涉及的社会阶层也将是非常广泛的，而且以自身利益受到损害的群体和阶层为主。而建言献策的公共服务型问题则反映出社会转型下不同阶层公民对公共事务关注和参与的态度和行为。

第四节 网络问政的效果分析：回复率和影响

一 人民网网络问政的效果分析

网络问政的效果分析，一方面是回复率和回复面，另一方面是其问政的影响，这里包括事件的解决率或针对现实问题的惩奖。

在回复率上，截至 2014 年 11 月 5 日，人民网地方领导留言板的历史总留言共 546654 条，历史总回复共 289349 条，历史回复率为 52.93%。从回复率来看，人民网地方领导留言板隶属于《人民日报》，其创办的栏

① 《9 月平均回复率 99.48%，海渔局多次答复慢》，2014 年，胶东在线（http：//www.jiaodong.net/minsheng/system/2014/10/13/012452400.shtml）。

② 《9 月重庆问政大数聚》，2014 年，华龙网（http：//cqwz2.cqnews.net/html/2014－10/24/content_ 32363428.htm）。

目受到各地领导的重视，例如，省级“一把手”重视网民留言办理工作，53位各省、自治区、直辖市的省长（或市长、自治区主席）、市委书记作批示并公开回复，其中，不少涉及具体的问题。如2009年8月，云南省委书记首次公开回复网友留言。“游客不购物遭报复”报道获云南省委书记批示，“请省旅游局重视处理这件投诉”。2010年6月，上海市市长首次公开回复网友留言，上海市市长通过市政府办公厅发出致人民网网友公开信，并就网友在地方领导留言板中的12项留言予以公开回复。在回复面上，截至2014年7月，累计已有53位省委书记或省长、400多位地市级“一把手”、1000多位县级领导对人民网地方领导留言板网友留言做出公开回复，涉及全国31个省、区、市中的30个。

人民网地方领导留言板之所以有较高的回复率和回复面，关键是有很多地方建立起针对其回复状况的惩奖制度，截至2014年7月，全国共有山西等19个省、市、区以“红头文件”形式，建立起回复办理人民网地方领导留言板留言的固定工作机制。除了针对网上回复状况进行惩奖，各地领导还对网下的回复状况进行惩奖，以呼应网民的问责。2014年6月6日，泸州市天远红树湾小区的一位业主通过人民网地方领导留言板给市委书记留言，投诉同小区多名业主擅自将房屋内墙体打通，对同楼居民生命和财产安全造成威胁，请相关部门调查解决。7月10日，泸州市江阳区住房和城乡规划建设局对此做出公开回复“称经调查，该网友反映的情况属实”，并做出相应的处理意见。

而侧重于政府问计问策于公民的人民网的E政广场，其回复率并不理想，截至2014年7月，向各部委的建议数和回复数比例悬殊，如网民对中共中央政策研究室建议1565条，而中共中央政策研究室回复才4条，网民对国家发展和改革委员会留言1078条，而国家发展和改革委员会回复才6条，其他部委也大致如此。向各地方的建议数和回复数比例也同样悬殊，如网民对北京提建议170条，北京才回复1条，网民对江苏省提建议55条，江苏回复为0，其他省份也基本如此。回复率较低显示了人民网的E政广场的建议几乎是在自说自话。

二　地方的网络问政的效果分析

在地方的网络问政栏目中，有些栏目的政府回复率是很高的，山东胶东在线的报告显示，网民进行网络问政的2014年6月到9月的平均回复率都在98%以上。其之所以有如此高的回复率，得益于胶东在线网站每周将各部门“网上民声”问题回复率、满意度等情况汇总并上报，市委机关建设办公室对各部门的回复率、满意度等情况，实行一周一调度、一月一小结、一季一通报，并将结果作为每年“万人评机关”、“万人评窗口”的重要依据[①]。而其他栏目的回复率并没有这样高，如2014年10月，西部网民生热线栏目编辑部转达网友留言回复率仅为45.31%。在2014年9月15日到21日期间，重庆网络问政平台共接到145个咨询、投诉，筛除无效投诉以及意见建议后，123个问题转交相关部门处理。其中，69个问题已得到相关部门的回复，回复率为56.10%。

在影响方面，一些较为突出的网络问政问题得到政府部门的办理和解决。例如，浙江宁波网对话栏目的《对话·问政进行时》的受访单位会在领导干部的网络交流结束后的10个工作日内，完成网民在互动交流中提出的实质性问题的解决、普遍性建议的落实回复工作，并以书面材料形式反馈给协调小组，协调小组再通过网站公布。胶东在线的网上民声栏目畅通了社情民意表达渠道，解决了大量实际问题。如烟台一市民连续九次上网发帖请求帮助落实就业单位。劳动部门帮助查询相关信息，终于协助其找到了合适的就业岗位。针对网上民声栏目反映在海滨浴场遛狗带来环境污染和人身安全问题，市公安局在全市范围内组织开展了集中整治违规养犬专项行动等[②]。原广东省省委书记专门针对奥一网网友提出的如中小企业发展中遇到的困难等问题，及时安排有关市和有关单位办理。在陕西西部网民生热线中，湖南红网的百姓呼声里，同样能看到政府部门的办理和解决的身影。

但是，应该看到的是，作为全国最著名的九个网络问政栏目，其回复率平均下来也就约为60%，也就是说，政府部门可能对于网络问政的内容存在着“选择性回应”，即政府仅选择自己感兴趣话题来进行回应，而相当一部分真正需要去解决的提案的相关负责人沉默了，于是产生了一大堆积案、无头案。在以往的研究中，张华等[③]对广东省惠州市的网络问政平台的网民留言和政府政策输出进行分析后发现，留言板型网络

① 邓兆安：《胶东在线“网上民声”》，《思想政治工作研究》2010年第4期。

② 李明：《“网上民声”的关键及未来发展》，《中国记者》2011年第4期。

③ 张华、仝志辉、刘俊卿：《选择性回应：网络条件下的政策参与——基于留言版型网络问政的个案研究》，《公共行政评论》2013年第3期。

参与下的政策参与和政府回应存在“选择性回应”，“选择性回应”的存在是因为官员考核的“目标责任制”和“一票否决制”，由于考核的对象缺乏民众一方，问责和考核的方式还是自上而下的，因此回应的内容也会更多的是对上负责而不是对下负责，这就导致政府部门对这些网络问政采用“选择性回应”，“选择性回应”可能导致网络问政影响的削弱。

有的时候，即使是“选择性回应”，其他的一些网络问政平台也还是存在着各种形式主义的现象。例如，安徽省马鞍山居民反映粮油加工厂收陈稻进行加工，且环境脏乱，担心“眼看天气要热了，这陈稻和油会不会吃出问题来”，并“强烈建议工商、质监部门关注一下”。政府部门却“百度一下”教授市民如何区分新稻陈稻[①]。这些选择性回应虽然增加了回复率，但却并没有真正地解决问题，其表现出形式主义，也在某种程度上降低着网络问政的影响和效果。

第五节　网络问政的网民分析：什么网民在问

一　人民网网络问政的网民分析

在分析了网络问政的内容和效果之后，接下来对参与网络问政的网民进行分析，即什么网民在参与网络问政。

人民网地方领导留言板的网民的身份多元，覆盖面非常之广，涉及各个社会阶层，代表不同群体的利益诉求和意见表达，根据地方领导留言板的“贴近现场”的现实报道，在地方领导留言板留言的网民有26岁的河南安阳伤残工人杨海龙、25岁的河南林州农村姑娘王丽飞、颍上县特岗教师等。通过对2014年7月14日到8月28日的100条人民网追踪报道的关于人民网地方领导留言板事件的新闻分析，发现有44条新闻的发帖人可以辨别出社会阶层，社会低层包括26条，其中村民有14条、牧民1条、出租车司机1条、其他的10条；而属于中间阶层的18条，包括教师、医生、军人、业主、公务员、个体户，比社会低层的数量要低。上面的数据显示，网络问政里的参与阶层广泛，中间阶层并未显著高于社会低层。

---

① 万光武：《当网络问政遭遇“百度一下”》，《北京晨报》2013年3月22日。

人民网 E 政广场 2014 年 7 月 21 日的数据显示，其发帖网民群体排行中，第一位为群众，人数为 71061，其次是中共党员，人数为 20387，其他无党派人士为 1713 人，共青团员 1470 人，致公党党员 878 人。从 E 政广场发帖网民地域排行看，欧洲 29868 人，四川省 18911 人，山东省 8484 人，浙江省 8186 人，广东省 7912 人。这些数据显示，人民网 E 政广场的发帖网民与全国网民的统计数据差别很大，因而其并不代表一般民众。潘聪聪（2012）根据 2012 年 E 政广场的数据，发现当时网友人均提案数仅为 0.089 条，并且在 131 份网友建议中，网名为“张奋”的网友 15 篇提案入选；在 1331 份网络提案中，建言数超过 15 条的网友有八位，最多的建言数达到了 41 份。因而，网民实际活跃度是很低的①。综合来看，作为政府问计问策于公民的人民网 E 政广场并没有吸引到广泛的阶层参与。

二　地方网络问政的网民分析

（一）奥一网网络问政的网民帖子的发帖人的阶层分析

在奥一网网络问政的网民帖子里，在 2014 年 11 月 5 日通过简单整群随机抽样，获得能够辨别发帖人身份的帖子。其抽样的具体过程如下，从 2014 年 11 月 5 日最新的网络问政帖子开始，逐条地往回寻找帖子内容上能够反映发贴人身份的，例如有网民发帖“我是乡镇事业单位一在岗职工，明年可按法定年龄退休，但现在我们又一次面临改革，单位有意让我离岗退养，想问国家对事业单位的离岗退养人员有哪些工资福利待遇等政策”，就将该发帖人的职业归为乡镇事业单位一在岗职工，并根据第二章的表 2.2“本书分析的中国中间阶层的框架”的阶层划分，将其归入“党政机关事业单位一般职员”。

在这一规则下，分析了 2014 年 10 月 29 日到 11 月 5 日共 8 天约 120 条帖子，发现其中 30 条能够准确识别发帖人身份，并将此整理出表 5.2。当然，需要说明的是，很多帖子，尤其是涉及投诉举报的帖子，并未能获得发帖人身份，因而未能进行分析。

---

①　潘聪聪：《网络民主应该走得更远》，人民网（http：//media. people. com. cn/n/2012/1106/c150618 - 19514178. html）。

表 5.2　　　　　　奥一网网络问政的帖子的发帖人的阶层分析

标题	发帖人职业	社会阶层
国家对事业单位的离岗退养人员有哪些工资福利待遇等政策？	乡镇事业单位一在岗职工	党政机关事业单位一般职员
广州教师的住房补贴没了！	公办小学老教师	党政机关事业单位一般职员
高中教师资格证	高中教师	党政机关事业单位一般职员
为什么韶关市事业单位的教师没有买生育保险呢？	山区的一名老师	党政机关事业单位一般职员
广东省惠来县葵梅中学教师举报信	教师	党政机关事业单位一般职员
班主任津贴	教师	党政机关事业单位一般职员
计划生育开除后的员工还有福利补贴吗？	中国电信公司员工	企业/公司一般职员
大型网站员工投诉：有年假不敢休，明知公司不合理但不知道怎样讨回公道！	大型网站的一线员工	企业/公司一般职员
同一集团，住房补贴分发不公平，有人有，有人没有！	大型集团工作员工	企业/公司一般职员
再次请求省长关注和关心韶钢 169 位退休教师的心声	退休教师	企业/公司一般职员
福田区劳务派遣雇员请问市领导何谓同工同酬？	劳务派遣雇员	企业/公司一般职员
大龄男青年“讨”福利，主席帮帮忙？	技术人员	专业技术人员
工厂要收回员工福利分房怎么办？	工厂里的工人	制造业/生产性企业工人
在粤的外来工受工伤遭老板断水断电威胁	工人	制造业/生产性企业工人
顺德容桂碧桂园拖欠农民工工资 1800 多万	工人	制造业/生产性企业工人
向单位提交了辞职书，还享受休假等福利？	交通运输国企的职工	商业/服务业职工
对惠来县市场物业管理局严重影响居民健康破坏环境的举报	高锦烈等附近居民	农民
揭阳市霖磐镇德中村旧厝经联社一千多村民举报非法倒卖土地	农民	农民
非法拼装摩托车，噪声太大了，希望调查一下	农民	农民
明知违法，为何死保？	农民	农民
茂南区人民法院有法不依，不执行生效判决投诉信	农民	农民
请给全村民一个交代	农民	农民
农民工的权益谁来保障	农民	农民
汕头潮阳一村支书卖地敛财建四千万豪宅	村民代表郭先生	农民
【图】恶人、不公是怎样制造出来的？	农民	农民
【图】民间山林纠纷	农民	农民

续表

标题	发帖人职业	社会阶层
关于怀集风岗镇利民村第五经济合作社林地林木纠纷争议	农民	农民
投诉一度国际公司，非法集资，网络诈骗	无业	无业、下岗、失业
揭阳市揭东区华南师大粤东实验学校乱收费	学生	无业、下岗、失业
投诉河源江南交警大队中队长杨某纵容手下打人，滥用职权	无业	无业、下岗、失业

表 5.2 显示，在这 30 个可以确定发帖人职业和阶层的帖子里，属于党政机关事业单位一般职员的有 6 个，企业/公司一般职员的有 5 个，专业技术人员的有 1 个，共 12 个，这些属于本书的中间阶层，占全部可辨认帖子的 40%；而制造业/生产性企业工人 3 个，商业/服务业职工 1 个，农民 11 个，无业、下岗、失业 3 个，共 18 个，这些则属于本书的社会低层，占全部可辨认帖子的 60%。另外，这里的中间阶层的职业包括乡镇事业单位一在岗职工，公办小学老教师，高中教师，山区的一名老师，中国电信公司员工，大型网站的一线员工，大型集团工作员工，劳务派遣雇员，技术人员，即大多数属于中间阶层的中下层。

（二）中安在线的网上问政网民帖子的发帖人的阶层分析

为了防止单一案例样本的偏误，本章在其余的地方网络问政平台也进行了分析，如随机抽取了中安在线的网上问政的帖子的发帖人进行阶层分析，其具体抽样如下，在 2014 年 11 月 8 日对中安在线的网上问政的三个频道建言献策、咨询求助、问题反映的最新的 30 个网络问政帖子进行抽取，共 90 个帖子，通过对这些帖子的发帖内容进行分析，分析出其发帖人身份，并且将其划分为中间阶层或社会低层，具体如表 5.3 所示。

表 5.3　**中安在线的网上问政 90 个帖子的发帖人的阶层分析**

建言献策（30 个帖子有 4 个可辨别身份）			
编号	标题	身份	社会阶层
76882	改善农村发展	居巢区的黄麓镇农民	社会低层
75023	合肥市建设模式	项目经理	中间阶层

续表

建言献策（30 个帖子有 4 个可辨别身份）			
编号	标题	身份	社会阶层
74624	机场高速和合六叶高速转盘内是否有发展？	经开区高刘镇南仓村葛郢村民组的村民	社会低层
72853	加大新农村信息宣传力度	王巷新农村农民	社会低层
咨询求助（30 个帖子有 15 个可辨别身份）			
编号	标题	身份	社会阶层
77214	惟和小区安置房回迁问题	南塘村双阳村民组的回迁户	社会低层
77169	一座山林发两本林权证是何道理	黄山市歙县桂林镇竦口村的村民	社会低层
77153	三十岗水库整治	庐阳区三十岗水库整治拆迁户	社会低层
77151	革命伤残军人证年审	湖北省恩施州消防部队退役伤残的消防兵	社会低层
77148	2013 通过的执业医师资格证何时下发？	医师	中间阶层
77096	危房改造补贴为什么要到年底才发	鸠江区汤沟镇的村民	社会低层
77088	大关台庄村村民 自来水何时安装	大关台庄村村民	社会低层
77067	岗前村何时能回迁？	岗前村包含王岗、韦小郢、吴小郢等居民	社会低层
77065	相山区土楼新村房产证何时能办？	凤凰新城小区业主	中间阶层
77056	关于新农村宅基地征用补助	砀山县一农村村民	社会低层
77011	乡村医生没有注册怎么办？	乡村医生	中间阶层
77009	宅基地问题	安庆市枞阳县展望村住民	社会低层
76971	国庆东路铂兰美地小区原承诺 70 年产权，现 46 年	小区业主	中间阶层
76968	铂蓝美地房子延期	小区业主	中间阶层
76935	利辛县汝集镇孟庄村民修路集资款去哪儿了	孟庄村民	社会低层
反映问题（30 个帖子有 12 个可辨别身份）			
编号	标题	身份	社会阶层
77395	请帮我们解决回家的路！	朝阳新村 29 号楼的住户	社会低层
77243	严重偷采国家矿山资源问题	安徽省萧县孙圩子乡贾汪村的村民	社会低层

续表

反映问题（30 个帖子有 12 个可辨别身份）			
编号	标题	身份	社会阶层
77240	淮南市八公山区惠民小区天然气何时能通	保障性住房的住户	社会低层
77223	蒙城板桥镇村瓦埠村民方双非法侵占被没收为国有资产的房屋	蒙城板桥镇瓦埠村村民	社会低层
77222	芜湖市第五人民医院乱检查乱治病	亳州市谯城区居民	社会低层
77218	王庙至陈集的公路何时修好	村民	社会低层
77220	政务区御龙湾沿街店面收取 500 元垃圾处理费	干洗店店主	中间阶层
77213	望江舒美特名仕苑停工不能按期交房	业主	中间阶层
77195	关于房屋安全隐患情况的报告	业主	中间阶层
77186	淮北顺龙花园房子延迟交房 让签不要违约金协议	业主	中间阶层
77170	和县乌江人家安置小区何时能入住？	安置小区住户	社会低层
77159	肥西县花岗镇红岩村拆迁安置问题	肥西县花岗镇红岩村村民	社会低层

表 5.3 显示，在建言献策的 30 个帖子的发帖人中，4 个可以辨别身份，其中 3 个社会低层，1 个中间阶层；在咨询求助的 30 个帖子的发帖人中，15 个可以辨别身份，其中 10 个社会低层，5 个中间阶层；在反映问题的 30 个帖子的发帖人中，12 个可以辨别身份，其中 8 个社会低层，4 个中间阶层。将这三类汇总，发现 10 个为中间阶层，而 21 个为社会低层，这里的中间阶层仅为社会低层的一半。这里的中间阶层的身份包括项目经理、医师、乡村医生、小区业主、干洗店店主，即属于中间阶层的中下层。

也就是说，无论是人民网还是地方的网络问政分析都显示，在网络问政中，中间阶层并不显著高于社会低层，而且从职业分布来看，这些参与网络问政的中间阶层也是属于整个中间阶层的中下层，因此，可以这么说，中间阶层的中下层和社会低层构成了网络问政参与的主体，其原因将在下面做出分析。

第六节　网络问政里中间阶层担任的角色分析

为了分析网络问政里的中间阶层担任的角色，这里将首先根据深度访谈分析现实中的中间阶层对网络问政的观点和态度，接着探索网络问政中的网民的主体构成及其原因，最后分析中间阶层偏好参与何种网络问政。

一　中间阶层对网络问政的观点和态度：基于质化分析

现实中的中间阶层对网络问政究竟持何种观点和态度呢？为了探索这方面的问题，本书在2014年4—6月进行了针对中国中间阶层的深度访谈[①]，由于问卷比较长，因而利用选修笔者课程的某大学学生的关系网络，采取便利抽样，以这些大学生为调查员，获得职业属于中间阶层，目前正在上网的被访者的77份深入访谈问卷。这里的中间阶层指的是职业上既不属于选择“党政机关事业单位领导干部”的职业上层，也不属于选择“商业服务人员；制造业/生产性企业工人；无业、失业、半失业者；学生；农民；退休人员；其他；不清楚/不知道”这些选项的职业低层或职业不明阶层。而这77份问卷的中间阶层的基本资料见表5.4。

表5.4　　77份问卷的中间阶层的基本资料

职业中间阶层的职业分布	人数	百分比（%）
党政机关事业单位一般职员	13	16.88
企业/公司中层管理人员	15	19.48
企业/公司高层管理人员	3	3.90
专业技术人员	21	27.27
私营企业主/合伙人	5	6.49
个体工商户	19	24.68
企业/公司一般职员	1	1.30
合计	77	100.00

① 其深度访谈的问卷请看附录2。

续表

职业中间阶层的性别	人数	百分比（%）
男	53	68.83
女	23	29.87
缺失值	1	1.30
合计	77	100.00
职业中间阶层的政治身份	人数	百分比（%）
党员	12	15.58
不是党员	65	84.42
合计	77	100.00
职业中间阶层的工作单位身份	人数	百分比（%）
党政机关、事业单位工作	13	16.88
在国有或国有控股企业工作	17	22.08
在集体所有或集体控股企业工作	3	3.90
私有/民营或私有/民营控股企业工作	39	50.65
在港澳台资或港澳台资控股企业工作	3	3.90
在外资所有或外资控股企业工作	1	1.30
其他	1	1.30
合计	77	100.00
	均值	标准差
职业中间阶层的年龄	32	8.55

在深度问卷里，与网络问政直接相关的题目有“您如何看待网络向政府反映意见或者通过网络举报、揭露、公开社会中不公平、不公正、不合理的事情或人物？您觉得这些会产生什么影响呢”。通过对该题目的回答的主要态度进行编码，发现在77份问卷回答中，持积极态度的有46个，占59.7%，持消极态度的有6个，占7.8%，持中立态度的有25个，占32.5%，也就是说，大部分中间阶层对网络问政的直接态度都是积极的。其中，中间阶层的各具体观点和态度如下：

（一）持支持态度的网友观点和态度

这些持支持态度的网友主要是支持“通过网络举报、揭露、公开社会中不公平、不公正、不合理的事情或人物”，其支持的理由是：（1）媒体在这方面缺少报道，例如有网友说，“首先我是持支持态度，报纸电视台都不敢去报道这些新闻，但是网络就给了网民一个隐身举报的渠道。只要消息正确，不是恶意虚假消息，都会给社会带来更清廉的景象”。（2）通过互联网形成监督力量，例如有网友说，“现在任何举报放到网上，都会被认为有很高的真实性。从网上举报呈现的那一刻，对被举报者的强大压力就已形成。互联网举报产生了特殊的震慑力，对反腐具有正面意义。但由于这类举报同时都演变成冲击力很强的公共事件，它们的大量其他效应值得探讨。希望这得到依法依规的解决，对未来的互联网举报形成有标志意义的指导”。

也有部分谈及支持“网络向政府反映意见”，持支持的理由是：（1）能够促进公民参政议政，例如有网友说，“支持，网络参政议政已经逐渐引起政府、政治家以及普通民众的注目，公民对所关心、关注的重要问题，通过网络平台向政策研究者或政府机关表达诉求、抒发己见、建言献策或进行讨论，提供给决策者或政府机关作参考；通过网络，公民能最贴近地了解到政府的工作过程，使政策的制定、决策和执行过程透明化、科学化”。（2）畅通了与政府沟通的渠道，例如有网友说，“我觉得这个方式非常好，首先网络这个方式更亲民了，人人都可以，你要真去找个市长省长指不定找到哪年去了。网络方便很多，而且，这个反映过程很多是公开的，就算政府不给反应，要相信网民的力量是伟大的，网络会推进这个过程”，其他网友也认为，“这对我们这种老百姓来说是件好事啊，通过网络反映省了好多事呢，要是面对面，估计一辈子都见不到政府领导，网络简单易操作。肯定会有更多的人反映意见，举报等。民众问题得到解决，政府效率也能提高”。

（二）持中立态度的网友观点和态度

持中立态度的网友是基于以下主要理由：（1）要辩证看待这一现象，例如有网友说，“如果这些举报、揭露、公开都是本着客观、实事求是的原则，我非常欢迎，也希望多一些这样的举动。如果是客观公正的举报，我觉得对社会进步、法制建设很有帮助，对营造一个良好的社会环境有好处。但如果是歪曲事实、不客观、从自己私利角度出发的举报，我觉得这是在浪费社会资源，会让一些不满社会的人更不满，让一些国外敌对势力利用，对社会、国家产生不良影响”。（2）认为其需要政府的真正意图是什么，例如有网友说，“如何看待说不上，也就是一个大概的感知吧，网络现在是人们反映民情的渠道之一，或许会越来越重要。至于影响，这个很难说，如果当政者是有心做好，任何渠道都会有用，如果没有心，就算是网络，甚至再多几个渠道，也无济于事”。

（三）持消极态度的网友观点和态度

持消极态度的网友虽然人数不多，但也有以下主要理由：（1）对现实效果的怀疑，有网友说，“我都试过网络举报、揭露，真实性效果其实真都不太大，影响力虽然是有一阵子，但过后事情仍然存在，开始对这类事件都看淡了；（2）对可能被删的担忧，有网友说，“个人认为效果不太好，许多未到上层就已经被‘和谐’掉了”。

二 网络问政中的网民的主体构成及其原因

通过全国最为著名的九个网络问政栏目分析，本章发现，目前在网络问政中，中间阶层并不显著高于社会低层，而是中间阶层，尤其是中间阶层的中下层和社会低层共同构成了网络问政的网民主体。这里主要有以下几个原因：

（1）因为目前的网络问政的主要内容是反映网民目前利益受到损害的问题，而社会低层比中间阶层在社会转型环境下所面临的利益损害更高，因此网络问政自然更能吸引社会低层，以及中间阶层的中下层进行政治参与。

（2）互联网技术的发展和普及，一方面，使得网络问政也很容易被缺失知识和技能的社会低层所掌握，如中安在线的网络问政栏目不仅可以在网上留言，还可以在论坛留言、短信留言、飞信留言、邮箱留言、电话留言，通过简单的学习，社会低层也很容易地使用网络问政；而第三章的“对中间阶层的媒介使用和政治参与分析小结”，也显示社会低层把互联网作为最重要的信息来源的状况已经开始上升了，并已超过杂志、广播、手机定制信息，而仅次于电视。这也反映了随着互联网的普及和推广，互联网不仅影响着中间阶层，还影响着社会低层。另一方面，有些网络问政平台不仅利用互联网，还利用一些非互联网途径来参与网络问政，例如，奥一网的问政平台借助的参与渠道不仅包括互联网和手机等现代技术渠道，同时也涵盖了信件、报纸和面对面的传统渠道，其就充分考虑了不同年龄阶段人群的问政需求[①]。

---

① 李庆、张亚泽：《网络民意表达与地方官民沟通机制创新——对广东奥一网络问政平台的案例解读》，《山西青年管理干部学院学报》2012 年第 2 期。

（3）一些典型的例子通过大众媒介的宣传，使得社会低层看到网络问政中政府部门选择解决了一些问题，因此就会积极参与网络问政。例如，2008 年 6 月广东代课教师龙剑喜在奥一网网络问政平台上发表的帖子，他给当时的省委书记汪洋发帖："守夜一晚上补助 1 元钱，一天只吃 4 元钱，一周要上 22 节课，月工资仅有 450 元，甚至低于当地最低工资标准 580 元……"汪洋看了帖子后，又了解到这些代课老师的实际困难后，就要求广东省尽快解决全省代课教师的问题。2010 年 7 月，龙剑喜通过考试成为一名公办教师，月收入已从 450 元提高到近 2000 元。据统计，经过两年的努力，广东共有 25849 名代课教师成功转为公办教师，占总数的 44.1%[①]。这些例子经过大众媒介的宣传之后，自然吸引更多社会低层以及中间阶层的中下层去参与网络问政。

（4）网络问政给予了社会低层一个反映自身及社会问题的良好平台。网络问政的形式大致可以分为个人利益诉求和公共利益表达两方面，而个人利益诉求类似于信访，20 世纪 90 年代以来，农民信访的数量持续增高，尽管 2005 年新的《信访条例》施行，强化了地方政府在信访工作上的责任和主动性，强化了地方政府主要领导人的责任和主动性，但是由于农民对于信访的路径依赖和对于法律救济的高成本的回避性，因此通过网络来进行信访就成为了农民的一种新的选择，而网络问政给农民、农民工这些社会低层正好提供了一个反映自身及社会问题，揭露社会不公平、不公正的一个良好平台。

（5）目前，中国的网络问政存在着"选择性回应"，从而使得部分中间阶层对其效果产生怀疑，这在本章的"中间阶层对网络问政的观点和态度：基于质化分析"也有所反映，这些都导致网络问政难以吸引更多的中间阶层的参与。

三　中间阶层偏好参与专业技术和问计问策的网络问政

不过，当网络问政涉及专业技术或者是政府问计问策于公民的时候，中间阶层由于其职业和学历的优势，又能在这样的网络问政里比社会低层更占有优势，因而中间阶层偏好参与这类的网络问政。

例如，2008 年 10 月 15 日，国家发改委通过其官方网站向社会公布

---

① 范以锦、肖文舸：《特色鲜明的"网络问政平台"》，《新闻战线》2010 年第 11 期。

新医改方案征求意见稿，开辟《我为医改建言献策》专栏，至11月14日16时，共收到了各类反馈意见35260条[①]。在获取网络意见的过程中，在参与者愿意的情况下留下电子邮件、姓名等资料。后来，北京大学公共事务管理学院的当代中国研究中心根据这些电子邮件发送了包含23个问题的电子邮件，获取了541个有效回答的样本，这些样本显示，给新医改提意见的网民，在16岁到77岁之间，超过一半的提网络意见的网民在26岁到40岁之间，平均年龄为36岁。提这些网络意见的网民的学历最高的是大学学历，有差不多75%的住在城市，20%的住在城镇，10%的住在农村，超过一半的提意见的网民说他们是专业技术人员，即包含科技人员、工程人员、教师、会计、新闻工作者和律师，而他们工作所从事的行业，大部分是医疗和卫生行业，10%的称为社会工作者，8个称为农民[②]。这些数据显示，提这些意见的网民在学历和职业都主要属于本书界定的中间阶层。

又如，奥一网设立的网络观察员栏目，包括广州市社科院高级研究员彭澎等共约30名网络观察员，他们所发表的网络问政大部分都是关于公共事务的建言献策，这些建言献策的网络观察者，是奥一网络问政平台通过从大学教授、博士、企业老板、金领白领、农民工和省地市的“两会”代表中选出来的，其中大部分也属于典型的中间阶层。

第七节　网络问政里网民政治参与的影响

一　网络问政为国家赋权

从上面的分析中可以看到，网络问政吸引了不同的社会阶层，尤其是中间阶层的中下层和社会低层参与。网络问政既能为国家赋权，也能为不同阶层的公民赋能。在为国家赋权上，一方面，网络问政建立了国家政治系统与公民以政治信息为内容的双向沟通平台。有研究者认为，在社会主义国家里，公民与政治官员的沟通机构和制度的性质和含义是当代比较政

① 章平、刘婧婷：《大众传媒镜像中的公共议题——以新医改政策制定过程为例》，《新闻大学》2012年第3期。

② Steven J. Balla, “Information Technology, Political Participation, and the Evolution of Chinese Policymaking”, *Journal of Contemporary China*, 21 (76), 2012, pp. 655 - 673.

治中一个非常值得关注的话题[1]。在中国的政治沟通里，政治系统和社会系统的信息交流互动性不足，特别是社会系统向政治系统主动传递的信息并不够，目前的政治信息主要是从政治系统流向社会系统，如政治颁布，或者是政治系统主动从社会中收集所需要的政治信息，如内参；政治系统内的渠道闲置与超载同时存在，因而没有发挥好政治沟通功能，民众宁愿信访、上访也不愿意求助法律；政治系统里的沟通过程信息扭曲、失实严重，这是因为“大多数信息是通过国家行政机构逐级上报，而通常各级官员都可能具有引入偏好和扭曲的动机”[2]，这在以往的煤炭矿难、食品安全案例里都已显示出来；政治沟通的目的“主要是以执行和支持政治决定为主，政治制约功能还没有成长起来”[3]，而作为一种制度创新，网络问政通过互联网建立其政治系统与公民以政治信息为内容的双向沟通平台，对目前政治系统和社会系统的交流互动的不足进行弥补。

另一方面，网络问政在促进政府的合法性和获得公民意见的认同中占有非常重要的地位。政府合法性是政府证明其统治和决策合法的能力，以及使统治和决策为公民所接受，并促使公民联合起来[4]，政府的合法性依赖“被统治者认同”[5]，而如果认同被打破的话，合法性将会受到损害。作为一种网络政治参与方式，网络问政通过扩大公民的知情权、参与权，增进统治和决策的合法，促进公民对政府的认同，所以从这个方面来说，网络问政给国家赋权了。

二 网络问政为不同阶层的公民赋能

在为公民赋能上，网络问政使得公民通过社会问责来进行政治参与。在20世纪的西方学术界，政治问责成为政治学的一个核心概念。根据谢

---

① Marc Lynch, “After Egypt: The limits and promise of online challenges to the authoritarian Arab state”, *Perspectives on Politics*, 9 (2), 2011, pp. 301 –310.

② ［美］李侃如：《治理中国——从革命到改革》，胡国成等译，中国社会科学出版社2010年版，第194—198页。

③ 谢岳：《当代中国政治沟通》，上海人民出版社2006年版，第193页。

④ Gilley, B., “Political legitimacy in Malaysia: Regime performance in the Asian context”, in L. T. White (Ed.), *Legitimacy: ambiguities of political success or failure in East and Southeast Asia*, Singapore: World Scientific Publishing Co. Pvt. Ltd., 2005, pp. 28 –41.

⑤ Rosenfeld, M., “The rule of law and the legitimacy of constitutional democracy”, *Southern California Law Review*, 74, 2001, pp. 1307 –1352.

尔德[①]的观点，政治问责的概念包括两个基本的含义：官员对自己的行为或活动负责，这主要指“公共官员有义务告知和解释他们正在做什么”；强制，即“问责机构有能力对违反他们的公共职责的权力使用者施加惩罚”。政治问责又包括以选举问责为核心的“垂直问责”，以平等主体之间的“平行问责”，以及以公民社会的兴起及其对公共权力形成社会控制的“社会问责”[②]。在这样的分类之下，中国目前的网络问政是类似于“社会问责”的一种政治问责。根据萨莫罗维茨和佩鲁诺蒂（Smulovitz & Peruzzotti，2000）的定义，社会问责“是一种非选举的，但仍然是垂直的控制机制，它依赖于各种各样的公民协会的行动和运动，依赖于媒体，以及各种揭发政府错误行为的行动，将各种新的议题导入公共议程或者激活平行机构的运作”，这种问责机制的效果需要一个有效地组织起来的、活跃的公民社会，这样的公民社会“能够对政治体系和公共官僚施加影响”[③]。应该指出的是，中国的网络问政并不依赖公民协会，而主要是依赖公民个人，通过网络，并不是以各种揭发政府错误行为的行动为主，而是以指向事关民众切身利益的公共事务，或为政府献言献策为主的一种政治参与，因此是一种类似的“社会问责”。

当然，也要看到，这样的一种类似的“社会问责”，其仍需要依赖政治系统的内部作业，尤其是问责的上级部门和领导的纵向等级问责，以及一些部门对另外一些部门的平行问责，因此这样一种社会问责，实际上是一种混合了等级问责、平行问责和社会问责的新的问责形式。这样一种类似的“社会问责”不仅属于政治问责的一部分，而且也属于公民的一种政治参与。正如瓦姆博（Wampler，2004）[④]所认为的，社会问责使得我们可以超越传统的对公民参与的界定，使得我们了解到公民和公民团体可以采取行动在最关键、最核心的领域对官员施加社会压力，进而影响官员的决策和行为。正因如此，政治问责就和政治参与直接联系起来了。

---

① Schedler, A., “Conceptualizing Accountability”, in schedler, A., Diamond, L. & Plattner, M. Eds. *The Self-restraining State*, Boulder: LynneRienner, 1999, p. 14.

② 马骏：《政治问责研究：新的进展》，《公共行政评论》2009年第4期。

③ Smulovitz, C. & Peruzzotti, E., “Societal Accountability in Latin America”, *Journal of Democracy*, 11 (4), 2000, pp. 147-158.

④ Wampler, B., “Expanding Accountability through Participatory Institutions”, *Latin American Politics and Society*, 46 (2), 2004, pp. 73-99.

三　网络问政的效果

正是因为既能为中国的国家赋权，也能为中国的不同阶层的公民赋能，目前的网络问政是中国国家主导的一种公民政治参与形式，这种政治参与形式由于受到国家鼓励而备受关注，国家不但不限制，反而支持这种形式，其目的是为了促进国家和相关政策的合法性，更好地实现社会治理和社会发展。

但是，应该看到的是，由于目前网络问政还没有建立起完善的制度化的管理，例如，网络问政不作为判定困难，网络问政行为的告知、送达难以认定等①，以及与网络问政配套的现实政治参与制度，如选举制度等未完善等。网络问政在政治沟通和政治问责方面仍存在各种局限，这些限制了网络问政的效果与影响，也影响着中间阶层对网络问政的态度与参与。

另外，目前的网络问政的主要内容是反映网民目前利益受到损害的问题，即公民问政问事问责于政府，且办得比较成功，如人民网的地方领导留言板。而政府问计问策于公民，如人民网的 E 政广场，其回复率和网民参与程度都不理想。

第八节　网络问政里中间阶层的政治参与的小结与讨论

网络问政既包括公民问政问事问责于政府，也包括政府问计问策于公民，作为一种问政模式，网络问政涉及广泛的具体的民牛问题，其主要包括投诉举报和咨询求助的民生服务型问题，以及建言献策的公共服务型问题。在网络问政中，中间阶层的政治参与并不显著高于社会低层，而是中间阶层的中下层和社会低层构成了网络问政参与的主体。

第三章的数据显示，在面对政府有关部门或工作人员的不公正对待时，中间阶层在使用媒体，尤其是使用互联网来进行政治参与，如把事情曝光到网上，又都远远高于社会低层。本章的结论却显示，在网络问政中，中间阶层的政治参与并不显著高于社会低层。这是因为第三章的“把事情曝光到网上”跟本章的网络问政虽然都是网络政治参与，但是具

① 李祎：《行政法视角下我国网络问政存在的问题及对策》，《编辑之友》2013 年第 8 期。

体的形式却有很大的不同，从内容分析来看，网络问政虽然也有投诉举报，但更多的是咨询求助的民生服务型，而“把事情曝光到网上”则不一定选择在网络问政平台，在论坛、博客、微博、微信则都可以曝光，这是两者差异的原因所在。另外，“把事情曝光到网上”的前提是“受过到政府有关部门或工作人员的不公正对待时”，而网络问政则没有这一前提限制，这也是两者的差异的原因所在。

尽管中间阶层网络问政的政治参与并不显著高于社会低层，但是在其他方面，如网络公共事件和网络社会动员里，中间阶层，尤其是体制内的中间阶层，将会体现出更多地利用互联网来进行政治参与，这将在第七章和第八章进行分析。而当网络问政涉及专业技术或者是政府问计问策于公民的时候，中间阶层由于其职业和学历的优势，又能在这样的网络问政里比社会低层更占有优势，因而中间阶层偏好参与这类网络问政。

不同的社会阶层参与不同形式的网络问政，其既能为国家赋权，也能为不同阶层的公民赋能，所以网络问政是目前国家主导推动的一种公民政治参与形式。但是，目前网络问政却难以吸引更多的中间阶层参与，同时，在对网络问政的态度上，尽管大部分中间阶层对网络问政是持积极的支持态度的，但是仍有小部分持中立态度和消极态度，这些人主要关注网络问政的真正影响，对网络问政的现实效果存在着怀疑。

第六章

网络社区里中间阶层的政治参与分析

本章接着分析网络政治参与的第二种模式：网络社区中的日常模式。本章首先界定了网络社区的概念和类型，接着通过对中间阶层的不同群体建立在不同关系基础上的网络社区里的政治参与行为和特点的分析，总结中间阶层政治参与的日常模式的特点。其中，这些网络社区包括建立在邻里关系基础上的业主论坛，建立在弱关系基础上的博客、微博，以及主要建立在强关系基础上的 QQ、微信。

第一节　网络社区与政治参与

一　网络社区的概念

互联网发展经历了 Web 1.0 和 Web 2.0 两个阶段，Web 1.0 以门户网站等技术为代表，时间大约为 20 世纪 90 年代到 2004 年，这一阶段以网络论坛（BBS）为代表的网络社区成为网民交流互动的平台，2005 年以来，互联网进入 Web 2.0 阶段，Web 2.0 技术也带来了博客、微博、微信等新型网络社区的出现。网络社区也称为虚拟社区，霍华德·瑞恩高德（Howard Rheingold，1993）指出虚拟社区是指互联网中相当多的网民展开比较久的讨论而出现的一种社会聚合，这些网民在电脑空间里形成了人际关系网络[①]。

网络社区建立在一定的人际关系网络基础上，其中既有建立在邻里关系基础上的业主论坛，也有建立在弱关系基础上的博客、微博，还有主要

---

① Howard Rheingold, *The Virtual community: Homestanding on the Electronic Frontier*, Addison-Wesley, New York, 1993.

建立在强关系基础上的微信、QQ。邻里关系是一种以地缘关系为基础的社会关系，也是地理社区最基本的人际关系，反映社区居民的精神面貌及对社区的认同感和归属感，它从微观角度反映整个社区的管理和发展状况[①]。而“强关系”和“弱关系”的概念是由美国社会学家格兰诺维特（Granovetter，1973）提出的[②]，“强关系”指的是个人的社会网络同质性较强，即交往的人和群体之间从事的工作，掌握的信息都是趋同的，人与人的关系紧密，由很强的情感因素维系着，如亲人、同事、朋友。反之，“弱关系”的特点是个人的社会网络异质性较强，即交往面比较广泛，交往对象可能来自各种行业，人与人之间的关系并不紧密，也没有太多的感情维系。

本章选择网络社区的五种工具——网络论坛、博客、微博、QQ、微信作为研究对象，原因如下：第一，这五种工具是中国网民进行社会交往的重要网络工具。2015 年 1 月发布的《第 35 次中国互联网络发展状况统计报告》显示，在 2014 年 12 月，中国网民对各类网络应用的使用率为：网络论坛（BBS）使用人数 12905 万，网民使用率 19.9%；博客用户规模 10896 万，网民使用率 16.8%；微博使用人数 24884 万，网民使用率 38.4%；即时通信（如微信和 QQ）使用人数 58776 万，网民使用率 90.6%[③]，是使用率和人数都较高的网络应用。第二，这五种工具的内容较为容易获得并进行分析，因此有利于研究。其中，业主论坛属于网络论坛（BBS）的一种，为此，本章具体研究中间阶层在业主论坛、博客、微博、QQ、微信里的政治参与，有利于了解不同网络工具下的中间阶层的政治参与行为特点，而这五种类型的网络工具应用，又分别代表邻里关系、弱关系、强关系三种不同类型的网络社区，因此，对此的研究，还可以探索关系这一社会网络在中间阶层网络政治参与的影响。

二 网络社区与日常模式

网络社区里的政治参与在多数情况下属于一种在网络中的日常政治交

① 邢晓明：《城镇社区和谐邻里关系的社会学分析》，《学术交流》2007 年第 12 期。

② Mark S. Granovetter, "The Strength of Weak Ties", *The American Journal of Sociology*, 78 (6), 1973, pp. 1360 - 1380.

③ 《第 35 次中国互联网络发展状况统计报告》，检索于 http://www.cnnic.cn/hlwfzyj/hlwxzbg/201502/P020150203551802054676.pdf.

流，其既不同于第五章网络问政里的问政模式，又不同于第七章网络公共事件里的外压模式，也不同于第八章网络社会动员里的动员模式，而其又是与中间阶层的网络的日常交流息息相关的，可以这么说，中间阶层的网络日常交流，为其在网络问政、网络公共事件、网络动员中的政治参与奠定基础，因此本章将此单独分离开来，并称其为日常模式。

三　本章的研究思路

中间阶层的网络社区的政治参与是一种网络日常交流，为此，本章并不打算对媒体报道的典型案例进行分析，而是对网络日常交流展开分析，而典型案例将在网络公共事件或者网络社会动员里进行分析。在对网络日常交流的分析中，本章通过随机抽样的方法，分析在日常生活里不同群体的中间阶层在不同的网络社区里的政治参与的特点和影响。

在样本选择中，本章选择业主、专家学者、医生、媒体工作者、高校教师等几个中间阶层的群体进行分析，其中，业主属于收入中间阶层，专家学者和高校教师属于典型的学历中间阶层，医生和媒体工作者属于典型的职业中间阶层。同时，专家学者、媒体工作者是网络舆论中比较活跃的中间阶层群体，而业主、医生、高校教师又属于网络舆论中表现一般的中间阶层群体。因此，综合这些方面，这几个群体能够代表中间阶层的各个方面的特征。

同时，在样本的选择上，本章也尽量选择全国性的样本，如医生、媒体工作者都是面向全国抽样的，或者是在全国有代表性的样本，如业主论坛、专家学者、高校工作者则属于此类，总之，选择全国性的样木和有代表性的样本，有利于在全国范围里分析中国中间阶层在网络社区里的政治参与的特点和影响，并与前几章的样本选择原则保持一致。

第二节　中间阶层在邻里关系网络社区里的政治参与

一　建立在邻里关系基础上的网络社区

业主论坛是建立在邻里关系基础上的网络社区。20 世纪 90 年代以来，中国的住房政策从以前的单位分房逐渐过渡到住房货币化。随着住房货币化改革的推行，全国城镇的住宅也基本实现了产权私有化，产权私有化带来了一个群体，称为业主。住房政策的发展，也改变了传统的居住格局，现代住区取而代之成为城市人聚居的主要场所。在中国的传统社会里，邻里关系是一种人际关系，也是一种情感关系。邻里关系是一种以地缘关系为主体的社会关系，被看作社区凝聚力最主要的标志，因此，中国的传统里有“远亲不如近邻，近邻不如对门”的说法。然而，现实的邻里关系却变得冷漠疏远，如邻里互动较少等。而业主论坛的兴起，重构并发展了邻里关系。

其次，虽然业主论坛不在现有的媒体管理体制之中，但是，却没有被视为非法媒介，有时甚至还在数字社区的政策中得到支持，还因其在社情民意收集与处理方面快捷有效而被推广应用①。研究中间阶层在邻里关系网络社区里的政治参与，有利于了解互联网如何重构和发展邻里关系，促进政治参与发展。

另外，业主论坛也属于网络社区中的网络论坛的一种。网络论坛，也称 BBS，又译为“电子公告牌系统”。通过网络论坛上的信息传播、意见表达，网民可以超越时空的障碍，自由地进行信息交流，自由地发表和传播自己的言论，在互联网中尤其是发展的早期形成了强大的网络舆论，从而影响政府在公共决策与公共行为中的选择与偏好，直接或间接地进行政治参与。例如，王艳玲等②以“强国论坛”和“天涯杂谈”为例，发现网络论坛为普通公众提供了一个参政议政的舆论空间，拓宽了民情民意的反映渠道，对于我国的民主政治建设具有重要价值和实践意义。当然，这些时政论坛所吸引的对象包括了各个阶层。而要分析中间阶层在论坛里的政治参与，业主论坛则是一个很好的代表，这是因为参与业主论坛的业主往往是中间阶层，下面将会对其进行分析。

二 中间阶层在业主论坛的政治参与

（一）业主维权与中间阶层的政治参与

在中国，业主与中间阶层有很大的关联。例如，业主通常富裕，其中

---

① 王斌、贺嘉钰：《试析信息技术在基层社会管理中的应用：以社区网格化为例》，《国际新闻界》2013 年第 9 期。

② 王艳玲、孙卫华、唐淑倩：《网络论坛：一种全民的民主政治参与新形式——以“强国论坛”和“天涯杂谈”为例》，《新闻与传播研究》2013 年第 6 期。

大部分是中间阶层[1]，而魏万青（2012）[2]把“拥有房产视为中产阶级的一个重要标志”，当然，并不是所有拥有房产的都是中间阶层，但是拥有商品房产权，尤其是在大城市拥有商品房产权的业主的确大部分都属于中间阶层，至少是属于收入中间阶层。一些实证研究也证明了这一结论，如胡荣和刘艳梅（2006）发现厦门市纯商品房住宅小区U小区里，由于有能力购买U小区商品房的大都是中高收入家庭，U小区的业主大约有80%是大学教师，其他的业主则有企业的经理、公务员、专业技术人员等，因此从U小区业主的职业身份、购买能力、文化程度上看，他们基本符合中间阶层的定义[3]。为此，本章认为，业主，尤其是商品房的产权的全部拥有或者部分拥有都是收入中间阶层的重要标志[4]，所以业主论坛里的政治参与，恰好就是中间阶层的政治参与的代表，并且是在邻里关系基础上的网络社区里的政治参与。

中间阶层在业主论坛的政治参与中，业主维权是一个很重要的特征，这是因为住房商品化改革后，大量的城市市民开始购买私有住房[5]，从而关心业主维权问题的人数增多。而业主通过业主论坛进行动员、维权的事例也常常发生[6]。有研究发现，业主维权运动的原因在于以开发商和物业公司为主体，包括房管局小区办、地方法院和街道办事处等相关政府部门和政府官员在内的利益集团，使开发商和物业公司敢于普遍而广泛地侵害广大业主的合法权益[7]。因而，业主最初与物业公司或开发商的直接纠纷往往会带来业主与政府的间接纠纷，因此，从这个角度来看，业主维权也

① Tomba, L. “Creating an urban middle class: Social engineering in Beijing”, *The China Journal*, 51, 2004, pp. 1-26.

② 魏万青：《中产阶级、业主身份与集体行动——基于CGSS2006数据的研究》，《华中农业大学学报》（社会科学版）2012年第1期。

③ 胡荣、刘艳梅：《中间阶层在公共领域中的维权行为——厦门市U小区公摊纠纷个案分析》，《中共福建省委党校学报》2006年第8期。

④ 魏万青：《中产阶级、业主身份与集体行动——基于CGSS 2006数据的研究》，《华中农业大学学报》（社会科学版）2012年第1期。

⑤ Wang, Yaping & Alan Unrie, “Commercial Housing Development in Urban China”, *Urban study*, 36 (9), 1999, pp. 1475-1494.

⑥ 周善：《公众的媒介参与意识影响政府民主决策的范例——番禺垃圾焚烧事件中的江外江论坛专版分析》，《新闻知识》2011年第5期；王斌：《地方新闻、社区信息化和传播自主性——传播与中国社会转型的一个分析框架》，《国际新闻界》2010年第10期。

⑦ 张磊：《业主维权运动：产生原因及动员机制——对北京市几个小区个案的考查》，《社会学研究》2005年第6期。

属于一种政治参与。

（二）业主论坛的选择

本章以搜房网（www. soufun. com）的业主论坛中的广州地区论坛为研究对象，之所以选取广州作为个案进行考察是因为：首先，广州的业主维权行动联合程度相对较高，因为政府承诺默许广州业主委员会联谊会筹备委员会的存在，广州业主委员会联谊会筹备委员会承诺在行为合法的范围内维护权益、配合政府[①]。其次，作为广州市业主经常使用的维权工具，该市的业主论坛活跃程度较高[②]，与上海的业主论坛相比，广州的小区更有可能使用业主论坛作为表达和维护利益的平台和工具[③]。最后，在广州全部拥有或者部分拥有商品房的产权的业主至少属于收入中间阶层，这是因为广州属于一线城市，房价也在全国遥遥领先，所以，这些业主在全国意义上基本上都可称为中间阶层。

本章于 2014 年 6 月 28 日，在搜房网的广州论坛（http://gzbbs.soufun.com/）中，选取每日、每周、每月业主排行前十位的论坛。在这三个排行榜中都榜上有名，且目前已经入住的是碧桂园凤凰城、万科四季花城、东方夏湾拿三个业主论坛，以下分别对这三个小区进行介绍。

碧桂园凤凰城，位于广州市的增城广园东，占地面积约 6666.7 万平方米，建筑面积 1332 万平方米，总户数 2 万户，建筑类别有塔楼、小高层、高层，房型有别墅、花园、洋房，截至 2014 年 6 月 28 日，其在搜房网的论坛总访问量约 24883.9 万次，有 838 位认证业主。广州万科四季花城，位于广州市金沙洲南海，占地面积 50 万平方米，建筑面积 44.7 万平方米，当期户数为 5391 户，截至 2014 年 6 月 28 日，其在搜房网的论坛总访问量约 22568.5 万次，认证业主 1063 位。东方夏湾拿，位于广州从发太平镇，建筑面积约 11 万平方米，占地面积 100 万平方米，物业类别为别墅，截至 2014 年 6 月 28 日，其在搜房网的论坛总访问量为 221.4 万次，认证业主 251 个。

---

① 张紧跟、庄文嘉：《非正式政治：一个草根 NGO 的行动策略——以广州业主委员会联谊会筹备委员会为例》，《社会学研究》2008 年第 2 期。

② 黄荣贵、张涛甫、桂勇：《抗争信息在互联网上的传播结构及其影响因素——基于业主论坛的经验研究》，《新闻与传播研究》2011 年第 2 期。

③ 黄荣贵、桂勇：《为什么跨小区的业主组织联盟存在差异：一项基于治理结构与政治机会（威胁）的城市比较分析》，《社会》2013 年第 5 期。

从这三个小区及业主论坛来看，其都为大型的中间阶层小区，业主对其论坛的认同程度比较高，注册人数比较多。通过对这三个论坛当中的维权相关帖子的分析，发现了四个具有典型意义的维权案例，下面将逐一分析。

（三）业主论坛里的四个维权政治参与案例

1. 碧桂园凤凰城的房屋维修基金例子

在碧桂园凤凰城业主论坛里，最早提及碧桂园凤凰城的房屋维修基金的是网名为“野渡无人舟自横”的业主在2014年5月24日发出的“房屋维修基金能随便动用吗”的一个主帖，其内容是关于对房屋维修基金的看法，该帖子引起6个跟帖，1290个点击，从跟帖量和点击量看，虽然有人关注，但是讨论和关注的人并不激烈，真正将这一事件推向论坛热议的是一名加V认证的业主“justice1314”连续发了“要动用房屋维修基金——请暂不要签”（5月24日发，共28个跟帖，4593个点击），“房屋维修基金被用了吗？为何房屋维修基金总额这么少?”（5月27日发，共24个跟帖，2158个点击），“［业主维权］凤仪苑的业主请告知”（6月5日发，共9跟帖，1779个点击），在最后一个帖子里，积极分子“justice1314”号召网民不仅在网上讨论该事，而且参与网下的讨论。

随着积极分子“justice1314”的推动，其他业主更是采取一些办法，如“风_ qq70”在6月14日草拟了“凤凰城业主投诉信——修建保安亭雨棚等动用房屋维修基金”的帖子，引起44个跟帖，共14832个点击，将该话题推向高潮，该帖子还号召网民致电和邮件投诉，并给出房地产商碧桂园集团投诉邮箱和电话。

在碧桂园凤凰城的房屋维修基金例子中，显示了在进行集体行动时，通过网络论坛的信息沟通和情感动员，能够达到身份认同和一致行动，从而增加了参与意愿，促进维权类的政治参与。正如谢静（2011）[①]曾指出的，社区论坛的使用者，在日常交流和争辩讨论中，形成越来越鲜明的“我们”意识（社区认同）；通过线上线下活动的参与，产生或者强化邻里关系网络；通过在论坛上提问、建议和维权，社区居民越来越主动地参与社区生活，在讨论、激辩等中学习协商、理解和妥协。因此，可见，业

① 谢静：《嵌入的空间：网络论坛与城市社区建构——以上海中远两湾城社区论坛“群租房事件”为例》，载邱林川、陈韬文编《新媒体事件研究》，中国人民大学出版社2011年版。

主论坛作为建立在邻里关系基础上的网络社区，使一些原来的现实邻里关系已经冷漠疏远的大型商品房社区的社会关系网络得以重新复苏，重构社区居民之间的熟悉、信任、互助和团结，从而促进社区里的政治参与。

2. 碧桂园凤凰城的小孩上学案例

碧桂园凤凰城在其宣传资料中称自己小区具有幼儿园体系，但是由于入住这里的住户庞大，有相当多家庭有孩子，因此教育资源相当紧张。如网友“9z2014”在2014年5月28日发帖“凤凰城中英文学校乱收费问题!!!”，反映了其向教育部举报增城市（现增城区）凤凰城中英文学校和幼儿园乱收费问题，指出“去年9月开始，凤凰城中英文学校和幼儿园，对所有二手房业主，每年都要比一手房业主多交三千元学费”，因此希望“大家有空在广州市人民政府网上投诉下，肯定有用的”。网友“qunvine”则指出“收费是个问题……都是业主应该一视同仁，我买了凤锦苑的房子，小孩九月份要入学的，现在中英文学校说今年没学位了，这下入住这小孩没得上学，这可是让人心急啊……”对于碧桂园凤凰城的小孩上学难这一问题，论坛编辑更是采用对相关帖子置顶的方法引起更多网民的关注和讨论，其中，置顶的一个帖子“凤凰城教育，业主们的痛!!!!”记录了业主为了小孩子上幼儿园的事，找居委会、政府反映问题的情况，而“关于要求凤妍幼儿园优先招凤妍业主小孩的一封信”则对中英文学校2014年5月30日刚出台的招生方案进行批评，认为“简直就是瞎扯，还说公平、公正”，并号召“碧桂园集团及中英文学校领导正视此事，要求所属幼儿园立即整改，否则业主将集体抗议，并继续向上级部门反映此事”。

碧桂园凤凰城的例子显示了小区规模大是业主论坛存在与发展的重要原因。规模比较小的小区可以采用面对面的现实动员，但该方式的动员成本随着小区的规模线性增加，碧桂园凤凰城共有2万户，要通过现实进行信息传播和组织动员，将是一个非常困难的行动，但是通过互联网传播的业主论坛却有效地解决了这一问题，从这个角度来看，业主论坛使得小区规模大的业主由原来互不认识，到非常熟悉，而且又有地缘的邻里关系，这样一种关系虽然不是像亲戚、朋友这样的强关系，但却是一种混合着地缘与网络存在的邻里关系，所以业主论坛重构了小区的邻里关系。

当然，业主论坛是否能够成为有效的信息传播和动员平台取决于论坛用户的活跃程度，这既与用户的数量有直接关系，也与论坛的管理和吸引力相关。例如，碧桂园凤凰城的访问数量和认证业主都在广州业主论坛里排前列，因此，通过在线业主论坛对如此之大的社区进行信息传播和动员也就较为成功了。

3. 东方夏湾拿的成立——“东方夏湾拿花园业主大会筹备组”案例

早在2011年10月15日，东方夏湾拿业主大会筹备组（以下简称筹备组）就发帖公布了“关于成立东方夏湾拿花园业主大会筹备组的通告”，并且在之后就小区被盗事件发表声明和公开信。在筹备组通过业主宣示观点的时候，有其他网民也针对此做出回应，如“dfxwn 哈瓦拿村民”在2012年3月23日发帖指出“东方夏湾拿首次业主大会筹备组没有依法依规成立”。不过支持筹备组的网民并不认同政府的批复，他们在网上发帖，通过列举资料解释自己的观点，批评对方观点，通过寻找业主认同的方法，继续为筹备东方夏湾拿花园业主大会而努力。

“东方夏湾拿花园业主大会筹备组”案例显示了业主为筹建业主委员会的努力及与政府的交涉。业主委员会的职责主要是协调业主与物业管理单位，协调社区管理与物业管理的关系，督促业主遵守房屋使用公约和业主公约，管理三项基金等。在中国这样一个不成熟的市场，开发商物业管理者经常侵犯业主的权益，但是中国不完善的法律体系又使得业主们通过个人诉讼保护他们的权利非常困难，因此越来越多的业主常依赖业主委员会这一平台来保护他们的利益①。正是由于业主委员会关系到业主们的切身利益，其自治程度更高，业主就热衷于参与筹建业主委员会。

4. 万科四季花城业主论坛分析

在最初的分析中，发现尽管万科四季花城业主论坛里的认证业主达1063位，但是里面维权板块的帖子仅有两帖，这与一个大型的业主论坛是不相称的，考虑到留存下来的帖子少这一情况可能是有帖子被删除的缘故，为了对万科四季花城业主论坛的关于维权以及其他帖子的分布情况进

① Read, B., “Assessing variation in civil society organizations: China's homeowner associations in comparative perspective”, *Comparative Political Studies*, 41, 2008, pp. 1240 - 1265; Shi, F., “Social capital at work: The dynamics and consequences of grassroots movements in urban China”, *Critical Asian Studies*, 40, 2008, pp. 233 - 262; Yip, N., & Jiang, Y, “Homeowners united: The attempt to create lateral networks of homeowners' associations in urban China”, *Journal of Contemporary China*, 20, 2011, pp. 735 - 750.

行分析，本章对万科四季花城业主论坛的帖子进行随机抽样①，并得出表 6.1。

表 6.1　**万科四季花城业主论坛中对 3242 页论坛帖子的随机抽样分析**

论坛页数	帖子时间	该页的维权帖子	其他帖子内容
1797	2005 年 9 月 28 至 30 日	为 2.6 公里绿色眼帘默哀道别！——这里将成饮食一条街 万科，我们看到了一点希望，请继续努力吧！ 今天增槎路交通瘫痪！ 四季花城的水质问题？ 解决噪声问题 气愤，昨天非业主坐楼巴去烧鸡档	家居设计，收楼情况，分类广告，娱乐聚会，社会新闻，社会观点评论，家庭经验交流，小区评论
1889	2004 年 8 月 27 日至 9 月 3 日	哪位猪猪能拱到对面电厂的信息吗？好漂亮的一座花城，竟矗立一座吐着浓烟的大烟囱，恶心！不知具体的污染情况如何？是否长期存在？ 万科也有算计小业主时，万科竟然把全部做好的飘窗台都打掉，以达到可以计算面积的目的，实在是太无耻了 与万科 1 小时交流的结果，我要争取合理的权益，坚持斗争到底!!! 玉兰苑投诉——玉兰 5 单元 1 号房业主也投诉了 玉兰苑的请进，真的有质量问题啊！ 昨天夜里偶家楼下被盗了！这防盗门也不管事啊！不知以后偶们的 HC 怎样？	个人心情记录，打招呼，房产信息公告，体育新闻的转发
496	2011 年 2 月 27 日至 28 日	在丁香苑北门旁进地下车场通道里，近两月有人在此小便，建议物管加强管理	心情日记，生活宝典，谈股论金，书画摄影
1500	2007 年 12 月 10 日至 13 日	请看！万科的房子	买房，养狗，广告，旅游，新闻转帖，生育
316	2011 年 8 月 22 日至 23 日	无	书画摄影，心情日志，谈股论金，生活宝典，广告

① 抽样的过程如下：万科四季花城业主论坛总计 3242 页的 1623344 帖，先通过计算机自动生成 1—3242 的 5 个随机函数，具体过程是在 Excel 输入公式 RAND（）·（3242－1）＋1，然后复制 10 个单元格，在一次随机测试的时候选择了 1797、1889、496、1500、316、1616、2599、443、1312、50，然后分别在 2014 年 6 月 30 日对这些数字的论坛页面的所有帖子进行拷贝。

续表

论坛页数	帖子时间	该页的维权帖子	其他帖子内容
1616	2007 年 1 月 4 日至 8 日	我们的房产证去哪儿了????	论坛公告，生活资讯，寻找生意伙伴，图片分享
		严正抗议，物业中心不顾业主利益再次招进不良商户	
2599	2004 年 4 月 2 日至 15 日	无	购房介绍，经验分享，询问信息
443	2011 年 4 月 18 日	无	心情日记，生活宝典，谈股论金，书画摄影
1312	2008 年 12 月 16 日至 17 日	中大附外幼儿园的七大离谱之处	赞美物管，心情日记，生活宝典，谈股论金，转发新闻
		强烈呼吁中大附外幼儿园的家长们不接受教学质量很差的学校的霸王条例	
		关于花城小区配套幼儿园收费和管理诸多问题	
		幼儿园问题工作消息	
50	2013 年 8 月 20 日至 26 日	无	新闻心情日记，生活宝典，谈股论金，书画摄影

从表 6.1 中的万科四季花城业主论坛的随机抽样分析可以发现，大部分帖子反映业主的心情日记、生活宝典、谈股论金、书画摄影等内容，显示了中间阶层共同性格倾向、品位、生活方式，布尔迪亚（Pirre Bourdieu，1984）对分层与生活方式的关系进行了深入的考察，发现一个阶层的成员必然表现出区分和界定地位群体的共同性格倾向、品位、生活方式。在《区隔：品味判断的社会批判》一书中，布尔迪亚指出，“生活方式是惯习的系统化产物，并在惯习模式的相互关系中得到理解，成为被社会认可的合乎资格的符号系统”；“生活方式的每一个侧面用他者‘象征’自己，同时也象征他者……越来越成为韦伯所说的‘生活模式化’的东西”。而“品位……是生活方式的生成范式”，它是作为一个“阶级”的标记发挥功能；同时，它也是该群体与同阶层的其他群体横向联系，以及与其他不同阶层群体纵向区隔的标记。品位“将植根于身体中物理秩序的差别提高到具重要意义的区隔的象征秩序……转化为阶级地位的象征性表达”①。

① Pirre Bourdieu, *Distinciton, a social critique of the judgment of taste*, Cambridge, mass: Harvard University Press, 1984, pp. 170 - 171.

万科四季花城业主论坛尽管注册业主很多，但是其维权的帖子并没有占很大的比例，这一方面是因为万科四季花城的物管比较好，另外一个是其中的业主委员会在其中发挥了一定的作用，尤其通过业主论坛发布信息，在本次随机抽查的10个页面里，就有两条万科四季花城的花城业委会办公室发布的帖子：一条为花城业委会于2008年12月11日发布的关于幼儿园问题工作的问题，而另一条是花城业委会于2008年12月17日发布的关于"空气污染问题工作消息之七"。在短短10天不到的时间里，花城业委会办公室就针对业主发布的情况提出现实的维权策略，这与东方夏湾拿迟迟不能建立东方夏湾拿花园业主大会，以及解决东方夏湾拿的水淹、被盗等问题形成了鲜明的对比。

三　业主论坛活跃度的下降和其中政治参与的式微

建立在邻里关系基础上的业主论坛，使得业主有着较为平等的准入机会，培养了社区居民的公民意识及参与建设的能力，参与社区事务的协商，成为一种政治参与。不过，随着互联网的发展，网络论坛（BBS）的活跃度近年来下降比较明显，笔者综合从2011年12月到2014年12月的最近7次中国互联网络信息中心（CNNIC）的调查数据，整理出表6.2。

表6.2　**最近7次全国互联网调查（CNNIC）数据分析**

CNNIC	调查时间	论坛/BBS	
		用户规模（万）	网民使用率（%）
第29次	2011年12月1日	14469	28.20
第30次	2012年7月1日	15586	29.00
第31次	2012年12月1日	14925	26.50
第32次	2013年7月1日	14098	23.90
第33次	2013年12月1日	12046	19.50
第34次	2014年7月1日	12407	19.60
第35次	2014年12月1日	12908	19.90

表6.2显示，2011年12月1日网民使用互联网的规模是14469万，到2014年7月1日已经跌到12407万，而网民使用率也从2011年12月1日的28.20%，跌到2014年7月1日的19.60%，虽然2014年12月1日又轻微反弹，也超不过20%。作为网络论坛的其中一种，业主论坛的活

跃度近年来下降比较明显，这是因为，首先，新兴的网络工具，如QQ群、微信等即时通信工具对网络论坛的替代和冲击，其次，从上面分析的业主论坛里可以看到，业主论坛有关于集体动员的信息，这些信息由于可能导致群体性事件而受到论坛管理人员的控制。最后，也有研究指出业主论坛的信息是公开的，其中的信息常会被对手或地方政府利用来对付其中的活跃分子[①]，因此，不少业主不再选择在论坛里讨论集体动员的信息，而选择在QQ群、微信等较少控制的即时通信工具里，即主要建立在强关系的网络社区里进行沟通。而这导致了中间阶层在业主论坛里政治参与的式微。

第三节　中间阶层在弱关系网络社区里的政治参与

主要建立在弱关系基础上的网络社区包括博客和微博，在博客的分析中，本章采用专家学者的专业博客来分析，而在微博的分析中，本章将对医生和媒体工作者两个群体的微博进行分析，以探索中间阶层在弱关系网络社区里的政治参与的特点。

一　中间阶层在博客里的政治参与分析

（一）博客的概念与发展

“博客”一词来源于英文Blog，其为Weblog的简称，它有两层含义，首先它是Log，也就是以时间顺序来排列用户每天记录的东西，其次是以Web（网页）的形式显示和发布，因此，“博客”（Weblog）是网络上的一种流水记录形式，也称为“网络日志”。博客最早于1997年在美国产生，被称为一种用网页形式来呈现的个人日记，2002年进入中国。

博客是一个重要的内容生产平台，方兴东等人（2011）认为博客使人人都可以成为内容的创造者和生产者，使每个人都可以成为个人媒体[②]。博客是Web 2.0的初期应用形式，内容上，博客内容相对较长，其

---

① Huang Ronggui & Sun Xiaoyi, “Weibo network, information diffusion and implications for collective action in China”, *Information Communication and Society*, 17 (1), 2014, pp. 86 - 104.

② 方兴东、张静、张笑容：《即时网络时代的传播机制与网络治理》，《现代传播》2011年第5期。

专业性也较强，对作者的知识水平、书面表达能力，以及写作时间等资源要求都比较高，在形式上，博客更多的是写作者的自我表达，与读者的互动较少。尽管由于创作门槛较低、交互性更强的网络应用，如微博、微信的出现，导致博客的用户在下降，但是，博客由于其自身特点，又为中间阶层所青睐，仍然成为其政治参与的一个重要平台。

（二）中间阶层在博客里的政治参与

根据相关的调查统计，博客的使用者有相当一大部分为中间阶层，例如，搜狐 IT 第一届中文 Blog 大型摸底调查报告显示，在 9639 份有效问卷中，初中以下学历为 0.39%，初中为 2.64%，中专、高中、技校为 14.36%，大专为 16.22%，大学本科为 56.48%，硕士为 8.72%，博士及以上为 1.19%，其中大专以上的教育中间阶层为 82.61%，而在职业分布上，属于中间阶层的有企事业单位管理人员占比 5.59%，专业技术人员 17.76%，教师 4.01%，共 27.36%①。王凯等②的一项研究也发现在 264 份博客使用的有效样本里，本科学历为 33%，硕士学历为 61.4%，共 94.4%。这些数据显示，博客使用者的学历大多在大专以上，职业多为新中间阶层，因此都属于教育和职业的中间阶层。在使用博客的中间阶层里，本章将分析专家学者的博客内容，以分析其中的政治参与特点。

在学历上，专家学者的教育水平高，在职业上，专家学者属于专业技术人员，因此，专家学者属于典型的中间阶层。专家学者凭借其专业、学识的权威性在博客里发言，在公共领域拥有特殊的话语权和影响力。同时，专家学者同时也是知识分子，陶东风③分析了知识分子在转型时期的角色和地位，认为“知识分子作为社会群体中的一个特殊阶层，即作为知识、思想、价值观念、意识形态的构造者、阐释者与传播者，一般而言，其知识、思想与价值观念在社会的各个阶层中处于领先的与引导的地位”，因此，专家学者这类知识分子利用弱关系的博客（现在也发展为用微博），并凭借自己的知识、思想与价值观引领社会的各个阶层。作为知识分子的专家学者有两种类型，一种是公共问题的知识分子，本章定义为

① 《搜狐 IT 第一届中文 Blog 大型摸底调查报告》，搜狐网（http://www.360doc.com/content/05/1014/12/494_19360.shtml）。

② 王凯、黄炯、马庆国：《博客撰写者博客使用行为的影响因素及影响机理：一项基于 264 份样本的实证研究》，《新闻与传播研究》2008 年第 2 期。

③ 陶东风：《社会转型与当代知识分子》，上海三联书店 1999 年版，第 1 页。

对公共问题发表看法的知识分子[①]，另一种是专业问题的知识分子，本章定义为主要对专业问题发表看法的知识分子，以下将分别加以分析。

1. 公共问题的知识分子

总体上看，公共问题的知识分子开设的博客多关注社会热点事件，以专业化的角度评论或批判，体现公共层面的表述，而少有私人情感的抒发[②]。从个案上，中国社会科学院研究员李银河以其性学专家的身份常以大胆出位的话语成为近几年大众媒体的"话题明星"。在其新浪博客中共发表693篇博文，被推荐的有369篇，即超过一半的文章被推荐[③]。其针对政府的决策和行为发出不少批评性的意见，例如"广电总局封杀犯错艺人的做法值得商榷（2014－10－11 09：30：27）"，并且作为一个专家学者，其不仅是一种批评观点的表达，还从三个方面来论证自己的观点：

> 第一，我国惩罚刑事犯罪和行政错误的相关法律有一个基本精神，就是在这些犯罪犯错公民受到相应的刑事处罚和行政处罚之后，在就业、工作、生活的各个方面不应当受到歧视。第二，可以提倡公众人物成为道德榜样，但是不应当因其私德瑕疵做出超过一般公民的惩罚。第三，艺人的私德与他们的作品没有必然联系，所以因私德封杀作品缺乏依据。

作为性学家的李银河，还就其专业问题对政府决策和行为发表批判意见，如"国家机器这部巨型压路机（2014－09－03 09：39：23）"，批评政府关闭换偶网站，也针对公共问题发表意见，如"从习近平吃包子说开去（2013－12－30 05：27：46）"，可以说，李银河作为一个公共问题的知识分子，其通过博客发表对政府相关部门的批判意见，引领着社会舆论，从而影响着政府的决策和行为。

而另一个公共问题的知识分子是北京大学中文系教授孔庆东，其共发表了1025篇博文，其中165篇获得推荐[④]，其博客的内容涉及文学、历史、哲学，也涉及广泛的现实问题和文化现象，他曾推崇，一个好的学者

---

① 这里的公共问题的知识分子，不是媒体里宣称的公共知识分子。

② 贾佳：《试论公共知识分子与博客的影响力》，硕士学位论文，上海社会科学院，2010年。

③ 其统计时点为2014年12月2日。

④ 其统计时点与上面的李银河的博客统计时点一样。

应当具备“人间情怀”，“所谓人间情怀，就是你要看得见生活在你身边的普通群众，体会到他们的欢喜和哀乐，然后写下带着你生命温度的文字，给群众思想。普通群众不是不需要思想，而是需要有人给他们传授思想和思考的方式，知识分子必须与民众相结合，必须深入民众，团结民众，既要学习民众，也要教育民众。学者们应该把这些东西贡献出来”，因而孔庆东也正是因为其发言并不局限于某一专门领域，才使其博客保持着较高的人气和访问量。

还有“金融学家宏皓教授的博客”的博主是中央财经大学研究员、北京交通大学客座教授宏皓，其博客访问截至 2015 年 3 月有 4085 万次，其发表了 1334 篇博文，其中有关时事动态的博文 515 篇，占了差不多一半，多是针对政治经济新闻发表的观点和看法，如“宏皓：用互联网金融推动汽车产业转型升级”，“宏皓做客《第一财经》两会谏言互联网金融”等内容都是宏皓在媒体上发表的观点，后又发布在博客里，这些观点都涉及当今的政策看法，因此属于一种政治参与，这也充分体现了公共问题的知识分子，这些常属于体制内的新中间阶层，充分利用媒体，包括互联网进行政治参与的特点。

2. 专业问题的知识分子

为了分析专业问题的知识分子，本书在新浪博客里随机抽样查找带有“教授”名称的，可以辨别身份的中国内地的博客主共 20 名①，因为教授是我国专业技术的高级职称，因此属于专家学者，也即知识分子之列，分析这 20 名专家学者的新浪博客内容，发现其大部分局限于对专业问题发表看法，因此可将创立这些博客的人称为专业问题的知识分子。通过分析这些博客内容，发现其有以下特点：

（1）发表专业方面的信息和观点。

专业问题的知识分子在博客里最常发表的内容是专业方面的信息和观点，例如，“SWPU 刘建军教授的博客”的博主刘建军是西南石油大学学报中心主任、西南石油大学地球科学与技术学院二级教授、博士生导师，截至 2015 年 3 月 20 日他的新浪博客共有 318 篇，大部分是关于教学工作、科研工作、研究生培养、行政事务、学术交流等跟职业相关的内容，也有一些反映个人生活的文章。通过专业方面的信息和观点的话语表达，

① 名单比较长，在附录 3 对其博客文章数和博客文章的大概内容进行分析。

专业问题的知识分子建立起自己的专业领域，形成了独特的内容。

（2）个人生活的感受和体会。

博客是一种网络日志，原来是记录个人生活的感受和体会，而专业问题的知识分子也将博客作为记录自己日常生活点点滴滴的平台，如“孙教授005的博客”的博主孙移山，原名孙贻山，78岁，退休的首都师范大学教授、编审。曾任首都师范大学语文报刊社总编辑、《中学语文教学》杂志主编。退休后应聘到深圳。他在博客里发表了大量有关个人生活的感受和体会，截至2015年3月20日他的新浪博客共有308篇，其中回忆录（51篇），故乡情（18篇），两性（30篇），老年（37篇），旅游（33篇），以及其他帖子等。通过博客的公开表达，个人生活的感受和体会就从专业问题的知识分子的后台走向前台，并成为专业问题的知识分子分享人生体验、生活情感的重要平台。

（3）对社会问题发表看法。

专业问题的知识分子有的时候也会关注社会问题，例如，“田奋飞教授的博客”里的133篇帖子中，有5篇是社会评论，其中一篇为“社会万象之贪腐众生相（2015－01－31 17：43：20）”就是其自己用诗歌的形式批评社会贪腐行为。

总之，在弱关系网络社区的博客平台（现在也发展到微博上），在专家学者群中，一方面，公共问题的知识分子关注公共问题，发表意见和观点，作为意见领袖，影响其他网民和公共舆论，从而进行政治参与。在这一平台里，专家学者较少谈论自己的私人问题，因为博客对于他们来说，已成为一个类似于社会公器的自媒体，通过这一自媒体，可以表达自己的政治观点，影响其他网民，甚至政府的决策和行为，从而实现政治参与。另一方面，专业问题的知识分子则发表专业方面的信息和观点，以及个人生活的感受和体会，有时候也会对社会问题发表看法。

二　中间阶层在微博里的政治参与分析

微博，也称为微博客，以关系建构能力迅速引领风骚，而形成这种强大能力的根本逻辑在于其“嵌套性”[①]，通过随时随地随意“关注”、“评论”和“转发”，一条小小的微博也能迅速产生效果，影响社会。也正是

① 张佰明：《嵌套性：网络微博发展的根本逻辑》，《国际新闻界》2010年第6期。

嵌套性使得微博的使用优势超过博客，而微博的图片既能上传长文章，又能克服微博信息限制的劣势。

2006 年，美国互联网企业的微博 Twitter 发布公众测试版，随后国内网站提供类似 Twitter 服务，但是影响不大，2009 年新浪微博平台上线使微博在国内的影响迅速扩大起来。

本章采用新浪微博来对中间阶层在其中的政治参与进行分析。新浪微博可以对个人、企业、机构等进行认证，当一个用户通过认证后，其微博用户名后将会加“V”的图示，这些认证用户基本就是实名用户。微博的实名认证制度使得个人的信息公开程度明显提高，被认证的微博用户要对其言论的真实性和可靠性负责，在发布和转载的信息过程中都比以前更为认真、小心和谨慎，一定程度上提升了微博传播内容的质量和真实性，弥合了以往网络虚拟空间中信息缺乏权威性和可靠性的缺陷和不足。对于本章来说，通过分析进行了认证的微博，可以确定微博发言人的身份，分清其是否属于中间阶层，从而探索中间阶层在微博的政治参与情况。

在业主论坛里，已经选择了收入中间阶层作为分析对象，在微博中，本章选择职业中间阶层作为研究对象，而职业中间阶层的一个代表群体为医生群体和媒体工作者群体，并将分别加以分析：

（一）医生在微博里的政治参与分析

先分析医生群体。中国科普研究所 2006 年 12 月 5 日发布的第六次中国公众科学素养调查结果显示，科学技术职业在公众心目中的声望日渐提高，而教师、科学家和医生是声望最高的 3 种职业[①]。而国外，会计师、律师、医师被视为三大专业技术群体，因此，医生作为专业技术人士的代表也就名副其实地成为了职业中间阶层的代表。

在本章中，通过微博进行随机搜索实名认证的医生微博，获得一群确认其真实身份的人，在第一次随机抽样里，发现北京、上海、广东的医生开微博的数量较多，为了使样本具有全国的代表性，在保留第一次抽到的北京、上海、广东的医生微博基础上，有目的地再寻找各个省、自治区、直辖市的医生微博，最终获得 50 个实名认证的医生微博，在这群样本中，北京的有 13 个，广东的有 3 个，上海的有 6 个，其余各个省、自治区、

① 王丽、吴晶晶：《调查显示：教师、科学家和医生的职业声望最高》，《发现》2007 年第 1 期。

直辖市的医生微博各有一个，这样就构成一个既有重点区域，又有全国各地方的50个医生微博样本①。这些样本是在2013年7月3日进行抽取的，需要说明的是该日期是随机抽取的，没有特殊性。接着对这50个医生一天所发的微博进行分析，共发现202条微博，共19名医生发言。本章对这些微博从主要内容、原创比例、形式等进行分析，最终得出表6.3。

表6.3　　2014年7月3日发言的19名医生的微博分析

发帖量	发帖人	主要话题	原创比例	形式
93	急救医生贾大成	交流闲谈，医疗知识介绍	主要原创	文字，文字加图片加视频
30	张思莱医师	回答病者问题	主要原创	文字
2	Dr-Jarnosun 孙嘉林	相关新闻	主要转帖	文字
25	男科医生王古道	医疗知识介绍，普及	主要转帖	文字，文字加图片
9	谢汝石医生	医疗知识介绍，普及	主要原创	文字，文字加图片
15	医生哥波子	对医疗新闻发表评论和见解	主要原创	文字，文字加图片
2	韩树杰	对医疗新闻发表评论和见解	原创+转帖	文字，文字加图片
3	段涛医生	回答病者问题，投诉与建议	主要原创	文字，文字加图片
3	龚晓明医生	回答病者问题，投诉与建议	主要原创	文字
1	陈海啸	对医疗新闻、政治新闻发表评论和见解	主要原创	文字
1	华西周晨燕	转发、点评医疗新闻	原创+转帖	文字，文字加图片
1	协和张羽	介绍医疗书籍、医疗知识	原创+转帖	文字，文字加图片
1	晓东大夫	个人日记、心情抒发、娱乐	原创+转帖	文字，文字加图片
4	肖园医生	个人日记、心情抒发、娱乐	原创+转帖	文字，文字加图片
1	熊俊－外科醫生	政治评论、日记	原创+转帖	文字，文字加图片
3	肿瘤专科医生	医疗知识介绍，普及，个人日记心情	原创+转帖	文字，文字加图片
2	儿童医院儿保医生	回答病者问题，投诉与建议	原创+转帖	文字，文字加图片加视频
5	江西广济医院医生	医疗知识介绍，普及，个人日记心情	主要转帖	文字，文字加图片
1	病理医生杨连君	医疗知识介绍，普及，个人日记心情	原创+转帖	文字，文字加图片

① 其数量太多，具体清单在附录4中全面反映。

对表6.3中发言的19名医生微博进行分析，可以看出，在微博的弱关系网络社区中的主要话题上，医生首先关注的是自己的工作领域的内容，比如医疗知识介绍、普及，回答病者问题，投诉与建议，再次是个人日记、心情抒发、娱乐，最后是对医疗新闻、政治新闻发表评论和见解。这显示，作为中国的中间阶层的医生，有点像18世纪的英国等欧陆国家、19世纪的美国，在某些社会职业群体之中，形成了“一种生活的风格、文化符号的系统、行为模式、习俗”[①]，他们关注自己的工作、生活，当然一般来说，也关注政治，但所关注的政治不一定是“大政治”（如民主、自由）的题目，而是关于生活中如何体现个人选择的自由，需要做出的妥协、私人空间与公共利益的平衡的“小政治”。

从发帖的形式来看，在19名医生的微博中，有15个采取了文字加图片，有2个采用文字加视频，仅仅有4个只采用文字来发帖表达，与其他以技术媒体为中介的互动形式相比较，发布形式的多元是微博技术的优势之一，医生微博发布形式的多元化，无疑使得互动的时空效应得以大大延展。

在原创比例来看，主要原创的有7位医生，原创加转帖的有9位医生，仅有3位医生以转帖为主，也就是说，以实名认证的医生微博，喜欢更多地表达自己的观点，进行内容的生产。

进一步分析发现，在这19名医生中，发帖量超过5个的是急救医生贾大成、张思莱医师、男科医生王古道、谢汝石医生、医生哥波子5名医生。

急救医生贾大成对于政治的讨论是转发“习近平：当干部就不要想发财 想发财就不要当干部”帖子；张思莱医师并未转载任何政治相关的帖子或者发表政治观点；男科医生王古道则针对日本解禁集体自卫权的新闻发表评论；谢汝石医生则对“韩民众打出钓鱼岛是中国土地标语欢迎习近平访韩（图）”发表观点，称“这个欢迎词比较适合我们的口味”。这四个发言较多的医生中的三个都是转载传统媒体的反腐新闻及表示反对日本的民族意识政治观点，而这些观点是为政府所支持、鼓励的。而其他发言不多的在转载政治新闻和发布政治观点时，也是以国内传统媒体为来

① Archer, Melanie & Judith R. Blau, “Class Formation in Nineteenth-century America: The Case of the Middle Class”, *Annual Review of Sociology*, 19, 1993.

源，如“Dr-Jarnosun 孙嘉林”医生对央视新闻转载的“日本民众万人示威 要求安倍下台围观”加赞。由于是实名认证，作为中间阶层的医生在微博发言时相当谨慎，如“协和张羽”的备注里注明“个人言论和就职单位无关”，“熊俊 - 外科醫生”的备注也注明“一枚普通的肝胆外科医生，言论除了自己谁也不代表”。

下面将分析政治观点发表得比较多的一个著名网民“医生哥波子”，根据其帖文，“医生哥波子”真名叫廖新波，原广东省计委副主任，现任广东省卫计委正厅级巡视员。据新浪网报道，他的新浪微博帖子数量已经达 1.2 万条，粉丝 360 万余人。刚出任卫生厅副厅长时，他就说“前一段的医改基本不成功”；省内同系统官员说“看病不贵，是人们的价值观问题”，他写博客回应，“我主管医院的工作，也了解目前的基本情况，看病是贵的”；全民讨论为啥药价过高，他直接把矛头指向发改委，揭示药价调整到底涉及哪些部门的利益[①]。应该说明的是，廖新波尽管是正厅级巡视员，但是其并没有实权，因此本章仍然把其看作一名体制内的中间阶层，属于中间阶层的上层。“医生哥波子”敢于通过媒体和网络发表与某些政府官员和政府部门的不同意见，给他带来了不少的声誉，使其成为网络名人。“医生哥波子”在接受采访的时候表示，因为其不谙官场潜规则，才在网上“畅所欲言”[②]。

在本章抽取的样本中，“医生哥波子”不仅发表对医改的看法，也发表对自己专业研究的看法，如“非专业研究的还真的不知道：中国还没有糖尿病预防的国家计划！……单纯的治疗无法阻止糖尿病的发展。一旦发病，无论对国家、对家庭、对个人都是一项非常庞大的开支。国家如何防”，他通过专业观点的发表，试图影响政府的决策和行为。

在中国目前的体制下，医院属于事业单位，因而医生属于体制内的中间阶层，从上面的分析可以看出，大部分体制内的中间阶层在主要建立在弱关系基础上的微博中循规蹈矩，多关注于自己专业领域的内容和关系，对关于政治新闻和政治观点的获得，以国内传统媒体的来源为主，在发言上谨慎。不过，也有一些体制内的中间阶层，敢于发表与政府不同的观点

---

① 《粤卫计委副主任廖新波被免，称不适应官场》，http：//news. sina. com. cn/c/zg/grw/2014 - 07 - 06/190868. html。

② 同上。

和言论，试图影响政府的决策和行为，进行政治参与。

（二）媒体工作者在微博里的政治参与分析

上面已经分析了，从职业的属性来看，媒体工作者是专业技术人员，因此媒体工作者属于比较典型的中间阶层。新浪网为了鼓励媒体记者以实名身份进驻新浪微博平台，为他们在“名人堂”建立专门的“知名记者”分类，目的是在重大、突发新闻事件发生时，可以在显著位置推荐记者微博的内容，这就让记者能在微博平台上有明显的传播渠道，能获得更多的粉丝关注，也使记者发布的内容能够在短时间内获得大范围的发布与传播。

1. 323 个“知名记者”的微博

在 2014 年 12 月 3 日到 12 月 9 日对新浪网的“名人堂”的“知名记者”加以统计，发现共有 364 个“知名记者”的微博，经过逐个微博分析后，发现确实属于记者的，目前又能访问的是 323 个“知名记者”的微博①，最终得出表 6.4。这些“知名记者”微博是经过实名认证的，因此身份是明确的，因此以下所有分析针对 323 个“知名记者”的微博来进行。

应该承认的是，媒体工作者使用微博，除了在“知名记者”中用真实姓名注册账号，通过了微博运营商的实名身份认证之外，还有另外两种方式：一是以匿名的身份注册，且不公开职业身份，只是作为一个普通微博用户发言；二是以可辨认的个人身份信息注册微博，并且公开媒体工作者的身份。但是对这两种身份的研究应该采用问卷调查，而本章主要采用内容分析，因此就只考虑真实姓名注册账号，且通过了微博运营商的实名身份认证的“知名记者”的微博。

表 6.4　　**323 个“知名记者”的微博基本资料**

“知名记者”的性别	人数	百分比（%）
男	212	65.6
女	111	34.4
合计	323	100.00

① 其数量太多，具体清单在附录 5 中全面反映。

续表

“知名记者”的工作地点	人数	百分比（%）
北京	201	62.2
广州	41	12.7
上海	17	5.2
深圳	11	3.4
其他	53	16.7
合计	323	100.00

表6.4显示，在这323个“知名记者”的微博里，男性比女性记者的微博多。知名记者主要分布在北京、广州、上海、深圳四个中国的一线城市。在北京的“知名记者”主要分布在新华社、中央电视台及《新京报》《北京青年报》《北京晚报》《三联生活周刊》等媒体，在广州的主要分布在《南方都市报》《南方日报》《南方周末》等媒体，在上海的主要分布在《东方体育日报》《新民晚报》《东方早报》等媒体，在深圳的主要分布在深圳《晶报》等媒体。可以说，这些知名记者之所以知名，也是由于其工作的媒体大多属于知名的媒体导致的。

在这些“知名记者”的微博信息里，本章还统计了其关注的人数、粉丝的人数及微博帖子的数量。在323个“知名记者”的微博关注的人数中，关注最少的人数是0，最多的是2985个，均值为896个，中位数为758个；而粉丝中，最少的粉丝为1038个，最多的为4942749个，均值为85800个，中位数为15900个。而微博帖子数上，最少的微博是0个，最多的为58572个，均值为6182个，中位数为3742个。从关注数、粉丝数、微博帖子数来看，这些“知名记者”的微博使用都要高于一般的网民。

2.“知名记者”的微博里的政治参与

这些“知名记者”的微博，一方面是其个人行为，另一方面由于其身份隶属于媒体机构，其又不可避免地带有媒体的特性。这些“知名记者”作为意见领袖在微博上积极发布信息，而其微博影响的网民又极为广泛，再加上媒体工作者之间的转发与关注，其推动的舆论往往会产生巨大的政治和社会影响。例如，2012年4月9日，中央电视台主持人赵普在其个人微博上发表一个帖子“同志们：不要再吃老酸奶（固体形态）

和果冻，尤其是孩子，内幕很可怕，不细说”，并说该短信内容转自一位调查记者，该微博被转发13万次后遭删除。

这些“知名记者”的微博，拥有接触新闻来源，了解传媒内幕，有的时候还能发布一些传媒信息。如《纽约时报》中文网副总编辑于困困就利用其微博“catnap困困”每天都播报《纽约时报》的一些新闻内容。

这些“知名记者”的微博，针对新闻评论，发表自己的观点，如新华社山东分社记者的微博“jiayp06”针对《北大副教授骗奸留学生》的新闻，于11月21日9时23分，发表评论“留学生举报就查实得很快，如果是国内学生举报呢，想起了厦大的学生举报，到现在也只是停职而已，真是我国的悲哀。希望借此机会好好查查高校的腐败问题，也许比其他行业更严重”。

这些“知名记者”的微博，具有庞大的社会网络，如《凤凰周刊》知名记者、免费午餐发起人邓飞，拥有将近500万的粉丝，其发起的号召，往往会产生巨大的社会动员力量，如他号召的免费午餐活动，就一直持续至今，还吸引了网民的捐款和支持，也持续地成为媒介事件，影响着政府的决策和行为。

总之，这些“知名记者”在以弱关系为基础的网络社区微博中，通过发表信息、转发信息、发表新闻评论、进行社会动员等方式来进行政治参与，通过舆论甚至行动来影响政府的决策和行为。

应该看到的是，记者等媒体工作者使用微博进行不同形式的政治参与的时候，受到相关的限制。如路透社制定相关规定①，一方面强调记者微博主要代表个人观点，应该有个性；另一方面也强调即使是个人行为，也关系到媒体机构的形象，因此必须有所约束。

第四节　中间阶层在强关系网络社区里的政治参与

主要建立在强关系基础上的网络社区主要包括QQ和微信，例如，其中的QQ群与微信的朋友圈和微信群是建立在熟人之间的强关系的网络应用。QQ是1999年由腾讯公司开发的一款基于互联网的即时通信软件，而QQ群

① 文建译：《路透社〈网络报道守则〉主要内容和要求》，《中国记者》2010年第7期。

是腾讯公司推出的多人聊天交流服务，群主在创建群以后，可以邀请朋友或者有共同兴趣爱好的到 QQ 群里面聊天。QQ 群是基于朋友、亲戚、校友或具有共同爱好、共同兴趣关系建立起来的以强关系为基础的网络社区。

2011 年，腾讯推出微信，而微信是基于手机的即时通信工具，从技术上看，微信与 QQ 同样具有关联，微信还融合了文字及图片分享、语音对讲等诸多手段。微信类似于移动运营商之前的短信和彩信，但具有免费的特点，即时通信不需耗费额外费用，这使得微信普及率迅速提高，截至 2014 年 1 月，微信拥有超过 6 亿用户①。微信的朋友圈和微信群是微信的重要功能，这两项功能的来源包括手机通讯录、QQ 好友和陌生人，其中，手机通讯录是微信朋友圈和微信群的核心来源，手机通讯录的关系网络多是基于现实生活关系的同学、同事、亲戚、朋友等关系，具有强关系的社会网络属性。当然，从微信特色创新功能来看，如查找附近的人、摇一摇、漂流瓶等，微信也可以用于构建弱关系链，即陌生人交友。微信还可通过公众账号等方式接收来自陌生用户发布的信息。

不过，相对于博客、微博来说，QQ 和微信主要是建立在强关系网络基础上的网络社区应用。以下将分别分析中间阶层在主要建立在强关系网络社区的 QQ 和微信里的政治参与：

一　中间阶层在 QQ 里的政治参与分析

这里主要分析 QQ 里的 QQ 群应用，在相关的实证研究中，有的研究②指出新生代农民工借由 QQ 群组构建起的新型同乡社区，是一种借由新技术而构建起的新的同乡社区，其呈现为散点状的空间布局，这使得原来的基于地缘情感的信任关系在逐渐瓦解和消退，而基于地缘的认知性信任关系却在建立和形成之中。而有的研究则指出 QQ 群里的讨论因为具有丰富易得的网络信息以及充分自由的网络讨论，最终导致的是异化了网络谣言，使之变得更不可信，而不是同化网络谣言，使之变得更可信③。其他研究

---

① 《移动互联网用户总数达 8.38 亿户》，《人民日报》2014 年 3 月 14 日第 18 版，new.jschina.com.cn/system/2014/03/14/020519384.shtml。

② 高崇、杨伯溆：《地缘情感型信任的冲动、消退及转向——基于“SZ 人在北京”QQ 群组的虚拟民族志研究》，《中国青年研究》2014 年第 1 期。

③ 周裕琼：《QQ 群聊会让人更相信谣言吗？——关于四则奥运谣言的控制实验》，《新闻与传播研究》2010 年第 2 期。

还显示QQ使得打工者从亲朋好友，尤其是从未见过面的网友获得情感支持[①]。这些研究显示，建立在强关系基础上的QQ群的网络社区重构了现实的关系网络，建构出新型的信任和情感，并在其中通过信息传播和充分讨论产生影响。而本章将通过一群高校教师的QQ群的信息交流情况分析中间阶层在其中的政治参与情况。

高校教师是指在高等院校中从事教学和科研工作的在职在岗人员，这个群体具有典型的社会中间阶层的特征，几乎所有研究中间阶层的学者都会将其列入中间阶层的行列，是构成中国中等城市和大城市的中间阶层的主体之一[②]。因而，本章选取了一个高校教师的QQ群从2014年5月5日到7月5日的所有帖子，首先该群体是实名认证，加入该群的均为某高校一个学院的自愿加入QQ群的所有教职工（包括教师和行政人员），所以是一个具有“强关系”的网络社区，由于该高校属于“211”学校，其入职需要满足较高的学历及其他工作要求，因此这里加入QQ群的教职工是典型的职业中间阶层和学历中间阶层的代表，通过对这一典型的中间阶层的QQ群的所有内容的分析，可以看出中间阶层在“强关系”网络中的日常网络交谈的内容和特点，更重要的是，QQ群的所有帖子均未被删除过，这一方面是由于高校教师的自律，处于熟人社会的实名认证导致，另一方面QQ群是小圈子群体，并没有相应的网络管理员予以删帖。

分析这些帖子的内容，发现有以下几个方面的主题：

（1）工作信息的发布与交流。如访问研究员申请的信息，与学生拍毕业照，谢师宴的时间、地点，研究生评阅论文及答辩的安排，学校的公租房问题，学院网站的问题与改进等。

（2）生活信息的发布与交流、娱乐活动的组织、幽默小笑话。如一起打乒乓球、打网球的信息，养育孩子的心得。

（3）看新闻后的个人感受和评论。如关于反腐的热点话题，这些新闻都是来自于传统媒体的报道。不过，由于QQ群的特点，转载新闻的帖子特别少，也没有针对新闻所发的长篇讨论。

因此，从QQ群日常的内容看，在以强关系为基础的网络社区里，中间阶层通过信息的互动，建构相互之间的情感，例如，在原来的这群高校

---

① 陈韵博：《新一代农民工使用QQ建立的社会网络分析》，《国际新闻界》2010年第8期。

② 李强：《中国中等收入层的构成》，《湖南师范大学社会科学学报》2003年第4期。

教师中，由于缺乏充分讨论交流的网络平台，原来的信息只从学校单向传播给各位教师，但是通过 QQ 群，信息形成了纵向、横向的互动交流，通过信息的传播和充分交流，QQ 群的参与者及时了解这一群体的最新信息和各人观点，并在这一群体中找到身份认同和情感依赖，这成为了建立在强关系基础上的网络社区的特点。不过，在这群高校教师的 QQ 群里，其中政治方面的信息和观点并不多。

二　中间阶层在微信里的政治参与分析

中间阶层在微信使用的阶层分布中占有重要的地位，2013 年对北京、武汉、广州三地微信发展的调查显示，微信用户收入结构占比最高的是月收入 3000—5000 元的中产阶层（即本书的中间阶层），占比 32.0%[①]。而根据 2014 年 7 月发布的 2014 年中国社交类应用用户行为的研究报告，在即时通信用户（包括微信、QQ、阿里旺旺、YY/YY 语音、陌陌等），42.6% 的用户月收入在 3000 元以上[②]。因为微信多数是基于熟人关系链的在线社交，所以中间阶层通过微信的在线社交，不断扩展微信在中间阶层使用的范围，当然，也要承认的是，随着微信使用人数的增加，社会低层使用微信的比例和程度也会不断增加。

在传播范围上，微信主要在其朋友之间传播，不过也可接收腾讯新闻、公众账号、朋友圈推送的信息，经过认证后，个人也可以在微信里申请公众账号，因此，微信的传播功能体现在人际传播、群体传播以及大众传播上。于是，接下来主要分析微信在中间阶层的人际传播和群体传播情况，以及大众传播的情况。

（一）微信在中间阶层的人际传播和群体传播情况

微信在中间阶层的人际传播和群体传播情况，主要体现在微信的两个重要功能，即微信群和朋友圈上。

1. 微信群

本次研究选取了本章的“中间阶层在 QQ 里的政治参与分析”里的同一个高校教师的微信群，内容为从 2014 年 5 月 5 日到 7 月 5 日的所有帖

---

① 匡文波：《2013 年中国微信发展报告》，载唐绪军等主编《中国新媒体发展报告（2014）》，社会科学文献出版社 2014 年版，第 41—52 页。

② 《2014 年中国社交类应用用户行为的研究报告》，2014 年，中国互联网络信息中心（http：//www. cnnic. cn/hlwfzyj/hlwxzbg/201408/P020140822379356612744. pdf）。

子。并对这些帖子进行主题分析，发现高校教师的微信群和 QQ 群同样具有：工作信息的发布与交流；生活信息的发布与交流、娱乐活动的组织、幽默小笑话；看新闻后的个人感受和评论。

不过，微信的特点使得其中的信息传播又与 QQ 不同，这是因为微信不仅能够很方便地进行信息阅读，还有分享、转发、评论功能。微信的转发功能导致微信群比 QQ 群转发的信息要更多，如转发某某女秘书的帖子，在 QQ 里没有，并且针对转帖的内容发表评论，如针对“互联网思维吹牛容易试点难”，发表评论“不叫吹牛叫梦想，梦想有多大，心就有多大”。另外，微信群对新闻的转载和讨论的热烈程度远远超过 QQ 群，这是因为微信与手机直接连接，而手机的便携性又远远高于 QQ，虽然 QQ 也能手机联系，但是不如微信方便；更为重要的是，在微信群里转载的帖子并不都是国内传统媒体的帖子，甚至还有一些是外国媒体的新闻和一些网络段子，如“某人向北京举报‘大老虎’，震惊北京”，“全国计划生育搞笑帖子大全”，对现实生活讽刺的帖子“圆明园的火是谁放的”。然而，由于微信群转载的帖子多，因而会出现一些谣言帖，如“朝崔龙海发生政变”，“金正恩被击毙”，“李雪主下落不明”等，在形式上，微信的发布更为随意，更为方便，因而闲聊性更强，微信的表情、功能都使其比 QQ 要方便和丰富。总之，微信群作为一个交流的工具，提供了一个去中心化的平台，中间阶层在此进行双向的沟通和交流，通过微信群的强关系，形成一种新型的虚拟社区，在这一强关系的网络社区里，中间阶层主要讨论工作和生活的事情，并在其中传播一些政治信息。

2. 朋友圈

微信的另一重要功能是朋友圈，微信的朋友圈融合了 QQ 好友、手机通讯录和“附近的人”三种渠道，以强关系为主、弱关系为辅，使网络社会网络与现实社会网络相融合。在这样一个强关系的圈子里，成员间共享的信息、观点和其他特征的相似程度很高，因此，中间阶层进入的微信朋友圈子多是与自己社会经济地位相符的社会阶层，也就是同属中间阶层。

微信朋友圈可以直接发布图片动态，也可以选择拍摄小视频发布分享，而且这种分享非常简单，例如，在浏览照片时，都可以长按图片，然后出现“分享”的字样，如选择转发到朋友圈，就可完成。这样一种功能使得中间阶层很容易使用微信朋友圈记录和分享他们的日常工作、生活的场景和状况，通过分享，中间阶层的关系网络从现实拓展至网络，加固并丰富了相互之间的联系。

相关研究显示[①]，微信朋友圈功能充分体现了中国的圈子文化，通过朋友圈，体现了朋友圈成员中的归属感和身份感，实现了虚拟社交和现实社交圈的融合，建立起以高信任度、忠诚、团结、互惠为纽带的亲密关系。而通过微信朋友圈记录与分享，中间阶层获得身份认同，其个人的角色价值很容易在“圈子”里得到确认和实现。

微信朋友圈的分享还可以评论和点赞。点赞，是对微信的某个内容表示赞同和喜爱，点赞可以在人与人之间的互动过程中建构情感的体验和认同。而评论则是对微信的某个内容发表观点。通过评论和点赞，中间阶层可以在朋友圈中进行意义的传递和情感的维护，尤其是点赞，由于简单方便，很容易使用，又可传递关注，深化强关系网络中的情感。从这一角度来看，评论和点赞则有利于发展中间阶层在微信中的情感。

（二）微信在中间阶层的大众传播情况

2012 年 8 月 23 日，腾讯公司的微信公众平台推出微信公众账号服务，通过这一平台，个人或组织可以打造一个微信公众号群发信息，因此，微信上的公众账号具备大众传播能力，微信提供了公共账号的关注功能，有些公众账号的粉丝较多，可达千万级粉丝。微信公众账号在最近几年内增长到 200 多万个，并且保持每天 8000 个的增长速度，以及超亿次的信息交互[②]。相关实证研究显示，用户对微信的使用动机可以归纳为信息获取、社会交往和功能性体验三个取向，其中，用户通过在微信平台（即微信公众账号）阅读新闻与评论信息，进行信息获取[③]。而作为微信用户的中间阶层，其也通过微信公众账号阅读新闻与评论信息。目前，主流媒体都已推出微信公众账号，如央视新闻频道、《人民日报》等。当然，这些媒体的公众账号是面向各个阶层的，要分析中间阶层的使用，则

---

① 聂磊等：《微信朋友圈：社会网络视角下的虚拟社区》，《新闻记者》2013 年第 5 期；王玲宁：《采纳、接触和依赖：大学生微信使用行为及其影响因素研究》，《新闻大学》2014 年第 6 期。

② 安东：《政务微信被纳入中国政府网站绩效评估考核指标》，2013 年，检索于 http：//www. techweb. com. cn/internet/2013 – 11 – 29/1364115. shtml。

③ 韩晓宁、王军、张晗：《内容依赖：作为媒体的微信使用与满足研究》，《国际新闻界》2014 年第 4 期。

从中间阶层自己创建的公众账号来分析比较合适。为此，本章将从知名记者这一中间阶层群体创建公众账号的情况来分析，以探索微信的大众传播特点是如何对中间阶层的政治参与产生影响的。

1. 八个知名记者的微信公众账号

除了朋友圈的微信使用，网民还可创建微信公众账号。根据调查，微信用户关注的公共账号中，41.5%的微信用户会关注媒体类账号，微信是用户获取新闻资讯的一个重要手段；26.3%的关注明星名人；23.9%的关注行业资讯；11.8%的关注专家学者①，而媒体工作者属于明星名人这一类。在上面的323个知名记者微博中，有八个知名记者微博公布了自己的微信公众账号，整理这八个记者的微信公众账号，得出表6.5。

表6.5　**八个知名记者的微信公众账号**

博客名	身份	微信公众账号
侯虹斌	《南方都市报》副刊资深编辑	guifangbiji
catnap 困困	《GQ 智族》杂志主笔、《纽约时报》中文网副总编辑	瞳孔阅读
汤涌	《中国新闻周刊》记者、新媒体部内容总监	仕图
天水 22	《北京娱乐信报》编委、文体新闻部主任	水在说
王尧	深圳新闻网总编辑，之前在《中国青年报》	网络尧言
于华鹏	《经济观察报》要闻部记者	能源与环保
张路	推立方创始人、原《创业邦》杂志主编、《互联网周刊》资深记者	zhanglu
周海滨	口述史专栏作家、凤凰网历史频道专栏作者	周海滨

2. 八个知名记者的微信公众账号里的内容分析

通过分析这八个知名记者的微信公众账号，里面的内容主要分为以下几类：

（1）与自己的工作内容息息相关。如《南方都市报》副刊资深编辑侯虹斌在其微信公号“guifangbiji”里刊登历史散文，这些散文集中在“腾讯大家”专栏里发表，同时面向网民通过微信公众账号提供相关信息。而《纽约时报》中文网副总编辑“catnap 困困”（即于困困）在其公

① 《2014年中国社交类应用用户行为的研究报告》，2014年，中国互联网络信息中心（http：//www.cnnic.cn/hlwfzyj/hlwxzbg/201408/P020140822379356612744.pdf）。

众账号里每天精选一篇《纽约时报》中文网的文化内容，包括阅读、电影、艺术、游记和人物特写。口述史专栏作家及凤凰网历史频道专栏作者周海滨在其微信公众号“oralhistory”发表各种历史体裁的文章，如“盘点中共建政后自杀身亡的高官”等。

（2）刊发一些政治文章。如《中国新闻周刊》记者及新媒体部内容总监汤涌于2014年10月23日在其公众号“仕图”发表内容“第N把手的为官之道——中共影大佬宋平”，《经济观察报》要闻部记者于华鹏于2014年12月7日在其个人微信公号“能源与环保”转载一篇南方电网科学研究院陈政的文章《关于我国电力体制改革的几点思考》。

（3）提出政治建议。例如，深圳新闻网总编辑王尧于2014年3月14日在其微信公众账号“网络尧言”发表微信“再开放点，克强总理开个实名微博吧”就呼吁（李）克强总理在微博和微信开个实名账号。

（三）微信的传播特点与中间阶层的政治参与

从上面的分析可以看到，微信是集人际传播、群体传播、大众传播于一体的多种传播，在人际传播和群体传播中，微信的微信群和朋友圈都是强关系的网络社区，在大众传播中，微信的公众账号又是弱关系的网络社区。

在格兰诺维特的研究中①，在一个强关系的社会网络中，人与人之间彼此熟悉，充满信任，感情友好，但是在这样的圈子中，他人提供的交流信息总是冗余而有限的。要想了解一些新的信息、新的想法，弱关系其实比强关系发挥的作用更大。由于弱关系更多传递信息与知识等资源，强关系则更多传递信任感与影响力等资源，并带来感情支持②，所以建立在弱关系基础上的网络社区，如博客、微博、微信的公众账号，中间阶层的政治参与更多的是传递政治信息与政治知识，以及政治观点。而建立在强关系基础上的网络社区，如QQ群、微信群和朋友圈，中间阶层更多的是传递信任感与影响力，建立身份的认同和情感的支持，为集体行动奠定基础。

应该看到的是，中间阶层使用QQ和微信这些强关系基础的网络社区

---

① Mark S. Granovetter, “The Strength of Weak Ties”, *The American Journal of Sociology*, 78 (6), 1973, pp. 1360 - 1380.

② 边燕杰、张文宏、程诚：《求职过程的社会网络模型：检验关系效应假设》，《社会》2012年第3期。

主要围绕自己的日常工作生活展开。这是因为日常工作生活的信息和观点的分享能够给强关系网络带来更多的信息、信任和情感。

第五节 网络社区里中间阶层的政治参与小结

一 中间阶层在日常的网络社区里主要讨论工作、生活话题

中间阶层在网络社区里的政治参与是一种日常模式，即日常生活政治参与模式，这种模式是关于中间阶层的吃、穿、住、行的日常生活的政治，这是因为日常生活的模式对政治的影响也是很大的。对于中间阶层来说，网络社区所依附的各种关系网络，为其带来传统媒体获取不到的信息资源，同时为其通过各种关系网络参与政治讨论提供平台，网络时间的低成本、随时随地的交流模式使得中间阶层超越传统的交流模式，在其中进行信息交流、情感互动以及建构认同。尽管中间阶层在网络社区交流的并非都是政治信息，但是却为政治信息的交流建立起关系网络以及交流的可能性。

值得一提的是，在日常的网络社区交流里，中间阶层主要关心和讨论的是自身工作和生活的信息和内容，然后才是政治方面的信息和内容，这反映出受益于经济发展的中国中间阶层的功利性和实用性，汪新（Wang Xin，2009）的研究也有类似的结论①。

二 中间阶层在不同网络社区里的政治参与特点

邻里关系是最基本的社区关系。如同韦尔曼和雷顿（Wellman & Leighton，1979）指出的，“社区生活和人际关系研究一直关注同一地域的邻里关系，邻里之间因物理或空间上的接近而形成的群体关系纽带曾经长期以来成为社区讨论的唯一基础”②。王颖③早在2002年对上海的调查中发现，那些邻里关系较少的商品小区日益增加，而邻里关系频繁的老式

---

① Wang Xin, “Seeking channels for engagement: media use and political communication by China's rising middle class”, *China: An International Journal*, 2009, pp. 31 - 56.

② Wellman, B. and Leighton, B, “Networks, Neighborhoods, and Communities: Approaches to the Study of the Community Question”, *Urban Affairs Review*, 14 (3), 1979, pp. 363 - 390.

③ 王颖：《上海城市社区实证研究——社区类型、区位结构及变化趋势》，《城市规划汇刊》2002年第6期。

街坊小区则日益减少，真正基层共同体意义上的社区并不一定很常见。而本章的研究发现，建立在邻里关系基础上的业主论坛，重新改变了商品房业主之间人与人之间的冷漠和集体行动的缺失，重构了邻里关系，促成了具有共同意义的社区的形成。

在建立在弱关系基础上的网络社区里，如在博客，一方面，公共问题的知识分子关注公共问题，发表意见和观点，作为意见领袖，影响其他网民和公共舆论，从而进行政治参与。另一方面，专业问题的知识分子则发表专业方面的信息和观点，以及个人生活的感受和体会，有的时候也会对社会问题发表看法。而在微博里，医生、记者等中间阶层构建自己的社交圈，扩展相关"弱关系"，同时也关心微博里的社会新闻和国内外时事，通过政治信息的交流、转发、政治意见的表达来实现日常生活的政治参与。

在主要建立在强关系的网络社区里，如在微信和QQ群，高校教师等中间阶层则更多地展现自己日常生活中的吃、穿、住、行以及工作情况，同时也分享一些传统媒体里面得不到的信息，从而建立社区之间的信任和情感。而中间阶层也利用微信公众账号这一弱关系的网络社区传递信息与知识等资源。

总之，在建立在弱关系基础上的网络社区里，中间阶层的政治参与更多的是传递政治信息与政治知识，而建立在强关系基础上的网络社区里，中间阶层更多的是传递信任感与影响力，建立身份的认同和情感的支持，为集体行动奠定基础。而建立在邻里关系基础上的业主论坛，则既有传递政治信息与政治知识，也有促成集体行动的政治参与，进而重构邻里关系。

三 中间阶层日常模式的政治参与与社会网络和话语

在建立在不同关系基础上的网络社区里，中间阶层使用社会网络和话语进行日常模式的政治参与。一方面，无论是邻里关系、强关系，还是弱关系，从社会学理论来看，都是一种社会网络，也称为关系网络[①]。社会网络是社会资本的一个重要构成环节，布迪厄认为社会资本就是一种社会

① 刘颖、张焕：《基于社会网络理论的微信用户关系实证分析》，《情报资料工作》2014年第4期。

网络，他指出："特定行动者占有的社会资本的数量，依赖于行动者可以有效加以运用的联系网络的规模的大小，依赖于和他有联系的每个人以自己的权力所占有的（经济的、文化的、象征的）资本数量的多少。"[①] 而帕特南则认为，"社会资本是指社会组织的特征，诸如信任、规范以及网络，他们能够通过促进合作行为来提高社会效率"[②]，而相关的研究都将社会网络作为测量社会资本的一个重要维度。在以往的中国实证研究里，往往发现社会资本能显著地影响政治参与[③]；而有些实证研究则显示，网络社区的使用，促进了社会资本，进而促进政治参与，例如，赵曙光[④]通过对分群分层随机抽样获得的2780份有效问卷进行分析，发现微博、微信这些社交媒体的使用频率与公民参与社会意愿具有显著的相关性。微博对生活满意度、社会信任的影响最为明显，微信则对公民参与社会意愿的影响最为明显。而本章的分析也发现，中间阶层在博客、微博、微信等网络社区里社会网络越庞大，如粉丝越多，社会资本就越高，其产生的影响力也就越大，即政治参与影响力就会越大。

另一方面，在互联网上，中间阶层使用话语进行政治参与，并通过话语产生影响力。话语，最早是语言学中讨论的概念，指比语言小，比句子大的语言结构，它具体指实际语言运用中具有一定交际目的和内容及形式的完整性的口语和书面语句单位[⑤]。福柯从社会学角度重新诠释了话语概念，认为话语是一种以其特有方式构成的知识和社会实践，它不再被看作是文献（书、书本、文本、叙述、汇编、手稿……），而被看作是档案或纪念物。福柯还认为话语是权力的产物，而权力则通过话语的论述进行自

① ［法］布迪厄：《文化资本与社会炼金术》，包亚明译，上海人民出版社1997年版，第202—203页。

② ［美］罗伯特·帕特南：《使民主运转起来》，王列、赖海榕译，江西人民出版社2001年版，第195—200、203页。

③ 胡荣：《社会资本与中国农村居民的地域性自主参与——影响村民在村级选举中参与的各因素分析》，《社会学研究》2006年第2期；郭正林：《当代中国农民政治参与的程度、动机及社会效应》，《社会学研究》2003年第3期；罗爱武：《公民自愿主义、社会资本与村民投票参与——基于中国综合社会调查（CGSS）数据的Logistic回归模型研究》，《社会科学论坛》2011年7期。

④ 赵曙光：《社交媒体的使用效果：社会资本的视角》，《国际新闻界》2014年第7期。

⑤ 刘学义：《话语权转移——转型时期媒体言论话语权实践的社会路径分析》，中国传媒大学出版社2008年版，第13页。

我的再生产[①]。话语能力本身就是权力，其政治参与的言论又吸引大量网民的关注和浏览，而话语能力的提高，也能提高社会网络，从而增加政治参与的影响力。

① ［法］米歇尔·福柯：《疯癫与文明》，刘北成、杨远婴译，生活·读书·新知三联书店2007年版。

第七章

网络公共事件里的中间阶层的政治参与分析

本章分析中间阶层网络政治参与的第三种模式：网络公共事件中的外压模式。本章首先界定网络社区的概念以及与政治参与的关系，并分析不同群体的中间阶层网络公共事件政治参与的行为和特点，探索中间阶层网络公共事件的话语方式，以及在不同的网络公共事件里以哪些话语方式为主，进而分析中间阶层在网络公共事件中的政治参与特点、社会影响和受制因素。

第一节　网络公共事件与政治参与

一　网络公共事件的概念

改革开放使中国的指导思想发生改变，中国政府提出“发展是硬道理”，致力于追求经济增长速度，其他一切都要让步[①]。在这种意识形态的指导下，中国既经历着经济的高速发展，又面临着许多社会矛盾，然而这些社会矛盾并没有通过现实的有效的政治参与渠道得以化解，随着互联网的发展和网民人数的增多，许多社会矛盾通过网络表现出来，形成对社会产生重大影响的网络公共事件。

网络公共事件[②]，最早称为网络事件，有的也称网络群体事件[③]，新

---

① 王绍光：《大转型：1980 年代以来中国的双向运动》，《中国社会科学》2008 年第 1 期。

② 熊光清：《中国网络公共事件的演变逻辑——基于过程分析的视角》，《社会科学》2013 年第 4 期；董天策：《网络群体性事件研究的学理反思》，2011 年，检索于 http：//news.21cn.com/domestic/yaowen/2011/07/14/8615271.shtml。

③ 杜骏飞：《网络群体事件的类型辨析》，《国际新闻界》2009 年第 7 期。

媒体事件[①]，是指在一定的社会环境下，全国范围内的网民基于某些利益的或情感的目标诉求，主要讨论发生在网络上（但事件不一定开始于网络），通过大量地转载、跟帖、讨论等参与方式，产生一定的影响，进而在全国范围的网络场域中产生重大影响和规模的传播事件[②]。这些不断增长的网络公共事件，围绕着中国经济的快速发展所带来的各种社会正义问题、腐败问题和其他的问题进行网络辩论[③]。尽管有的网络公共事件，通过网络社会动员会引起现实的政治参与甚至集体的政治参与，但是本章主要讨论场域发生在互联网上的网络公共事件，导致现实政治参与的将在第八章进行分析。

网络公共事件也涉及文化、社会道德、社会伦理等方面的问题，如2003年的“木子美”事件、铜须门事件、虐猫案事件，其跟政治参与没有直接的关系，因而这里不进行讨论。本章主要分析的网络公共事件是涉及重大社会政治问题，如对弱势群体的悲情，对贪官污吏的揭露，带有社会、经济或政治诉求，对政府的决策或行为产生影响，即进行着政治参与的事件。从2006年始，中国重大网络公共事件数量突然增加[④]，于君博等分析了从2006年到2011年的60个重大事件，发现涉及社会公平正义的事件占55%[⑤]。这些网络公共事件的发生反映了随着改革开放与社会发展的深入，社会矛盾逐渐增多，贫富差距日益扩大，环境破坏、道德价值观转变、贪污腐败等各方面的问题，而这些问题并没有通过现实政治参与得到很好的解决，于是就在网络中呈现出来。

二　网络公共事件与外压模式

根据王绍光的《中国公共政策议程设置的模式》[⑥]，网络公共事件里

---

① 邱林川、陈韬文：《前言：迈向新媒体事件研究》，载邱林川、陈韬文主编《新媒体事件研究》，中国人民大学出版社2011年版，第1—16页。

② 李彪：《网络事件传播空间结构及其特征研究——以近年来40个网络热点事件为例》，《新闻与传播研究》2011年第3期。

③ Tong, Y., & Lei, S, “War of position and microblogging in China”, *Journal of Contemporary China*, 32 (80), 2013, pp. 292 - 311; Yang, G., *The power of the internet in China. Citizen activism online*, New York, NY: Columbia University Press, 2009.

④ 尹韵公：《中国新媒体发展报告》，社会科学文献出版社2011年版，第95页。

⑤ 于君博、杨凯：《中国网络公共事件的议程互动模式——基于社会公平正义相关事件的经验研究》，《南京师大学报》（社会科学版）2013年第7期。

⑥ 王绍光：《中国公共政策议程设置的模式》，《中国社会科学》2006年第5期。

的政治参与类似于一种外压模式，在王绍光观点中，外压模式更注重诉诸舆论、争取民意支持，目的是对决策者形成足够的压力，迫使他们改变旧议程、接受新议程。外压模式产生作用的前提是少数人关心的议题变为相当多人关切的公众议程，从而形成压力。而网络公共事件也是通过舆论，尤其是网络舆论，获取民意的支持，对政府决策者形成压力，进而影响政策输出，最终影响政府的决策或行为，所以就类似于外压模式。

20 世纪 90 年代规模和影响最大的网络公共事件，是 1999 年中国驻南斯拉夫大使馆被炸事件，这一事件也促成了《人民日报》网络版创办“抗议北约暴行论坛”，后改名为强国论坛。21 世纪初，网络公共事件多以现实生活里的事件为引发点[①]，其引发点在于事件里面的不公平、不公正，引发网民的大量讨论，其中，孙志刚事件成为网络公共事件影响、改变政府行为和决策的典型案例[②]。Web 2.0 出现之后，尤其到了 2009 年，随着微博在中国的出现和发展，更促进了网络公共事件的迅速扩散和舆论的迅速形成[③]，这是因为微博能够通过病毒式的扩散[④]，通过一传十，十传百的速度传播，这都是以往的网络传播工具所不能比拟的。到了 2012 年，网络公共事件触发的各种网络舆论更引人注目，如陕西孕妇大月份引产事件，唐慧被劳教事件都在网络引起广泛的讨论，并引发对计划生育政策、劳教制度的讨论，这些网络讨论又直接或间接导致后来政府决策的改变，如出台单独二胎政策，废除劳教制度等。

---

① 彭兰：《中国网络媒体的第一个十年》，清华大学出版社 2005 年版；Yang，G.，“The Internet and civil society in China：A preliminary assessment”，*Journal of Contemporary China*，12（36），2003，pp. 453 – 475；Yang，G.，“Contention in cyberspace”，In k. O'Brien（ed.），*Popular protest in China*，p. 126，p. 143，Cambridge. MA：Harvard University Press，2008；Yang. G，*The power of the Internet in China*：*Citizen activism online*，New York：Columbia University Press，2009；Zheng，Y.，*Technological empowerment*：*The Internet*，*state*，*and society in China*，Stanford，CA：Stanford University Press，2008.

② Zhou，Yongming，*Historicizing Online Politics*，Stanford University Press，2005；Zheng，Y.，*Technological empowerment*：*The Internet*，*state*，*and society in China*，Stanford，CA：Stanford University Press，2008.

③ Tong，Y.，& Lei，S，“War of position and microblogging in China”，*Journal of Contemporary China*，32（80），2013，pp. 292 – 311.

④ 李开复曾说，假如一个微博有 100 个追随者，如果他/她的消息被转发了 10 次，而他/她的追随者也有 100 个追随者，然后会有 1000 个读者。如果这 1000 个 10% 转发，经过几次点击，消息可能达到数千甚至数百万的读者，参看李开复《微博改变一切》，上海财经大学出版社 2011 年版。

这些网络公共事件，多由某个突发事件或偶然事件引起，事件经过媒体和网络的报道、传播而不断被人关注，有些事件就形成相应的公共议题。其中，大部分的网络公共事件试图通过网络舆论的压力影响政府的决策或行为，因而属于一种政治参与。例如，钟智锦和曾繁旭通过分析2001年到2012年的182个网络事件，发现45.1%的网络事件的诉求是监督政府公权力，21.4%的事件的诉求是监督公众人物或组织，27.5%的事件旨在倡导公共行动①，这些通过网络公共事件的政治参与，甚至产生如官员下台，人员入狱和比较轻度的机构和人员的问责，其中16.5%的网络事件导致了政策（或决策）改变或新政的出台②。这些网络公共事件所带来的对政府或政策的影响就是一种政治参与。

三　本章的研究思路

早期的研究者把网络公共事件视为网络社会运动，例如，古拉克（Gurak，1997）③ 就记录了90年代初发生在美国的两次BBS论坛中的抗议活动。随着网络公共事件的频繁出现，有的研究分析网络公共事件与媒体、政治话语之间的关系④，有的分析网络公共事件背后的互联网控制和审查制度⑤，有的以个案分析网络公共事件的发展阶段⑥，有的则分析网络事件空间传播结构⑦。这些研究深化了对网络公共事件的认识。

不过，这些研究缺乏分析事件背后的社会群体和政治行为，正如邱林

---

① 钟智锦、曾繁旭：《十年网络事件的趋势研究：诱因、表现与结局》，《新闻与传播研究》2014年第4期。

② 同上。

③ Gurak, L. J, *Persuasion and privacy in cyberspace: The online protests over Lotus Marketplace and the Clipper Chip*, New Haven, CN: Yale University Press, 1997.

④ Tong, Y., & Lei, S, "War of position and microblogging in China", *Journal of Contemporary China*, 32 (80), 2013, pp. 292 - 311.

⑤ King, G., Pan, J., & Roberts, M. E, "How censorship in China allows government criticism but silences collective expression", *American Political Science Review*, 107 (2), 2013, pp. 326 - 343.

⑥ 刘晓燕、丁未、张晓：《新媒介生态下的新闻生产研究——以"杭州飙车案"为个案》，《深圳大学学报》（人文社会科学版）2010年第7期；李彪：《网络事件传播阶段及阈值研究——以2010年34个热点网络舆情事件为例》，《国际新闻界》2011年第10期。

⑦ 李彪：《网络事件传播空间结构及其特征研究——以近年来40个网络热点事件为例》，《新闻与传播研究》2011年第3期。

川和陈韬文[①]曾指出的，相当多的新媒体事件研究过分注重描述，忽略了研究到底要解决什么样的理论问题。韦路等[②]则指出新媒体事件研究关键在于揭示这些事件背后经由独特的新媒体传播方式而产生的社会心理状态，和各种社会力量之间的互动关系。所以，探讨网络公共事件背后的社会群体以及政治行为不仅有理论意义，还能更好地理解其背后的社会力量关系。为此，本章目的是要分析在网络公共事件里，不同的中间阶层的表现如何，其是如何进行政治参与的，产生了什么样的影响。

第二节　网络公共事件里不同中间阶层的表现

在各种网络公共事件里，与中间阶层有关的所占比例最多，相关研究指出，在2001—2012年10年里的182件网络事件中，34.1%的网络事件与城市居民的利益相关，28.6%与知识分子相关，19.8%的事件的利益相关方是官员与富人，16.5%的事件与学生利益相关，与其他弱势群体的利益相关的占14%，8.8%的利益相关者为农民，5.5%的事件与工人利益相关[③]。这一研究显示，网络事件相关最多的人群为城市居民和知识分子，这些都属于本书中的中间阶层。2011年中国互联网舆情分析报告也显示，在当年20个热点网络公共事件中，仅有几个和社会低层相关[④]，即大部分事件与中间阶层相关。本书的第三章的2010年的CGSS二手数据也显示，虽然社会低层更多地参与群体性事件这些制度外的政治参与，但在利用媒体或互联网来进行的政治参与中，中间阶层则占有优势。

综合这些研究，在网络公共事件中，中间阶层的角色和地位远远高于社会低层，而网络公共事件则体现了中间阶层利用媒体或互联网来进行政治参与这一特点。其中，不同的中间阶层在网络公共事件中又担任着不同的角色，下面将进行分析：

---

① 邱林川、陈韬文：《前言：迈向新媒体事件研究》，载邱林川、陈韬文主编《新媒体事件研究》，中国人民大学出版社2011年版，第1—16页。

② 韦路、丁方舟：《论新媒体时代的传播研究转型》，《浙江大学学报》（人文社会科学版）2013年第7期。

③ 钟智锦、曾繁旭：《十年网络事件的趋势研究：诱因、表现与结局》，《新闻与传播研究》2014年第4期。

④ 祝华新、单学刚、胡江春：《2011年中国互联网舆情分析报告》，2011年，人民网（http：//yuqing.people.com.cn/mediafile/201112/29/P201112290936031431493992.pdf）。

一　作为意见领袖的部分中间阶层

首先，一部分中间阶层如专家学者和媒体工作者，利用媒介获得信息资源和知识文化，并借助媒介来表达自己的观点，成为其中的意见领袖（Opinion Leader），或者称为舆论领袖。意见领袖最早由美国拉扎斯菲尔德于20世纪40年代提出，“是指在人际传播中常常给他人提供相关信息、意见、评论，对他人施加影响的‘活跃分子’”[①]，是其“两级传播理论”中的一个核心概念。中间阶层凭借着自己的职业、学历和收入，与社会低层相比，拥有更多时间、精力，更高的政治效能感，因而更易在网络公共事件中引导舆论。在博客、微博出现前的网络社区，如BBS，是很难区分某个帖子的发言人的阶层身份的，但是博客、微博出现后，实名认证机制使得发帖人的身份可以得到认证，于是帖子的发言人的阶层身份就可以辨别出来，而且实名认证的机制还可以使得这些微博的用户可以利用现实生活的影响力获取大量的粉丝（跟随者），从而扩大自己的影响[②]。

其中，专家学者拥有话语权，在网络公共事件中担任意见领袖的角色。专家学者之所以成为网络公共事件的意见领袖，主要是由其独特的政治心态所致的。专家学者是中国知识分子中的一个典型代表，相关的调查研究显示，中国知识分子的政治心态是具有较强独立性意识的，他们在不触及体制内敏感政治时往往会个性张扬[③]。另外，专家学者拥有一般人不拥有的专业知识，在面对网络公共事件时，能够利用自己的专业知识去分析事件的来龙去脉，原因影响，因而在网络公共事件中拥有更大的话语权，其也更能通过提供相关的专业知识，来影响其他人的观点，成为意见领袖。当然，在传统媒体的意见表达中，也常常可以看见专家学者的表达，但是由于传统媒体的时间、空间的限制，不可能每一个事件都让同一专家学者表达，因此专家学者如果要对一事件发言，就需通过网络社区，如博客、微博等来表达。

---

① Lazarafeld P F, et al., *The People's Choice: How the Voter Makes Up His Mind in a Presidential Campaign*, New York: Columbia University Press, 1948, p. 23.

② 当然，要说明的是，微博不需要实名认证，但实名认证后的微博则会加上实名认证的标志，如新浪微博的实名认证。

③ 孙永芬：《中国社会各阶层政治心态研究》，中央编译出版社2007年版，第122—123页。

除了专家学者外，媒体工作者也成为网络公共事件中的一个重要的意见领袖群体，武汉大学沈阳发布的《微博意见活跃群体分析报告》指出公共事件中的微博话语权依然在少数人手中，在微博发言最活跃、影响力最大的 175 名用户中，从事媒体及其相关行业的超过一半，包括一线骨干记者、资深编辑、电视节目主持人、时事评论员、新闻网站和新闻媒体的官方微博等；他们的影响力除了与自身的微博言论质量有关外，还与所在媒体的影响力相关[①]。在个案上，2010 年的江西宜黄自焚事件，自焚家庭两姐妹赴京上访受阻，于是请求《新世纪周刊》记者刘长帮助，刘长发布“泣血求助”的微博求助公众，并联系上《凤凰周刊》记者邓飞进行微博直播，该事件最后导致当事的宜黄县县委书记和县长被免[②]。媒体工作者之所以成为网络中的重要的意见领袖，一方面，是因为其具有利用媒体的经验和能力，如拥有更多的事件背后的信息和报道；另一方面，目前中国传统媒体的生存空间使媒体工作者难以施展，当互联网的发展给予了这些媒体工作者拥有具有影响力的网络媒体的时候，他们便转而在其中发表自己的报道，宣扬自己的观点。

另外，其他拥有话语权的中间阶层，如作家、律师等也会成为意见领袖，例如，2012 年，复旦大学“舆情与传播研究实验室”发布的研究报告指出，在新浪微博最具影响力的人群中，媒体人、学者、作家和商人占主导，绝大多数具有话语影响力的用户是掌握相当经济资本、社会资本的精英，这些用户在新浪微博中关注的话题主要包括财经、时政、社会、制度、环保等公共性政治问题[③]。在一些个案实证研究中，更是显示发言积极者的阶层身份，如王平和谢耘耕[④]以温州动车事故为例，分析了该事故中涌现出的微博意见领袖多是经过认证的名人，其职业分布中，媒体从业者占三成，另外，其他的如企业家、作家、专家学者、娱乐明星等属于微

---

① 《武大博导沈阳研究发现名人及媒介人士掌握微博话语权》，《长江日报》2011 年 9 月 8 日。http：//hb. sina. com. cn/news/m/2011 - 09 - 08/4053. html。

② 《江西对宜黄县党政主要领导作出调整》，人民网（http：//news. xinhuanet. com/politics/2010 - 10/11/c_ 13551348. htm）。

③ 田波澜、韩晓蓉：《40 岁中年男性精英主导微博话语》，《东方早报》2012 年 3 月 10 日。

④ “文化繁荣与新媒体发展”上海市社科创新研究基地（复旦大学）：《中国微博“意见领袖”研究报告——公共事件传播偏向的微博活跃用户影响力评估（2011）》，2012 年 3 月，中国舆情网（http：//wenku. baidu. com/link？url = SPgHuKMfhnMO26EEyNDwBgthSdkhOPCMhkTDAe4JpHgJQtPbagmS15DTkPyvs5LaeVrcS6iRbqVz8fhsYH3uSZ9WIXo9HFu46k9SradoOT3）。

博意见领袖，在地区分布上，则在北京、上海、广州等一线大都市，以及事发地浙江。从职业分布和特点以及所处地域，这些意见领袖大部分属于本书的中间阶层。又如，王维佳和杨丽娟[①]从2012年1月18日至2月17日，在新浪微博上以“吴英”为关键词进行检索，获得转发次数1000次以上的认证用户（个人）的相关原创微博，发现在吴英案讨论的82条转发量最高的微博的博主阶层的个人属性里，88%的博主职业身份为学者、媒体人、企业管理者和律师。总之，作家、律师等拥有话语权的中间阶层也成为了网络公共事件的意见领袖。

以上例子显示，网络公共事件里的这些专家学者、媒体工作者、作家、律师等意见领袖基本属于中间阶层，而且主要属于新中间阶层。这群新中间阶层又大部分属于体制内的新中间阶层，这是因为中国的专家学者、媒体工作者、律师基本上在事业单位里面工作，而这些事业单位又属于体制内，而作家也挂靠如政协之类的体制内单位。这一结果如第三章的结论“在利用互联网或者媒体进行政治参与中，体制内新中间阶层除了把事情曝光到网上进行参与的比例大大高于其他阶层”是一致的。

网络公共事件里的意见领袖是网络舆论的引导者，他们独到的见解和深刻的分析，获得大量的转载和评论，并在舆论的形成和扩散中扮演着至关重要的作用。这是因为，在微博里，由于实名认证能够获取公信力而引起信任[②]，以及可以将现实的社会关系网络带进虚拟网络，所以小部分实名认证的意见领袖，通过话语引导着微博中的网络舆论，并通过社会网络扩散和传播这些观点，从而影响着政府的行为和决策，进行着政治参与。例如，有调查显示，在2011年，在微博用户里虽然仅有0.1%的实名认证用户，他们发表的微博却占了热门微博的46.5%[③]。总之，这些中间阶层，作为意见领袖通过社会网络和话语引导着网络公共事件的网络舆论。

---

① 王维佳、杨丽娟：《“吴英案”与微博知识分子的“党性”》，《开放时代》2012年第5期。

② Huang and Sun, “Weibo network, information diffusion and implications for collective action in China”, *Information Communication and Society*, 17 (1), 2014; Marina Svensson, “Voice, power and connectivity in China's microblogosphere: Digital divides on SinaWeibo”, *China Information*, 28 (2), 2014, pp. 168 - 188.

③ Yuan Li et al., “What are Chinese talking about in hot weibos?”, 2013, http://arxiv.org/ftp/arxiv/papers/1304/1304.4682.pdf, accessed 27 Sep 2014.

二 作为传播、转发的其他中间阶层

除了可以辨认出真实身份的意见领袖，在网络公共事件里参与传播、转发、评论、附和的网民中也有相当一部分比例属于其他中间阶层。例如，赵云泽等通过分析1031个能确定代表社会上、中、下阶层话语的网络帖子后发现，网络话语权集中在社会中间阶层，其中表达社会中间阶层的网帖的数量为706个，占68%，而在所有的这些网帖中又能够更加细化地判断其代表的那个阶层的话语权的594个帖子中，专业技术人员阶层在其中的比例最高，国家与社会管理者阶层则次之。而吴畅畅（2012）通过分析"7·23"动车事故，可以确定中产阶级身份的共有3477条微博，其中实名的（或已知身份的）律师、媒体记者与知识分子成为微博言论的主导力量，而分散在全国各地的城市白领阶层（专业技术人员）、企业经理（企业/公司高层管理人员，企业/公司中层管理人员）与政府工作人员（党政机关事业单位一般职员）等成为转帖与评论的主力①。因此，可以这么说，网络公共事件中的意见，有相当一部分由其他中间阶层通过各种方式，如转发、评论、随声呼和，或者发表只言片语参与，成为了意见领袖们的意见的传播者和转发者，推动着网络舆论的形成和发展。

三 中间阶层下层喜欢在网络里发泄不满

另外，相关的研究调查显示，一些体制外的中间阶层下层喜欢在网络里发泄不满。在现实生活里，有一批具有高学历，但却居于体制外的中间阶层下层，其对社会和生活的不满往往在网络上予以反映，这群人被称为"底层知识分子"，或者是"蚁族"，其主要指具有大学文化水平，却没有稳定工作、生活漂移，游离于国家体制外的青年人。

廉思等于2010年3月至11月，通过实地调查北京等七个城市的4807份有效问卷，发现"蚁族"就业主要在个体经营、私/民营企业、三资企业，而在国有企事业单位的"蚁族"比例仅为9.2%，在集体企事业单位工作的比例为3.2%，而在党政机关竟然为0②。也就是说，"蚁族"

---

① 吴畅畅：《去邻避化，素朴的自由主义与中产阶级的"表演式"书写——以"7·23"动车事故为例》，《新闻学研究》2012年第7期。

② 廉思、张琳娜：《转型期"蚁族"社会不公平感研究》，《中国青年研究》2011年第6期。

主要属于体制外中间阶层下层。这群“蚁族”的社会公平感都普遍偏低，且对部分政府官员以权谋私、贪污腐败和各种寻租行为极为不满。另外，这一群体的网络交往多、现实联系少，如“蚁族”网络使用率高于全国水平，而“蚁族”在网络上所发的文章或帖子得到了其他网民的广泛认同。“蚁族”常常将现实工作和生活环境的苦恼与怨恨，通过互联网这一虚拟空间进行传递和宣泄，进而引发并促使更多更大的不满和怨恨①。

四　不同的中间阶层在网络公共事件里的表现小结

总之，中间阶层的专家学者、媒体工作者、律师、作家等拥有较大的话语权，其在网络公共事件中担任起意见领袖；其他的中间阶层则通过转发、附和来表达自己的观点和态度；而位于中间阶层下层的则在网络里发泄由自身的生活经历和经验所带来的不满、愤怒和悲情。为此，可以用图 7.1来呈现不同的中间阶层在网络公共事件中的行为特点：

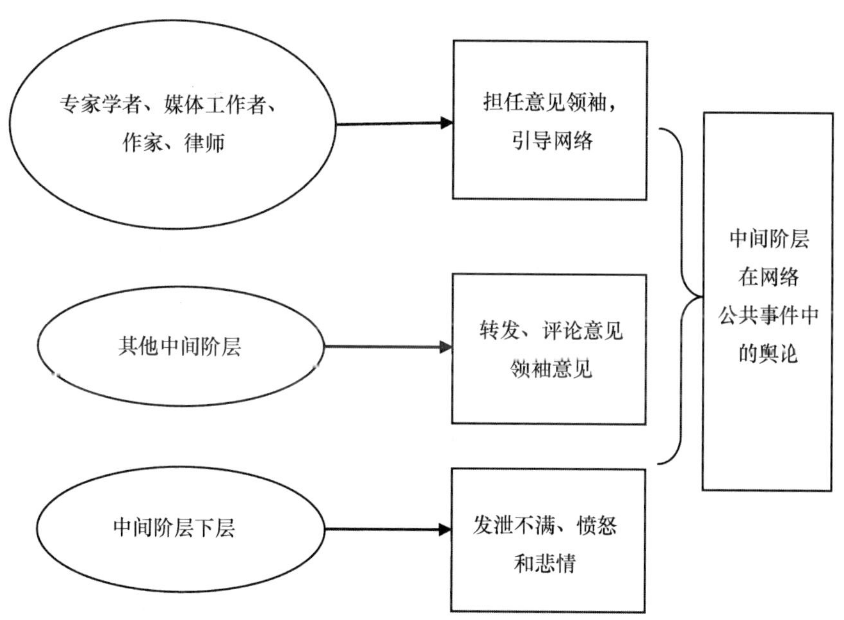

图 7.1　不同的中间阶层在网络公共事件中的行为特点

---

①　廉思、张琳娜：《转型期“蚁族”社会不公平感研究》，《中国青年研究》2011 年第 6 期。

而且，这些中间阶层大多是新中间阶层，新中间阶层在网络公共事件的表现，与其阶层的社会心理特点相关，相关研究①显示，尽管新中间阶层的收入远远高于农民和工人等社会低层，但是新中间阶层改善生活状况的心理预期，却远远高于社会低层，由于最近这几年城市里房屋价格高涨、医疗和教育费用居高不下，大大阻碍了新中间阶层要求提高生活水准欲望的满足。另外，新中间阶层对腐败现象的敏感性，又增加了其与时代相关的“愤青意识”。正是由于这些社会心理特点，促使他们在涉及重大社会政治问题，如对弱势群体的悲情，对贪官污吏的揭露的网络公共事件中通过转发或评论等形式进行政治参与，正因如此，通过分析网络公共事件背后的社会群体，能够更好地理解网络公共事件所反映的社会心理以及社会阶层的特点，这对以往仅从意见领袖和网络舆论等传播学角度去分析网络公共事件的研究方式作了新的发展，因此是具有理论意义的。

第三节　网络公共事件里的中间阶层的话语分析

为了维护阶层利益，不同的阶层使用不同的方式来行使话语权，在以往的关于现实集体抗争的研究中，中间阶层使用话语权的能力是远远高于农民的②。第六章发现中间阶层使用社会网络和话语进行政治参与，而在本章的网络公共事件中，主要是通过舆论的力量形成外压，最终影响政府的决策和行为，因此网络公共事件更多地依赖话语的力量，当然，社会网络在网络公共事件中对传播意见领袖的话语也起重要的作用。

在网络公共事件中，话语要产生力量离不开话语的方式，不同话语以不同话语方式构成主要的社会存在，并将人定位于不同的社会主体（如教师和学生），并在具体的社会环境中相互之间结合产生新的、具有复杂含义的话语③。基于此，本章将从以下四个方面对网络公共事件里的中间阶层的话语进行分析：

---

① 张翼：《当前中国中产阶层的政治态度》，《中国社会科学》2008 年第 2 期。

② 曾繁旭、黄广生、李艳红：《媒体抗争的阶级化：农民与中产的比较》，《东南学术》2012 年第 2 期。

③ Norman Fairclough, *Discourse and Social Change*, Cambridge, Polity Press, 1993, pp. 3 – 4.

一 理性化的话语批判

在职业、教育上占有优势的中间阶层，擅长通过理性的话语批判在网络公共事件里发表观点。首先，理性的话语体现在论点的鲜明和论据的确实、充分。例如，2012 年 12 月 6 日，财经记者罗昌平发了三条微博，举报时任国家发改委副主任的刘铁男。在第一条微博中，罗昌平举报刘铁男涉嫌学历造假。第二条微博，罗昌平举报刘铁男与商人倪日涛结成官商同盟。第三条微博则曝出刘铁男与情人徐某的照片，并称双方因利益关系反目后，女方曾多次受到死亡威胁。罗昌平的举报，附有真实的照片和详细的细节材料，确实、充分的信息，使得这一网络公共事件很快得到有关部门的关注，2013 年 5 月 12 号，监察部网站发布了一条非常简短的消息：国家发改委副主任刘铁男涉嫌严重违纪，正在接受组织调查。

其次，理性的话语体现在论证的严谨、缜密。例如，在吴英案中滕彪律师为其辩护的帖子就是一个很好的例子。吴英原为浙江本色控股集团有限公司法人代表，因涉嫌非法吸收公众存款罪被捕，2009 年 12 月，金华市中级人民法院做出一审判决，以集资诈骗罪判处被告人吴英死刑。2012 年 1 月，浙江省高级人民法院对被告人吴英案进行二审宣判，裁定驳回吴英的上诉，维持死刑判决，依法报请最高人民法院复核。该案引起网民的大量讨论，成为当时热议的网络公共事件，在各种网络议论中，律师滕彪在其一篇题为“吴英的生命和你我有关”的帖子中，通过以下论证为吴英辩护：

> 第一，吴英作为民间企业家，向朋友借款从事实业经营，既没有使用欺诈手段，也没有非法占有的企图，这只能算是民事纠纷。与公权力何干。第二，吴英非但不存在“集资诈骗罪”，历史地看，她还是众多推动金融体制变革、打破金融垄断的行动者之一，尽管她未必明确地意识到这一点。第三，吴英就算有罪，也是社会变革大背景下不健全的融资制度之罪，是历史和社会之罪，让吴英一个毫无特权的弱女子来承担，这是极端残酷和不公正的。第四，假如吴英能够通过正常的渠道得到贷款，她还需要行贿吗？更应该谴责的是这个金融垄断体制和公权力不受约束的体制。

这一帖子后被转发次数在30000次以上，成为该网络事件舆论的热议帖子，也正是论证的严谨，使其产生了强大的影响力。

正是由于这些中间阶层意见领袖的理性化的话语力量，在对吴英的死刑复核过程中，最高院发言人称，此案一审二审期间，受到媒体和社会各界的广泛关注，已经有了不少相关报道和评论，并表示将审慎审理。时隔数月后，最高人民法院裁定发回浙江省高级人民法院重新审判。2012年5月21日，浙江高等人民法院经重新审理后，最终将吴英原来的死刑改为了死缓。

二　情绪化的话语表达

在网络公共事件中，理性化话语是一个重要的因素，情绪的话语表达也是另一个重要的因素。杨国斌[①]指出网络事件在形式上与传统的以街头抗议为主的社会运动的主要不同是在文化层面，而不是在政治结构或社会组织层面，因为网络事件的核心是话语，他同时指出网络事件的话语力量主要来自情感的表达，而网络公共事件的情感表达已经形成了自己的独特模式。在众多的网络公共事件中，也可看到中间阶层通过情绪化的话语表达去动员其他阶层，进行政治参与。

例如，在2011年的“7·23”温州动车追尾事件里，中国青年报编辑童大焕于7月24日凌晨1：33在他本人的新浪微博发表的“中国，请你慢些走”一帖，是该事件中流传最广的情绪化文字，该帖子其中的一段话如下：

> 中国啊，请你慢些走，停下飞奔的脚步，等一等你的人民，等一等你的灵魂，等一等你的道德，等一等你的良知！不要让列车脱轨，不要让桥梁坍塌，不要让道路成陷阱，不要让房屋成危楼。慢点走，让每一个生命都有自由和尊严，每一个人都不被“时代”抛下，每一个人都顺利平安地抵达终点！

该帖子一天多时间就获得28万次转载、3万余评论，并于北京时间25日上了《纽约时报》版面。

---

① 杨国斌：《悲情与戏谑：网络事件中的情感动员》，《传播与社会学刊》2009年第9期。

后在2011年7月30日，齐鲁电视台总编室陈严发表微博，通过微博召唤公民认同，要求实现从“人民群众”向“现代公民”的转型：

> 今后请不要再称呼我们为人民群众，请统一为公民！人民群众存在于政府官员之下，是等级下的弱势群体，是被奴化的群体！但普天之下皆为公民——享有平等的权利和义务，葆有自己的道德底线，尊重权利也追求自由，还有一颗悲悯之心，尽到一个公民的责任！

这一段话通过呼吁、标签化表达自己的情感，显示自己的爱憎，以此引发其他网民的共鸣，促进舆论的形成。

归结起来，在网络公共事件中，情绪化文字要调动的是网民的情感，特纳（Turner，2000）[①] 认为基本情感有四种维度：满意—高兴、厌恶—恐惧、强硬—愤怒和失望—悲伤，而本书分析认为网络公共事件中，中间阶层打动网民的诉求点主要是这四种中的两种，即悲伤和愤怒情感，另外还有同情这一情感，下面将分别加以分析：

（一）触动网民的悲伤之情

网络公共事件发生常常依赖事件本身的震撼性以及描述事件的方式。如上面提到的童大焕和陈严关于“7·23”温州动车追尾事件的帖子就是通过触动网民的悲伤之情，如“不要让列车脱轨，不要让桥梁坍塌，不要让道路成陷阱，不要让房屋成危楼”；“人民群众存在于政府官员之下，是等级下的弱势群体，是被奴化的群体”。正是通过这些感伤的话语形式，来实现从感情上打动网民，吸引大量网民的参与。

（二）引发网民的愤怒之情

在网络公共事件的情绪化话语表达中，往往强调受害者的无辜和他们所遭遇的不公，而作为对照，作恶者则常常被描述得凶恶无情，此类叙事所展现的，是善与恶的典型对照[②]，从道德上触动网民。而只有从道德上

---

① Turner，Jonathan H，*On the orginis of human emotions*：*A sociological inquiry into the evolution of human affect*，Stanford，CA：Stanford University Press，2000.

② ［美］杨国斌：《连线力：中国网民在行动》，邓燕华译，广西师范大学出版社2013年版，第36页。

给人以震撼，才能从情感上让人感动[①]。在话语的表达方式上，通过渲染当事人的身份、情境来引发网民的愤怒之情，如涉及敏感身份（如官与民、富与穷、城管与小贩等），情景标签（如腐败、包庇、强奸、虐待等），导致网民极度不满而情绪激动，进而引发网民的愤怒之情。社会学家认为愤怒能激励行动[②]，而在网络公共事件中，网民的愤怒之情促使的是网络舆论的持续升温不退。

（三）以弱者的身份获得网民同情

坎迪斯·克拉克（Clark，1987，1990，1997）[③] 依据实验，指出同情的含义是为他人感到悲伤和怜悯他人，克拉克认为同情是人际关系的一种关键情感，是人类社会的基础。在中国，社会对弱势群体和人物往往给予更多的理解和支持，以弱者的身份获得同情正是基于这种社会心理，在网络中进行情感动员。例如，2010 年 8 月 29 日，方舟子在北京住所附近遭遇袭击受伤（轻伤），在方舟子遇袭一个小时后，其微博发出了新的帖子，该帖子是方舟子的爱人所发的，该帖以一名弱女子身份，强调方舟子受到“辣椒水”和“铁锤”两件凶器的袭击，并且将方舟子描绘成“以一己之力抗拒群魔”，这些都是通过强烈的对比，以弱者的身份获得同情，实际上，正如该帖所说方舟子只是受到轻伤而已，事情并没有很严重。

而且，方舟子是名人，本来根据克拉克（Clark，1997）[④] 的研究显示，那些享受到好的运气和奢侈生活的人（如名人、富人、有权人）与普通人或不幸的人相比，受到的同情较少。但是，正是该帖子采用以弱者身份获得同情的话语策略，使其帖子从 2010 年 8 月 29 日发布到 2010 年 10 月 1 日共约一个月的时间里，就被转发 22115 次，网友回帖 16115 条，

---

① Jasper, J, The emotions of protest: reactive and affective emotions in and around social movements, *Sociological Forum*, (13), 1998, pp. 397 – 424.

② Eyeerman. R., “How social moverments move”, in H. Flam & D. King (eds.), *Emotions and Social Movements*, London: Routledge. 2005, pp. 41 – 56.

③ Clark. Candace, “Sympathy biography and sympathy margin”, *American Journal of Sociology*, 93. 1987, pp. 290 – 321; Clark. Candace, “Emotions and micropolitics in everyday life: Some patterns and paradoxes of Place”, in T. D. Kemper (ed.), *Research agendas in the sociology of emotions*, Albany: State University of New York Press, 1990, pp. 305 – 333; Clark. Candace, *Misery and company: Sympathy in everyday life*, Chicago: University of Chicago Press, 1997.

④ Clark. Candace, *Misery and company: Sympathy in everyday life*, Chicago: University of Chicago Press. 1997, p. 113.

并且回帖中，对方舟子的支持是占绝大多数的[①]。可以说，该帖子以弱者身份获得同情，使得方舟子被打事件成为了网络公共事件，引起网民的关注，并且最终使得该事件得以迅速解决，方舟子被打案中的嫌疑人很快就全部落网[②]，也就是同情的话语策略产生了政治参与的影响效果。

三 戏谑的网络灰段子

在网络公共事件的中间阶层的话语生成中，还有一种值得重视的现象，就是戏谑的网络灰段子。新浪微博官方平台对于段子的解释是：段子本是相声中的一个艺术术语，指的是相声作品中一节或一段艺术内容[③]。

段子主要可分为黄段子、红段子、灰段子三类。黄段子指带色情或者情色意味的小笑话，亦称“荤段子”。红段子指倡导先进的社会思想和积极向上的人生价值观的短信息。灰段子指那些与政治、不良社会现象相关、抨击时弊的短信息。灰段子反映的是种种不满、抑郁乃至愤懑，反映了人们对社会公平正义的渴求，以及对于自身力量弱小的无奈，体现了草根阶层在精神和心理上的困顿，对健康的社会现象的呼唤。在所有的段子中，灰段子占据非常重要的地位，根据钱晓伟的研究统计，在其研究的500个代表样本中，灰段子以221条在样本中占据44.2%的比例，远远超过其他类型的段子，也就是说，人们平时创作和传播的段子中，有将近一半是针砭时弊，表达对社会负面现象的嘲讽和不满的灰段子。

本章认为网络灰段子是灰段子的一种重要表现形式，是通过互联网（包括手机短信）等传播的那些与政治、不良社会现象相关，抨击时弊的短信息。虽然网络灰段子也可以以图片、音频、视频的形式存在，但本章主要指的是文字信息。本章通过百度搜索，获得2012年到2014年共300条左右的网络灰段子[④]，并以此作为分析对象，对网络灰段子的特点和中间阶层在其中的作用进行分析总结：

---

① 白淑英、肖本立：《新浪微博中网民的情感动员》，《兰州大学学报》（社会科学版）2011年第5期。

② 《方舟子打假反被打　四嫌犯全落网》，http：//www.lawtime.cn/info/xingfa/xfnews/2010092669773.html。

③ 段子定义：《段子》，新浪微博段子频道，http：//www.duanzi001.com/。

④ 通过百度的搜索引擎，查找某年某月的段子，如2012年8月的段子，最终整理得出不重复的总的网络灰段子共300条左右。

（一）网络灰段子的戏谑特点

网络灰段子在形式上，朗朗上口，雅俗共赏，诙谐幽默，短小精悍，采取多种修辞方法；在内容上，涉及广泛的政治社会内容，其包括以下内容：

1. 对新闻事件的嘲讽抨击、表达不满

本章所检索到的从2012年到2014年的网络灰段子，有很大一部分是对新闻事件的嘲讽抨击、表达不满。这表现了网民对诸多不合理的社会现状不满而又无助无力发出的无奈反抗。2013年3月1日，香港正式实施“奶粉限购”，每名16岁以上人士每天只可携带不超过1.8公斤（大约两罐）的配方奶粉离境；16岁以下人士则禁止携带奶粉离境。针对这一新闻事件，网民制作了大量的灰段子来嘲讽抨击、表达不满，例如：

> 网上大神：怀孕后去香港，买三罐奶粉，在入境处主动被抓，罚款50万，身无分文爱罚不罚，然后判刑两年，狱中管吃管住，没有雾霾毒害。生下孩子，即为香港户口，香港政府负责供应奶粉，两年后回大陆，等孩子长到18岁，父母申请去香港居住，从此全家过上快乐生活……（@仙—锡贤）

2. 对社会问题的冷嘲热讽

一些网络灰段子还针对社会问题揭露弊端，反映社会风气，具有表达民风、民情、民怨的特点。目前，一旦发生什么重大社会问题，往往很快就会出现相应的网络灰段子。房价、环境、造假，食品安全、雾霾等是人们长期生活中感受到的社会问题，但是这些问题又迟迟不能解决，因此人们通过网络灰段子来表达民间的意识与情绪上的不满。

3. 对有权有势的组织或个人的嘲讽与抨击

有些网络灰段子还把矛头指向平时不敢得罪的领导，喜欢拿有权有势的人开涮，在这个意义上，它是对抗权力的一种特殊方式，可称为“弱者的抵抗”。通过灰段子，网民不仅在以一种怨懑之情对抗权力，同时还在抨击嘲弄对象的同时获得了一种高于对象的优越感，从而获得心理的满足。

4. 对主流媒体宣传报道的嘲讽与抨击

部分网络灰段子还对主流媒体的宣传报道进行嘲讽与抨击。我国的主流媒体，承担着宣传引导舆论的重要作用，但是由于其传统的宣传报道手法没有做到与时俱进，一些宣传报道跟人们的现实生活不相吻合，尤其是以正面报道为主的宣传手法使得其难以客观全面报道由于社会转型所带来的各种社会问题、社会热点，因此也受到网民的嘲讽与抨击。

5. 对社会不文明的事情进行抨击

社会不文明的事情也成为网络灰段子抨击的对象，通过对这些事情的抨击，宣泄出网民的心情。这类段子尽管有的时候偏激，带有一定的情绪和非理性，但是，这样的段子属于不可忽视的民意表达，也属于对社会现象的一种评论。

6. 表达对生活的无奈

20 世纪 90 年代以来，中国社会结构转型，各种社会问题呈现，也给普通民众带来了生活上的磨难，因此，他们通过网络灰段子来表达对生活的无奈。

（二）网络灰段子里中间阶层的作用

段子原来是一种戏谑式的口头文学，其从政治上的讽喻到民间的调侃戏说，处处都体现着民众在语言上的睿智、犀利和语言再造表达能力，历史上东方朔、纪晓岚都曾经是段子创造和传播的专家，而其他的相声演员和民间艺人更是创造和传播了各种各样的精彩段子，有些段子经过人们之间的传播，不断再创造和再加工，有的还成为了经典。当然，由于段子的创作与改写都是匿名的，它最后呈现的是一个集体的结果，因此，仅将网络灰段子的创作归结于中间阶层的创作是不恰当的。

但是，由于在媒体、信息等资源传播中比社会低层具有先天的优势，中间阶层已成为当今社会说段子的高手和说段子的主流人群。例如，由多家媒体参与组织的一项调查显示：“工作圈”、“生活圈”、“交际圈”这“三圈”，是绝大多数人进行段子交往交流的主要范围和平台；而在这“三圈”中，官员、文化人、企业家是段子说得最多也是说得最好的三种人①。而官员、文化人、企业家又大部分属于本书的中间阶层，因而可以这么说，没有中间阶层的传播甚至再创作，网络灰段子是难以产生如此大的影响力的。

---

① 《段子中国：“两会”上段子横飞》，http://blog.sina.com.cn/s/blog_40058e950101jnpv.html。

四　抵抗主流文化的恶搞

（一）恶搞的特点

恶搞，也称恶意搞笑，由日本的游戏界传入中国台湾，成为中国台湾BBS网络上一种特殊的文化。后来再经由网络传到香港，最后传到中国大陆。2006年，网民胡戈制作视频《一个馒头引发的血案》，恶搞陈凯歌电影《无极》，拉开了大陆网民恶搞的序幕。近年来，网民已从对文化与娱乐内容的关注，扩展至对社会政治类型的网络公共事件的讨论，以网络恶搞这样一种特殊的方式来进行政治参与。

从文化的角度来看，恶搞属于一种亚文化对主文化的抵抗。所谓主文化，指的是在社会中居主导地位的文化，为社会所普遍认同；而亚文化是以主文化为参照的同一共生环境中的不同文化类型，是社会中辅助的、次要的、边缘的文化。主文化和亚文化是相对的，又互相影响，互相竞争。20世纪70年代，一部叫《仪式抵抗》的著作对英国工人阶级青少年的亚文化给予了广泛的关注。研究者通过对无赖青年、光头仔、摩登派、朋克、嬉皮士等各种各样的青年亚文化的考察，发现青年亚文化不仅不是颓废和道德堕落的表现，这种文化反而表征了一种反霸权的意识形态。霍尔强调，虽然这样一种离经叛道的亚文化缺乏明确的政治目标，但它仍然属于一种革命的文化反应[①]。因为恶搞消解权威、抵抗主文化，构建自身的言说场域和话语空间，所以网络恶搞也成为了亚文化抵抗主文化一种新的表现。例如2009年邓玉娇事件中出现的《新史记烈女传之邓玉娇传》，又如2010年的“我爸是李刚”造词运动，网络恶搞以充满娱乐不羁的精神的形式，表达了网民对社会事件的关注以及对“惩恶扬善”和社会公平正义的追求，以诙谐、幽默的亚文化抵抗着相应的主文化宣传。

（二）中间阶层在恶搞中扮演的角色

中间阶层在恶搞中扮演的角色主要是扩散传播和再创作。2010年声势浩大的“我爸是李刚”造词运动中，涌现出不少恶搞诗词，例如：

【唐诗体】

河北有大官，位居副局长；称霸于一方，不曾立牌坊；老来忽得

① 罗钢、刘象愚：《文化研究读本》，中国社会科学出版社2000年版，第23页。

子，自幼无人管；儿子驾迪康，只往校园闯；街道不算宽，人流尚算广；一个急刹车，直把二女撞；惜红颜命短，从此别爹娘；但见官二代，理屈气却壮：有种就去告，我爸是李刚！

另外还有宋词体、普希金版、泰戈尔版、电视购物版等，这些恶搞诗词具有一定的创作文采，体现的是典型的戏谑、讽刺、抨击的逻辑，其采用戏仿的方式[①]，从而制造一种荒诞不经的滑稽效果，也为中间阶层所喜闻乐见，导致中间阶层在其中扩散传播和再创作。

最后，本节将归结上面四个方面，对不同类型下的网络公共事件的主要话语方式进行分析。

要分析不同的网络公共事件产生的不同的主要话语方式，首先要对网络公共事件进行分类。邱林川等从事件内容上，将“新媒体事件”分为四类：（一）民族主义事件，这些事件的源头往往与国际冲突及外交事务相关，其要凸显“我们”和“他者”之别；（二）权益抗争事件，这些事件来源于弱者争取和捍卫权益，其要凸显强弱之争；（三）道德隐私事件，这些事件来源于两方面，一方面是隐私曝光，另一方面是公私界限的混淆；（四）公权滥用事件。这些事件来源于公权力的腐败，尤其是在地方政府层面[②]。这里与本书的网络公共事件相关的是其中三类：民族主义事件、权益抗争事件和公权滥用事件。钟瑛和余秀才[③]对 1998 年至 2009 年 160 起重大网络舆论事件进行系统分析，发现网络舆论事件关注的类型较为广泛，但主要集中在政治与民生方面，有与官员腐败与政府管理密切相关的，共占整个案例的 21.5%，有与警民对抗问题，占到总数的 6%，有对民生问题的关注，这里的民生问题是与普通百姓生活密切相关的问题，占到总体数量的 17.5%，有涉外关系问题，占到整体的 9%；也有性与婚姻问题，占到整体的 5%。而人民网舆情监察室通过对 2013 年 3 月至 2014 年 3 月的全国舆情的 100 个热点舆情案例分析发现，其热点舆情事件主要有反腐与整风话

---

① 戏仿又称戏拟、挪揄、滑稽模仿，是利用某种相似性，往往通过模仿一部严肃的经典文本的内容或风格。

② 邱林川、陈韬文：《前言：迈向新媒体事件研究》，载邱林川、陈韬文主编《新媒体事件研究》，中国人民大学出版社 2011 年版，第 1—16 页。

③ 钟瑛、余秀才：《1998—2009 重大网络舆论事件及其传播特征探析》，《新闻与传播研究》2010 年第 4 期。

题、司法类案件、突发事件与公共安全、行政审批与公共安全、行政审批与政策争议[①]。这些网络公共事件的划分为本书提供了思路。

总的来说，应该客观地看到，不同类型下的网络公共事件都包含理性化的话语批判、情绪化的话语表达、戏谑的网络灰段子、抵抗主流文化的恶搞这几种话语形式。在涉及权益抗争事件和公权滥用事件的时候，情绪化的话语表达占有主导地位，如“@刘长V”在新浪微博直播宜黄事件的首条微博，其中“报警无用”、“紧急求助”、“泣血求助”就是通过情绪化的语言表达来进行煽情。

而对于一些需要专业知识和理性思考的话题，如行政审批和政策争议话题、司法类案件，理性化表达则成为主要的话语形式，如上面分析的吴英案，就引发网友大到涉及我国金融体制及经济犯罪死刑判决的合理性，小到关于对吴英本人是否该定罪被判死刑的各种理性化争论。而当遇到无可奈何，难以抗拒的网络公共事件，如雾霾、食品安全等问题的时候，网民则会采用灰段子或者恶搞来进行戏谑或抵抗。

第四节　网络公共事件里中间阶层的政治参与特点

一　网络公共事件里的中间阶层的诉求是温和的

网络公共事件中，中间阶层又因其所处阶层而有自己的特点。首先，网络公共事件里的中间阶层的诉求是温和的，而并非是激进的。以往的研究显示，中间阶层在政治参与中倾向于利用温和的、有理有节的方式来进行，其参与的策略选择也倾向于妥协、协商等理性方式，例如，有研究发现业主是比较温和的群体，他们能很好地理解政府容忍的底线，避免采取过激行为[②]。而“7·23”温州动车事件所引发的网络公共事件则充分体现了中间阶层诉求温和的特点。

---

① 刘鹏飞、卢永春、邱若辰：《2013年中国社交媒体舆情发展报告》，载唐绪军等主编《中国新媒体发展报告（2014）》，社会科学文献出版社2014年版，第67—84页。

② Cai. Yongshun, “China's Moderate Middle Class: The Case of Homeowners' Resisitance”, *Asian Survey*, 45 (5), 2005, pp. 777 – 779.

在这一事件里，王艺[①]通过选择2011年7月23日到8月2日的新浪微博样本221个，腾讯微博样本79个，分析发现正面立场的微博占总数的26%；中性立场的微博占总数的42%；负面立场的微博占总数的32%。正面立场的微博主要是寄托对该事件中的伤亡者的伤痛、祈祷以及哀悼，语言以平和为主。中性立场的微博主要是对事件相关动态的报道描述分析，其中包括事故动态、官方动态、社会动态和相关事件，语言以客观描述为主。负面报道主要针对铁道部在事故后续处理上的不当做法进行各种各样的批判和质疑。在其中95篇负面微博中，直接提出对铁道部的批评质疑的有27篇，占28%，用语或尖锐或愤怒或讥讽。也就是说，在“7·23”温州动车事件里，中间阶层所引导的网络舆论仅把矛头指向事故的责任方——铁道部，而没有上升到对体制或制度的批判，因而也是温和的。

在对“7·23”温州动车事件的国外研究中，也有如此的结论，例如，邦得萨和苏切莱（Bondesa & Schuchera，2014）[②] 通过对抽样所获得的4600个微博帖子进行分析，发现网民对该事件的观点，有63.4%的帖子表达愤怒，28.4%的帖子要求责问该事件的原因和责任，仅有8.2%呼吁进行抗议行动，而这些抗议行动包括通过公众投票免去铁道部部长盛光祖和高铁总工程师何华武的职务，抵制购买高铁票或对高铁票进行退票等。而在网民所发的帖子批评的对象中，除了9%的帖子没有明确的批评对象外，80%的帖子就高铁事件批评铁道部及相关代表，而11%的帖子批评超过了铁道部，已上升到体制的层面，如其他的政府部门，国家领导，甚至政治体制，这些帖子把高铁与食品安全问题，政府腐败，甚至中国的发展模式联系在一起。从网民对该事件的观点及其批评的对象总体来看，这一事件的讨论远远不属于对整个政治体制的批评，因此是相对温和的。

对这一事件的分析发现，在此担任意见领袖的主要是中间阶层[③]，因

---

① 王艺：《对微博舆论场的传播学解构——以“温州动车事故”的微博传播为例》，《新闻界》2012年第1期。

② Bondesa. Maria & Schuchera. Günter，“Derailed emotions：The transformation of claims and targets during the Wenzhou online incident”，*Information*，*Communication & Society*，17（1），2014，pp. 45 – 65.

③ 王平、谢耘耕：《突发公共事件中微博意见领袖的实证研究：以“温州动车事故”为例》，《现代传播》2012年第3期；吴畅畅：《去邻避化，素朴的自由主义与中产阶级的“表演式”书写——以“7·23”动车事故为例》，《新闻学研究》2012年第7期。

此，可以得出这样一个结论，作为一次重大的网络公共事件温州动车事件，中间阶层对政府的批评是温和的，仅表达愤怒和针对具体的责任人员和部门，并没有进行大规模的现实抗议活动的号召，以及大量的对整个政治体制的批评。

二　网络公共事件里的中间阶层既有理性，也有情绪化

网络公共事件里的中间阶层的表现，除了理性的一面，还有情绪化的一面。通过上面的话语分析，可以看到中间阶层通过理性的力量表达自己的意见，成为意见领袖，引导网络舆论，体现了中间阶层理性的一面，在一些典型的案例中，更是体现出中间阶层通过理性提出解决问题的思路和办法，例如，在2007年厦门PX事件中，为了鼓励厦门市民打破信息封锁以及展开自救，专栏作家连岳在其拥有的博客中发表著名的“十二条”[①]，在这十二条中，连岳通过理性的力量，表达对该事件的观点，例如，连岳首先将此事定位为“全国政协的头号提案”，这实际上确定了事件的合法性，另外，围绕PX项目本身展开，连岳想通过传播该项目的科学知识，来传达这一项目的违规性，进而增加市民参与议题讨论的“正义性”，最后，将普通公民置于“利益共同体”之中，强化不参与可能带来的风险与利益损失，以此敦促人们尽快积极行动，来强调事件的“迫切性”。正是因为连岳的理性，使得其成为该事件重要的意见领袖，这也表现出中间阶层在网络公共事件中理性化的特点。

另外，中间阶层在网络公共事件中也有情绪化的一面，例如，一些网络公共事件的框架总是建构在仇富、仇官的心态上，而缺乏对事实的了解和认真分析，情绪化已成为网络公共事件舆论形成的重要逻辑。而上面分

---

① 这十二条是：1. 首先，你不要怕，议论全国政协的头号提案不是罪，你不会被抓的；2. 如果你有BLOG，上论坛，请转载这篇新闻：《厦门百亿化工项目安危争议》，转载国内合法发行的报纸上的新闻也不是罪，你不会被抓的；3. 如果还是害怕，就在近期之内多跟你的朋友、家人、同事议论这件事——他们说不定全不知情；4. 如果你还是怕，那就告诉最好的朋友及家人；5. 如果你不怕，还应该告诉漳州、泉州的朋友，他们一样处于危险之中；6. 说清楚下面几句话就可以了；7. 这是105位全国政协委员反对的化工项目，他们中包括了最权威的专家；8. PX项目至少应该离城市一百公里才安全；9. 厦门人至今被剥夺了PX项目的知情权，这反证了它是违反民意的；10. 它将使厦门经济倒退，物业贬值、游客减少，而且厦门人还将由此落下软弱与愚蠢的名声；11. 你得癌症的可能性大大提高了；12. 不需要你有太勇敢的举动，只要你让你身边的人都知道这件事以后，厦门之死你就没有责任了。

析中间阶层话语方式的情绪化的话语表达、戏谑的网络灰段子、抵抗主流文化的恶搞也都显示了网络公共事件中情绪化的特点。其他的研究也显示网络难以实现理性沟通，例如，网络论坛反映出网友多不愿意倾听他者或致力于了解差异；网络论坛的认同较难被证实；网络论述易被少数人或团体把持①。总之，理性化和情绪化是网络公共事件里的中间阶层显现出来的另一个特点。要说明的是，情绪化，或情感的出现并不是说中间阶层在网络公共事件就是非理性的，相关的研究表明，人类的理性依靠情感，没有情感，人们不能把握选择的效用，例如，达马斯欧（Damasio，1994，2003）② 发现，当大脑皮层，特别是前额，如果与情感的核心部位——皮层下神经之间的联结中断时，个人的任何决策行为都有困难，几乎总是作出非理性的决策。正是因为此，本书指出在网络公共事件中，不仅要分析中间阶层的理性化话语，还要分析他们的情绪化话语，并通过情绪化话语把握其理性行为特征。

第五节　网络公共事件里的中间阶层政治参与的社会影响

网络公共事件里，中间阶层的政治参与，产生以下社会影响：

一　网络公共事件里中间阶层进行公共领域的构建

互联网的发展不仅给中国网民提供了一个获得各种信息的渠道，更为重要的是，它为中国网民创造了一个对公共问题表达自己观点和偏好的公共空间③。在网络公共事件里，网民通过互联网在卧室、办公室、网吧等

---

① Dahlberg, L, "The internet and democratic discourse: Exploring the prospects of online deliberative forums extending the public sphere", *Information, Communication, and Society*, 4 (4), 2001, pp. 615 - 633; Dahlberg, L.," Computer-mediated communication and the public sphere: A critical analysis", *Journal of Computer-Mediated Communications*, 7 (1), 2001; Dahlberg, L. "Net-public sphere research: Beyond the 'first phase'", *Javnost/The Public*, 11 (1), 2004, pp. 5 - 22.

② Damasio, Antonio R, *Descartes' error: Emotion, reason, and the human brain*, New York: G. P. Putnam, 1994; Damasio, Antonio R, *Looking for Spinoza: Joy, sorrow, and the feeling brain.* Orlando, FL: Hacourt, 2003.

③ Qiang, X., "The Internet: A force to transform Chinese society?" in L. M. Jensen & T. B. Weston (Eds.), *China's transformations: The stories beyond the headlines*, Lanham, MD: Rowman and Littlefield, 2007, pp. 129 - 143.

处对公共生活“公开喊话”，模糊了公共空间与私密空间的感知和界线，在这里，“流动空间”取代了地点空间，构建了一个空前巨大、人人参与其中的网络舆论场，通过网络舆论的压力形成政府的决策和行为[①]，从而成为公共领域。

例如，在孙志刚事件里，孙志刚的死最终促成了一部实行了21年的国家法规的废止，2003年5月14日，腾彪等三位法学博士向全国人大常委会递交建议书，要求对《收容遣送办法》进行审查。5月21日，北京的一大批教授和知名学者专门就孙志刚案件及收容遣送制度进行研讨。而到了5月23日，贺卫方等五位法学家，更是联合上书全国人大常委，要求对孙志刚案及收容遣送制度的“违宪审查”进入实质性的法律操作层面。在各种法律专业人士，也就是本书所称的中间阶层的政治参与之下，2003年6月20日，国务院废除了《城市生活无着的流浪乞讨人员救助管理办法》，收容制度从此成为历史。通过这一事件可以看见中间学者通过在网络公共事件中引导舆论，影响着其他公民和社会，最终导致政府的决策得以改变，实现了政治参与。

在网络公共事件里，中间阶层里的专家学者、媒体工作者、律师通过发表观点、理论分析、情绪感染等影响其他网民的舆论，形成了网络舆论，产生了公众议程，当这一公众议程，引起社会的广泛关注和媒体的报道，产生媒介议程后，有些事件也会引起政府的关注和重视，从而形成政府议程，并对政府的决策和行为形成外部的压力。

在当今社会里，政府在决策和行动时，都要考虑现实的民意，在中国当今的政治环境下，由于没有成熟的舆论调查机构，因此政府更多地考虑的是网络民意，当网络民意的表现在政府的允许范围内，政府往往会根据网络民意的表现来调整自己的决策，在这些网络民意的引导者中，部分中间阶层往往起到引导舆论的作用，如“7·23”温州动车事件后，铁道部根据现实铁路情况实施了“降价降速”的整改策略等。这些舆论通过强大的“声讨”力量，各种观点相互交流，相互碰撞，这种通过充分讨论发挥批判监督功能的政治参与形式正符合了哈贝马斯公共领域理论中对其

---

① Castells Manuel, “An Introduction to the Information Age”, in The Information society Header, ed. by Frank Webster, London and New York: Rouledge, 2004, pp. 138 – 149.

核心概念“批判”的强调①。网络公共事件里的中间阶层通过自己的话语影响着舆论，从而形成公共领域。

二　网络公共事件里的国家与社会的互动

国家也在网络公共事件中，通过各种办法来调整网络舆论，以有利于国家的权威与合法性。

首先，国家通过各种专业机构进行网络舆情监测，及时了解网络公共事件的舆情走向。近几年来，各级地方和中央政府，以及各种企业、事业单位都对网络舆情的监测及对突发事件的应对越来越重视，网络舆情监测可以获得多方面的信息，如关于组织的信息、情况和最新动态等，从而可以帮助政府、企业、事业单位改进工作，甚至创新工作。更为重要的是，政府通过对网络舆情的监测从整体上把握当今民意，并且根据民意适时地调整自己的政策，以获取政府的合法性和民众的认同。

其次，国家还通过网络评论员（网评员）来直接引导网络舆论。网络评论员是一群真实存在的从业者，受雇于各地宣传部门，以各种普通网民身份出现在网络上，按照宣传部门的指令发表官方意见，用来影响和引导舆论。网络评论员通过发表、转发、评论符合国家需求的帖子，进而影响别的网民的意见，从而引导网络舆论适合国家的需求。

再次，国家通过约谈意见领袖和颁布法律来控制网络舆论。例如，2013年8月10日，国家互联网信息办公室主任鲁炜与十多位网络名人举行座谈交流。鲁炜在座谈时就网络名人社会责任提出六点希望，也与在场的网络名人们达成了坚守“七条底线”的共识，即法律法规底线、社会主义制度底线、国家利益底线、公民合法权益底线、社会公共秩序底线、道德风尚底线和信息真实性底线②。后来，各地公安机构对网络谣言制造者、传播者以及网络诽谤者、敲诈勒索者进行了抓捕。9月9日下午，“两高”（最高人民法院和最高人民检察院）公布了《关于办理利用信息网络实施诽谤等刑事案件适用法律若干问题的解释》，并于9月10日起施行。

最后，国家还利用作为意见领袖的中间阶层来引导舆论。例如，2010年

---

① 陈勤奋：《哈贝马斯的“公共领域”理论及其特点》，《中国改革论坛》2010年第7期。

② 《国信办主任鲁炜与网络名人座谈“七条底线”不可触碰》，2013年8月14日，新华网（http：//www. xinhua. org）。

12 月 25 日，浙江省温州市一个村长钱云会被一辆货车撞死。当时互联网上舆论大部分认为，钱云会死于与官方有涉的谋杀，而谋杀的动机则是制止钱云会近年来一直就征地问题的上访，虽然这些观点并没有过硬的事实证据，但是由于没有具有公信力的信息，所以这样的观点就被网民们互相转发，成为了网民的普遍舆论。但是，温州警方则认为，这只是一起普通的交通事故。在两种主要观点难以相互说服的情况下，在政府的允许下，有几个网络观察（调查）团出征乐清，试图通过寻找事实真相，获得超越官方权威和网络舆论情绪，更有说服力的结果[①]。最终，这些观察团经过调查，获得客观公正的结果，也为网络舆论所接受、认同，正是这些网络观察（调查）团的结论，才使这件事情很快平息下去，使政府的形象再度建立起来。

总之，国家的各种方式，实际上体现了网络公共事件里的国家与社会的互动，国家了解社会的需求，调整自己的政策，从而赢得社会对国家的认同和支持。

不过，各级各地政府应对网络公共事件的网络舆情也常出现塔西佗陷阱。[②] 所谓塔西佗陷阱，是指古罗马史学家塔西佗所提出的一种见解，他认为当政府不受欢迎的时候，好的政策与坏的政策都同样会得罪人民。例如，2013 年 2 月，一条抱怨春节在北海旅游吃海鲜被宰近万元的微博引起网民的热烈讨论。后来，当地工商部门依法查处违法行为，使原本十分愤怒的消费者在微博上对北海工商局表示感谢。但是，网民对此并不买账，从微博出现的那一天起，责问声浪不断，处罚结果出来之后，多数网友对处罚结果仍表示不满，认为处罚过轻，这显示了要解决塔西佗陷阱，正确地引导舆论，还要对政府的公信力进行持久的建设。

第六节　网络公共事件里的中间阶层政治参与的受制因素

网络公共事件里的中国的中间阶层政治参与受制于一些宏观和微观的因素，这导致其只能是一定范围内的公共领域。

---

① 王蔚：《公共性的迷思：微博事件中的知识分子及其社会行动——以钱云会案中知识分子观察团为例》，《新闻大学》2013 年第 5 期。

② 邱柏生：《社会意识形态要预防“塔西佗陷阱”》，《广西师范大学学报》（哲学社会科学版）2012 年第 4 期。

一　受制的宏观因素

从宏观上看，网络公共事件里的中间阶层的社会影响，常常受制于传统媒体报道的力度。传统媒体的报道吸引更多网民的关注，形成强大的舆论力量。例如，揭露黑砖窑的帖子，于 2007 年 6 月 6 日晚以跟帖的形式首先在大河网贴出，而到 6 月 18 日，该帖子的点击率就已经超过了 30 万①。而该帖在 6 月 7 日被转帖到“天涯杂谈”后，到 6 月 13 日为止，短短六天时间，点击率就已经高达 58 万，有 3000 多篇回帖②。《南方周末》记者也正是根据网帖，第一时间到达了现场，并进行了报道。其后，国家高层领导批示，山西、河南两地政府及时反应，一场空前轰动的黑砖窑打击风暴就此展开。

在“杨达才事件”中，原来仅是网民在微博里传播，并成为微博中的热点事件。后来，《法制日报》《南方都市报》《钱江晚报》《新民晚报》等传统媒体开始关注此事，并纷纷对关于此事在微博上的言论进行摘编报道，而中央电视台《新闻 1+1》节目《局长的“微笑”局长的“表”》更是采访了网络意见领袖“花总丢了金箍棒”，对“杨达才事件”进行分析报道。这些传统媒体的报道，最后引起了当地纪检部门的注意，进而导致了杨达才被撤职查办。

从整体上来看，于君博等统计了 2006 年到 2011 年中国 60 起重大网络公共事件，相关统计数据显示，90% 的公共事件都是由传统媒体率先报道后，才成为公众关注的热点事件③。网络公共事件从最初一部分网络群体知道，到发展成为广为关注的社会性议题，可以说传统媒体报道在其中起着至关重要的作用。这是因为，传统媒体的议程设置能力能够促成公共议题的形成、公共政策议题的设定，传统媒体的报道往往更能引起政府的关注，而就相关事件的持续报道，也迫使政府在关注的同时须拿出相应的解决方案以平息事态、完善社会管理。也就是说，中间阶层的网络政治

---

① 《网上发帖揭露山西黑砖窑神秘母亲曝光》，http：//bjyouth. ynet. com/view. jsp? oid = 22027688。

② 《上千孩子被卖黑砖窑做苦工》，http：//news. sina. com. cn/c/p/2007 - 06 - 13/01041200 8770s. shtml。

③ 于君博、杨凯：《中国网络公共事件的议程互动模式——基于社会公平正义相关事件的经验研究》，《南京师大学报》（社会科学版）2013 年第 7 期。

参与要受到传统媒体报道的影响。当然，也要看到，传统媒体的信息来源和报道的影响扩大，离不开微博、论坛等网络互动交流平台的帮助。

二　受制的微观因素

（一）受制于网民对网络政治参与的意见和态度

从微观的角度来看，网络公共事件里的中间阶层是否进行政治参与，则一方面受制于中间阶层个人对网络政治参与的意见和态度。对于这些意见和态度的测量，本章通过深入访问部分中间阶层来获得他们对此的看法，该调查的具体过程可见第五章的“中间阶层对网络问政的观点和态度：基于质化分析”的详细介绍，其调查问题是“在互联网上发表或者传播的对社会和政治问题看法”的意见。

1. 持支持态度网友的意见

在77个有效回答中，很多人对于“在互联网上发表或者传播的对社会和政治问题”是持支持态度的，这里有代表性的回答是“我认为这样的行为非常的普遍。并不反感，反而乐于接触各方面的信息。另外，随着我国公民上网普及率的提高，其影响的广度和深度都超过了人们的预期和判断。互联网作为一种新的媒介形式，全面地打破了传统的时空限制，为人们提供了一种强大的沟通工具，具有全球性、普遍性、无限性、匿名性等特征。所以人们自然更方便，更有渠道去表达自己的感情跟想法”，有人从信息社会的角度对此进行支持，表示：“在这个瞬息万变的社会，对于生活在这个信息时代、网络、信息发展和突飞猛进的今天，而也正是言论自由和网络个性化发展的今天，人人参与才是互联网价值存在的必要性，也正是人人参与、人人使用和计算机的平民化、普通化才在整个网络时代的领域里面创造了诸多难以想象的结果和奇迹!”

2. 持中立态度网友的意见

不过，在访谈的回答中，也有些人担心“在互联网上发表或者传播的对社会和政治问题”的消极影响，如网友说“网民是有权利在网上表达自己的想法，但是不能诋毁国家形象和散播谣言造成混乱，我自己也会在网上看新闻和看网民对新闻事件的看法，以前没有流行留言的时候我都是和朋友在茶余饭后闲聊，现在网络发达了，可以和不同的网民讨论话题，对社会有更进一步的了解，也增加了社会事件的透明度，但也不乏存在一些刻意攻击的言论，这个是现时的主要问题”，有的人还说：“是言论自由的一种表现形式，对国家维护秩序有一定的作用。但如果使用不当，或者被别有用心的人借题发挥，给国家造成的负面影响是深远的。中国地大人多，什么样的人都有，加上受国外敌对势力的蛊惑，很多针对社会和政治问题的文章或帖子都是不客观、不公正的，即使是实情，从破坏国家角度出发的，对普通民众来说也未必是好事。"

3. 持消极态度网友的意见

在访谈的回答中，有部分人则表示对此的消极参与，甚至政治冷漠。例如，网友说"这是平民老百姓表达自己意见的渠道之一吧，我们国家说是言论自由，但其实很不自由，很多东西是不能说的，虽然我基本上不发这种文章，但我觉得需要有这类人，这类文章的存在。只有大家将自己的想法表达出来，党才知道基层到底是个啥样，是个什么想法。但现在发表的渠道太少，弹性空间太小"，有的干脆这样说："这是他们的自由，他们想发就发，只要国家政府没啥意见。我平常关注得少，自己也不会去发这些东西，像我们这种人只关心自己的日子过得怎么样。"

这些意见显示，网络事件里中间阶层的政治参与与否，参与的程度多少，会受制于其个人对在网络发表政治观点看法的影响。如果网民对网络政治参与持积极的态度，那么他们将会积极地发言，而如果是中立或消极的态度，那么他们将会沉默，表现出政治冷漠。

（二）受制于网民对网络管理的意见和态度

从微观的角度来看，网络公共事件里的中间阶层是否进行政治参与，还受制于中间阶层个人对网络管理的意见和态度。尽管有研究者指出中国政府是努力地促进政治参与的，只要这些政治话题不涉及西藏、台湾和天安门事件等敏感话题①，但是，在新浪微博、腾讯微信、《人民日报》强国论坛等，可以看到的事实是，有网络管理人员进行删帖，其删帖管理的法律依据是中华人民共和国信息产业部于2000年10月8日通过的《互联网电子公告服务管理规定》②，2001年12月24日新闻出版总署和2002年

① Min Jiang and Heng Xu, "Exploring online structures on Chinese government portals: citizen political participation and government legitimation", *Social Science Computer Review*, 27 (2), 2009, pp. 174 - 195; Randolph Kluver, "The architecture of control: a Chinese strategy for e-governance", *Journal of Public Policy*, 25 (1), 2005, pp. 75 - 97.

② 《互联网电子公告服务管理规定》，http://www.miit.gov.cn/n11293472/n11294912/n11296542/11957379.html。

6月27日信息产业部审议通过的《互联网出版管理暂行规定》[1]，中华人民共和国国务院新闻办公室和中华人民共和国信息产业部于2005年9月25日公布的《互联网新闻信息服务管理规定》[2]。

当然，有研究者认为，对于这些管理规定，不仅大多数网民并不熟悉，运营机构也是根据自己的理解去执行的，这是因为这些标准过于宽泛，管理部门在具体操作过程中只好更多根据自己的理解或权力意志下判断，只要情节不算恶劣，其监管也往往睁一只眼闭一只眼，这些法律条例，主要是对公众普遍的事前威慑，在过错严重时才成为追惩的依据[3]。不过，互联网管理条例的存在仍然促使了网民对言论后果的估计以及对言论的自我审查，例如，杨国斌（Yang，2003）[4] 指出尽管中国公民相信互联网给予了他们更多地言论自由，但是由于害怕国家的惩罚，他们更多地对自己的言论进行自我审查。相关研究也显示，中国互联网的影响力受制于审查管理[5]。

为了分析中间阶层对网络管理的态度，本章并没有去分析网民对这些管理的具体规定的看法，而是向其提问："如何看待论坛、聊天室、博客、微博中的删帖问题?"其调查的具体过程可见第五章的"中间阶层对网络问政的观点和态度：基于质化分析"的详细介绍，在关于如何看待删帖问题的77个有效回答中，持支持态度的18个，占23.4%，持反对态度的17个，占22.1%，持中立态度的42个，占54.5%，在删帖问题上，中间阶层以中立的居多，具体意见如下：

1. 对删帖持中立态度的代表意见

对删帖持中立态度的代表意见主要集中在要从帖子的内容性质来看待

---

① 《互联网出版管理暂行规定》，http：//www.gov.cn/gongbao/content/2003/content_62636.htm。

② 《互联网新闻信息服务管理规定》，http：//www.gov.cn/flfg/2005 - 09/29/content_73270.htm。

③ 李永刚：《我们的防火墙》，广西师范大学出版社2009年版，第88—89页。

④ Yang，Guobin，"The Co-Evolution of the Internet and Civil Society in China"，*Asian Survey*，43（3）：2003，pp. 405 - 422.

⑤ King，G.，Pan，J.，& Roberts，M. E，"How censorship in China allows government criticism butsilences collective expression"，*American Political Science Review*，107，2013，pp. 326 - 343；MacKinnon，R，"Flatter world and thicker walls? Blogs，censorship and civic discourse in China"，*Public Choice*，134，2008，pp. 31 - 46；Tsui，L.，"The Panopticon as the antithesis of a space of freedom：Control and regulation of the Internet in China"，*China Information*，17，2003，pp. 65 - 82.

是否需要删帖。如有网友说“从个人心理成长角度来说，我觉得有些低俗的、容易让人产生畸形心理的很有必要删。从管理国家的角度看，觉得控制舆论是必不可少的手段，尤其是像中国这样的人口大国显得尤为重要。我觉得如果帖子所反映的都是真实情况，删就是对言论自由的扼杀，就是在自损国家的公信力，很不应该。但问题是现在的网络一些帖子真真假假已经很难分清，让人很难说应不应该”，有网友则说“论坛、聊天室、博客、微博中的删帖问题，要一分为二看待。对于分裂祖国、破坏民族团结、某某明星为了上镜率而上传的不雅视频、败坏社会道德、影响社会风化的帖，应该删除；但那些揭示社会问题的帖，例如政府部门强制拆迁、雷政富不雅视频、某某贪官贪污受贿的视频等，这些是社会舆论对政府的监督，就不应该删了”。

2. 对删帖持支持态度的代表意见

对删帖持支持态度的指出网络社区需要进行管理，如有网友说“在网络上，都是必须有规矩的，正所谓没有规矩不成方圆，某些论坛、聊天室、博客、微博中，对于广告帖、虚假宣传帖、色情帖等危害网络安全的帖子是坚决支持删除的，某些虚假宣传言论，造成社会动乱的帖子，是必须不能出现的，一旦出现，还得要网络警察把不法分子捉拿归案”，有网友则从不良言论的后果出发，认为“这个动作是必须的，因为有些人在发表言论的时候，不知道该言论可能会带来何等影响，因此如果在发表后带来不好的影响，马上把它删除，可以减低该言论对自己或是对大众所带来的影响”。

3. 对删帖持反对态度的代表意见

对删帖持反对态度的主要从言论自由去分析，有网友说“这种事就是在反映我们没有足够的言论自由，特别不是关于政策的报道，而是对私企或者国企的负面报道，这种企业形象的报道不管是正面或者负面都不能删帖，丑闻是自身的事，不能以这种方法去控制言论和新闻传播”，有网友则从社区开设的目的分析，指出“只要和政治拉边的基本都删掉，屏蔽某些字眼，言论不能自由发表，为什么要开放互联网信息呢？违背初衷，符合中国特色、报喜不报忧”。

目前我国网络管理规定过于粗线条化，作为网友的中间阶层对网络管理的删帖基本上是持中立态度的，这是因为他们既认为从维护国家社会秩序来说，有些帖子需要删，但是他们又困惑由于没有明确的删帖细则和救济渠道，网络管理的删帖行为难以规范。中间阶层个人对网络管理的意见和态度，也会影响网络事件里中间阶层的政治参与。

第七节　网络公共事件里中间阶层的政治参与小结

中间阶层的专家学者、媒体工作者、作家、律师等拥有较大的话语权，其在网络公共事件中担任起意见领袖；其他的部分中间阶层通过转发、附和来表达自己的观点和态度；而中间阶层则在网络里发泄由自身的生活经历和经验所带来的不满、愤怒和悲情。中间阶层利用理性化的话语批判、情绪化的话语表达、戏谑的网络灰段子，抵抗主流文化的恶搞。网络公共事件里的中间阶层的诉求是温和的，而并非是激进的。网络公共事件里的中间阶层的表现，除了理性的一面，还有情绪化的一面。网络公共事件里中间阶层进行公共领域的构建，而国家则在网络公共事件中，通过各种办法来调整网络舆论，以有利于国家的权威与合法性。从宏观上看，网络公共事件里的中间阶层的社会影响，常常受制于传统媒体报道的力度。从微观上看，其还受制于中间阶层对网络政治参与的意见和态度，受制于中间阶层对网络管理的意见和态度。

值得一提的是，在网络公共事件的意见领袖中，很少看到社会低层的身影，这可能是因为作为意见领袖，需要的知识面、时间和精力都是社会低层所难以拥有的。从这个角度来说，网络公共事件的外压模式可以说是中国中间阶层所独有的网络政治参与模式。

第八章

网络社会动员里的中间阶层的政治参与分析

本章分析中间阶层网络政治参与的第四种模式：网络社会动员里的动员模式。本章首先界定网络社会动员的概念以及与政治参与的关系，接着分析中间阶层在不同类型社会运动中的网络社会动员形式，进而探索中间阶层网络社会动员中的行为和态度。

第一节　网络社会动员与政治参与

一　网络社会动员的概念

随着新媒体和新技术的发展，网络社会动员的作用与影响越来越大。曼纽尔·卡斯特指出，互联网“将会在社会运动和政治进程中应用并且将日益得到应用。互联网正在成为行动、告知、招募、组织、占领与反占领的优势工具”①。网络社会动员是社会动员的一种，所谓社会动员，是指人们在某些经常、持久的社会因素影响下，其态度、价值观与期望值变化发展的过程②。当社会动员促使人们对公共事务、公共管理介入，对民主生活、政治生活关涉，对事关个人发展和利益加以选择时，就成为了参与动员，也就是一种政治参与。网络社会动员即通过互联网进行的社会动员，与传统的社会动员相比，网络社会动员建立在信息快速传播，以及庞

① ［美］曼纽尔·卡斯特：《网络星河》，郑波、武炜译，社会科学文献出版社 2007 年版，第 150 页。

② 郑永廷：《论现代社会的社会动员》，《中山大学学报》（社会科学版）2000 年第 2 期。

大的社会网络[①]，因而常常仅需要付出不多的时间和金钱成本，就可产生庞大的社会动员效果。

在新中国成立后到改革开放前的“强国家—弱社会”的结构下，要动员人们进行某项活动，其特征是“动员者和被动员者之间存在一种隶属性的组织纽带”[②]。改革开放后，到互联网出现之前，由于国家从很多领域退出，尽管也存在着各种运动，但是，动员一直难以成为政治参与的依赖方式。这是因为，第一，中国的传统文化推崇以血缘关系为核心的差序格局[③]，普通民众多关注跟自己血缘、亲缘或者业主有关的事务，因此，在没有意见领袖的带领下，难以对公共事务形成真正的关心。第二，中国公民的政治参与往往被认为是以追求个体或者小群体利益为主要目标的，所以也就难以通过对公共事务的参与来进行，而是以特殊的“找单位领导接触”、“找关系”为主要形式[④]。这在第三章的中间阶层的政治参与手段选择比较的结果中有所反映。第三，政府基于改革开放前动员，如“文革”对社会的影响的经验，也较少继续使用动员这种政治参与方式。正是由于上述原因，在互联网出现之前，中国民众很少参与大规模动员运动。

互联网的出现，带来了数量庞大的网络群体和此起彼伏的网络舆论，在相关的研究里，互联网不仅是一个公共领域，还是一个社会动员的途径[⑤]。互联网中的信息传播、情感感染、社会网络等都为网络社会动员的形成提供了可能，例如，在政治条件成熟的时候，微博里的社会网络，如好友、粉丝可以转变为动员的社会结构[⑥]，有研究则发现微博可以通过在

---

① Diani, M, “Social movement networks virtual and real”, *Information, Communication & Society*, 3, 2000, pp. 386 - 401; Garrido, M., & Halavais, A., “Mapping networks of support for the Zapatista Movement: Applying social-networks analysis to study contemporary social movements”, in M. McCaughey & M. Ayers (Eds.), *Cyberactivism: Online activism in theory and practice*, New York: Routledge, 2003, pp. 165 - 184.

② 孙立平等：《动员与参与——第三部门募捐机制个案研究》，浙江人民出版社 1999 年版，第 67 页。

③ 费孝通：《乡土中国》，上海人民出版社 2007 年版，第 21—23 页。

④ 陈映芳：《贫困群体利益表达渠道调查》，《理论参考》2004 年第 11 期；胡荣：《社会资本与城市居民的政治参与》，《社会学研究》2008 年第 5 期。

⑤ Zheng, Y., & Wu, G., “Information technology, public space, and collective action in China”, *Comparative Political Studies*, 38, 2005, pp. 507 - 536.

⑥ 曹阳、樊弋滋、彭兰：《网络集群的自组织特征——以“南京梧桐树事件”的微博维权为个案》，《南京邮电大学学报》（社会科学版）2011 年第 3 期。

不同省份的积极分子和非政府组织之间促成各种议题的社会网络，对集体行动产生长远的效应[①]。

应该说明的是，网络社会动员既可以促成网络政治参与，如通过网络舆论影响政府的决策和行为，也可以促成现实政治参与，如参加现实的集体行动去影响政府决策和行为，但是促成网络政治参与往往表现为网络公共事件，这已在第七章有所分析，本章更多地关注网络社会动员所促成的现实政治参与。

二　网络社会动员与动员模式

网络社会动员所促成的现实政治参与常以集体行动的形式出现。互联网可以从两个方面促进行动者参与集体行动，一方面是“通过社会化行动者，使其具有和集体行动议题相近的意识，从而激发行动者的参与”，即通过互联网产生集体行动的意识，进而促进集体行动；另一方面是“通过网络的联系功能，将实际行动者和潜在行动者联结起来，促进潜在行动者的参与”[②]，即通过互联网的沟通，形成庞大的社会网络，动员更多的行动者参与进来。

在促进行动者的意识上，网络公共讨论能够对某个事件进行阐释，达成共识，成为网络之下现实直接行动的基础[③]；在网络联系上，互联网能够跨越时空的限制，使得通过网络社区构建起来的社会网络方便有效地得以实现。例如，在工人维权行动中，互联网起到了建立联系、商讨策略、分享经验和即时动员的关键作用[④]。网络社会动员提供了以往所没有的跨越地域和人际网络的公共平台，通过信息的传播，改变了过去公民参与主要依赖地方和团体的参与组织基础，向地域更加分散而以

---

① Huang Ronggui & Sun Xiaoyi, “Weibo network, information diffusion and implications for collective action in China”, *Information Communication and Society*, 2014; 17 (1), pp. 86 - 104.

② Passy Florence, “Social Networks Matter. But How?”, in Mario Diani and Doug McAdam, *Social Movements and Networks: Relational Approaches to Collective Actions*, Oxford: Oxford University Press, 2003.

③ 黄荣贵:《互联网与抗争行动：理论模型、中国经验及研究进展》,《社会》2010 年第 2 期。

④ 汪建华:《互联网动员与代工厂工人集体抗争》,《开放时代》2008 年第 11 期。

利益、兴趣为基础的社会网络方向发展[①]。斯诺的研究也强调人际网络在集体行动中的关键的动员作用，对于那些亲身参与运动的人来说，其受到人际网络的影响比公共场所、大众媒介的影响都要高，而对于那些同情运动而最终没有参与的人群来说，他们之所以没有参与主要是因为“并不知道周围有人参加”[②]。而互联网对人际网络的形成和发展能够产生很大的影响，因此互联网就通过人际网络促成了集体行动的政治参与产生。

网络的社会动员所促成的政治参与对社会和政治都产生重大的影响，如2009年的伊朗选举[③]、2011年的埃及运动[④]都体现出了网络动员的威力和影响力。网络社会动员促成政治参与的模式可以称为动员模式。王绍光在《中国公共政策议程设置的模式》[⑤] 中也采用动员模式分析过，不过他把动员模式归为是由决策者提出的，即决策者在确定一项议程后，会千方百计引起民众对议程的兴趣、争取他们对该议程的支持，如在毛泽东时代，土改、“三反”、“五反”、总路线、“大跃进”、“四清”、“文革” 都是采取这种模式。

然而，本章里的网络社会动员所属的动员模式，并不是由决策者推动的，而是由普通公民推动的，因此是一种普通公民试图影响政府决策和行为的政治参与。普通公民之所以能够实现过去只有决策者才能完成的动员模式，主要是由互联网的低成本、一对多、迅速及时等特点导致的，如一些微博的大 V 的粉丝甚至达到上千万，这意味着，这些微博大 V 发的一条信息，瞬间就能有上千万的人看到以及转发，互联网独特的功能为普通公民的社会动员提供了可能和现实途径。作为普通公民，中间阶层也可通过网络社会动员，推动现实的政治参与，与社会低层相比，中间阶层拥有优势的职业地位和教育学历，具备相应的政治、经济、文化资源，即拥有

---

① Wellman, Barry, “Physical Place and cyber Place: the Rise of Networked Individualism, International”, *Journal for Urban and Regional Research*, 25, 2001, pp. 227 - 252.

② David A. Snow, Louis A. Zurcher, Jr., “Sheldon Ekland-Olson, Social Networks and Social Movements: A Microstructural Approach to Differential Recruitment”, *American Sociological Review*, 45, (5), 1980, pp. 787 - 801.

③ Annabella Sreberney and Khiabany Gholam, *Blogistan: The Internet and Politics in Iran*, London: I. B. Tauris and Co. Ltd, 2010; Lev Grossman, “Iran protests: Twitter, the medium of the movement”, *Time*, 17 June 2009.

④ CNN, iRevolution: Online Warriors of the Arab Spring (CNN's Episodes TV Program).

⑤ 王绍光：《中国公共政策议程设置的模式》，《中国社会科学》2006 年第 5 期。

必要的可动员资源，尤其拥有社会网络和话语的权力，因而更有可能进行网络社会动员，促成社会运动，形成政治参与。

三　本章的研究思路

（一）本章要解决的问题

要分析中间阶层在网络社会动员中的特点，先得将社会运动进行分类。麻楣（Mamay，1995）[①] 认为社会运动作为现代社会政治过程的一部分，是政治参与的一种创新形式。并将社会运动划分为冲突性社会运动和共意性社会运动两种，在该研究的定义中，冲突性社会运动是指对现有的社会秩序予以破坏，并创建一个新的社会秩序的运动，而共意性的社会运动则是指维护现有的社会秩序的运动。麦卡锡和沃尔夫森则从有无组织反对的条件中，指出“冲突性运动——比如劳工运动、贫民运动、女权运动和民权运动——通常都是由少数的社会群体或人口中的一小部分人来支持的，并且在通过行动试图带来社会变迁时，遇到了根本性的有组织的反对，与此相反，共意性运动则是这样一种社会运动，它的目标受到某个地域内的社会内全体人口的广泛支持，并且在追求社会变迁时，很少或者几乎没有碰到什么有组织的反对”[②]。根据这些定义，在中国的环境下，冲突性运动包括各种集体上访、请愿等群体性事件的制度外的政治参与，而共意性活动包括公益、慈善活动等集体行动的政治参与。不同性质的社会运动导致不同的网络社会动员和政治参与，对共意性活动下的网络社会动员，可简称为共意性网络社会动员，对冲突性活动下的网络社会动员，则可简称为冲突性网络社会动员。不同性质的社会运动，会影响到各种组织和个人对其的态度和行为，从而影响到中间阶层在其中的政治参与的特点。

为此，本章着重解决以下问题：中间阶层在不同类型社会运动中的网络社会动员和政治参与的形式、特点是怎样的？中间阶层对不同类型社会运动的态度如何？其反映出中间阶层政治参与的什么特点？

---

① Mamay，Sergey，“Theories of Social Movements and Their Current Development in Soviet Society”，1995，http：//lucy. ukc. ac. uk/csacpub/russian/mamay. html.

② 约翰·D. 麦卡锡、马克·沃尔夫森：《共意性运动、冲突性运动及其对基础设施的占用》，载艾尔东·莫里斯、卡洛尔·麦克拉吉·缪勒主编《社会运动理论的前沿领域》，刘能译，秦明瑞校，北京大学出版社2002年版，第314—315页。

（二）本章的研究方法

在研究方法上，本章采用多案例综合分析方法，过去的相关研究中倾向于单一案例的分析[①]，单一案例分析虽然有利于理解单一个案背后的背景、起源与发展的全过程以及各种相关的细节，但是，却难以历时性或共时性地与其他相同或者不同案例作对比分析，而多案例分析法是在单一案例分析基础上的改进，其能够通过比较分析挖掘其不同案例之间的异同，从而挖掘背后的共性和特征，这一方法又可以被看作是多个相关实验，通过实验环境不同变量的对比进行分析归纳，而此时所进行的归纳则是“分析性归纳”[②]，即使用事先的理论框架来分析多个案例，将理论的推论与多案例的经验材料对比，从而得出相应的结论。

（三）本章的理论框架

而对于理论框架，本章将网络社会动员置于资源动员理论、框架理论、政治机会结构理论下进行分析，这些理论内容如下：

1. 资源动员理论

资源动员理论是解释当代社会运动的一个重要视角，其也成为解释网络社会动员的一个重要的理论框架。资源动员学派的理论家奥伯肖尔（Ober schall）将资源定义为既包括“从工作、工资、财产、对物质商品和服务的权利等物质性资源”，也包括“权威、道德承诺、信任、友谊、技巧、勤奋的习惯等非物质性资源”。他也指出：“资源永远处于被创造、被消费、被转移、被集中、被重新分配、被交换，甚至耗尽。”[③] 另外，奥伯肖尔也强调了外部资源对于某个集体行动的重要性。在目前的美国社会运动中，社会运动对物质和时间资源的依赖越来越高，大量的社会运动越来越依赖外来的资源得以存在[④]。资源动员理论下的社会运动是理性

---

① 周葆华：《突发公共事件中的媒体接触、公众参与与政治效能——以“厦门 PX 事件”为例的经验研究》，《开放时代》2011 年第 5 期；曾繁旭、黄广生、刘黎明：《运动企业家的虚拟组织：互联网与当代中国社会抗争的新模式》，《开放时代》2013 年第 3 期。

② 罗伯特·K. 殷：《案例研究：设计与方法》，周海涛等译，重庆大学出版社 2004 年版，第 36—37 页。

③ Oberschall, Anthony, *Social Conflict and Social Movements*, Englewood Cliffs, NJ: Prentice_ Hall, 1973, p. 28.

④ Meyer, David, S. and Sidney Tarrow, *The Social Movement Society: Contentious Politics for a New Century*, Lanham, M. D.: Rowman and Littlefield, 1998.

的，是面对社会性环境，新机会的新反映[1]。随着互联网的发展，新的资源成为了动员的重要途径，以互联网为基础的交流克服了地理空间的障碍，从而有利于维持一个分布广泛的虚拟的网络社区[2]，当虚拟网络社区与现实生活的社区相互重合的时候，网络社区有利于产生大量的弱邻里关系，而这种邻里关系又最终能够作为集体行动动员的工具[3]，同时，互联网的信息即时传播功能则有利于社会运动的随机动员和持续动员，在随机动员方面更是体现了信息即时传播与反馈的优势，在持续动员上，则通过信息的反复传播和社会网络得以巩固。

2. 框架理论

框架理论中的框架指的是一种能帮助人们认知、理解、标记、指认、解释周围所发生的事物的解读模式。框架是戈夫曼（Erving Goffman）提出的一个微观社会学概念，在戈夫曼那里，框架是一种解释的模式，是轶事和成见的集合，个人通过这样的集合来理解事件和对事件进行反映[4]。斯诺（Snow. David A）将戈夫曼的框架概念应用到了社会运动微观过程的分析[5]。对于一个具体的社会运动来说，运动的积极分子所提出的主张并不一定就是其所想动员的社会群体所能接受的框架，为了有效地进行社会动员，运动的积极分子对他们的主张进行改造，将其与动员对象的直接利益和情感联系起来，这就需要进行框架整合。于是，框架作为一种试图去描绘社会运动的策略，其目的是使行动者的观点合法化，及使用大家共同的信念和理解，去动员并获得认同。在传统的社会运动中，参与者经常通过各种方式来表达其各种各样的利益诉求，例如，给政府的相关部门写信，给人大政协提交议案，接触人大政协委员并提出建议，或者在群体性

---

① Mamay, Sergey, "Theories of Social Movements and Their Current Development in Soviet Society", 1995, http://lucy.ukc.ac.uk/csacpub/russian/mamay.html.

② Elin. Larry, "The Radicalization of Zeke Spier: How the Internet Contributes to Civic Engagement and New forms of Social Capital", in *Cyberactivism: online activism in theory and practice*, edited by New York & London: Routledge. 2003, pp. 97 - 114.

③ Hampton. Keith N, "Grieving for a Lost Network: Collective Action in a Wired Suburb", *Information Society*, 19 (5), 2003, pp. 417 - 428.

④ Goffman, E., *Frame analysis: An easy on the organization of experience*, Cambridge, MA: Harvard University Press, 1974.

⑤ Snow. David A., E. Burke Rochford, Jr., Steven K. Worden & Robert D. Benford, "Frame Alignment Processes, Micromobilization, and Movement Participation", *American Sociological Review*, 51 (4). 1986, pp. 464 - 481.

事件中通过呼喊口号、举着标语和横幅等来表达诉求，这些都需要话语塑造和框架整合。随着互联网时代的到来，社会运动的行动者在网络媒体中获得“编辑权”[①]。如果传统媒体对群体性报道的认知框架不符合当事人的认知框架，则当事人就可通过新闻素材和新闻报道的重新组织，通过对话语的重新界定，来重塑认知框架。在社会运动中，行动者还可以对议题进行再框架化。例如，如果传统媒体将社会运动定义为“非法集会”，“打砸抢”，社会运动参与者则可重新表达为“和平表达诉求”、“争取合法利益”等各种合法话语，从而使得运动者的每一个口号都体现着不同的合法性，策略和目标。互联网通过对社会运动的框架建构和框架整合，可以培养集体共识，建构集体认同，最终促进集体动员和集体政治参与。

3. 政治机会结构理论

政治机会结构理论来源于政治过程理论，政治过程理论指出，社会运动中的主要参与者是在政治、经济、文化上受排斥的群体或被边缘化的群体。这样，社会运动就与政治体制联系在了一起[②]。艾辛格（Eisinge，1973）提出了政治过程理论中的核心概念——政治机会结构（Structure of Political Opportunities）。他认为在 1968 年的 43 个美国城市里，不同城市会形成各自不同的政治机会结构[③]。泰罗（Tarrow）对政治机会结构作了以下定义，所谓的政治机会结构，指的是那种比较常规的、相对稳定的（但并不是永久不变的），能改变民众社会运动参与度的政治环境。政治机会结构认为社会运动的出现取决于参与者面临的政治机会和有利条件，而不是个人对社会或者经济因素的不满，政治机会结构是社会运动面临的风险和成本，其状况如何直接影响到运动的成败。相关研究发现，要想使社会运动中对抗性策略取得成功，必须要存在有利的政治环境[④]。政治环境能够影响政治系统的结构、功能和运行，从而也能影响社会运动的最终解决。互联网促进的社会动员也离不开事件所面临的社会政治机会结构，

---

① Scott, Alan and John Street. From Media Politics to E-protest, Information, *Communication & Society*, 3 (2), 2000, pp. 215 - 240.

② 王瑾：《西方社会运动研究理论述评》，《社会科学报》2006 年 8 月 3 日。

③ Eisinger, Peter K, "The Conditions of Protest in American Cities", *American Political Science Review*, 67 (1), 1973.

④ Schumaker, Paul D, "The Scope of Political Conflict and the Effectiveness of Constraints in Contemporary Urban Protest", *The Sociological Quarterly*, 19 (2), 1978, pp. 168 - 184.

例如，高恩新（2009）[①] 发现互联网的动员功能受制于官方管理者允许报道的范围和深度以及媒体的保守主义的倾向。

第二节　不同类型社会运动里的网络社会动员

一　共意性运动里的网络社会动员

在目前中国的社会中，共意性活动包括公益、慈善活动等集体行动的政治参与：

（一）网络公益——微博打拐

2011 年 1 月 17 日，在微博拥有 193 万粉丝的中国社会科学院于建嵘教授通过私信接到了一位母亲的求助，该母亲希望于建嵘能帮她寻找失踪的孩子，于建嵘就在新浪微博上发了一条关于该孩子走失的微博。该微博发出后，立刻引起广大网友的关注和讨论，有一网友表示，2010 年初曾看到一名和该孩子相似的人在乞讨，并上传了孩子乞讨时的照片，最终，在公安机关的帮助下，孩子被找到。后来，2011 年 1 月 25 日，于建嵘在新浪网开设微博“随手拍照解救乞讨儿童”，呼吁网友将街头看到的乞讨儿童拍下，连同时间、地点等信息一同发上来，希望借此帮助家长寻找丢失的孩子。该微博仅开通 10 天时间，便吸引了 57 万余名网友的关注。

之后，经姚晨等诸多明星相继转发后，“随手拍照解救乞讨儿童”被越来越多的网友熟知，爱心志愿者纷纷积极响应。除了个人，部分公安部门也主动参与合作，如深圳公安等公安微博；各地义工团体微博和多家媒体微博也参与其中。2011 年 1 月 28 日，公安部打拐办主任称公安部将部署公安机关对强迫未成年人乞讨进行立案调查。后来，壹基金慈善组织、全国人大代表和政协委员也关注此事件。这场众网友共同参与的行动，逐渐发展成为一场国家和社会力量的整合，包括网友个人、明星、专家学者、人大代表、政协委员、民间团体、媒体、公安部门等，形成了强大的传播力量。

在“微博打拐”事件后期，政府相关部门如公安的主动介入，使该事件发展成由“互联网引导、政府主导”的共意性社会运动。此外，多地政府部门根据网上号召，开设打拐专用的微博，积极配合打拐行动，并

① 高恩新：《互联网公共事件的议题建构与共意动员——以几起网络公共事件为例》，《公共管理学报》2009 年第 10 期。

通过这一行动，利用舆论，来塑造自身形象。另外，政府机关的积极应对，也吸引了更多网民积极参与。

（二）网络慈善——免费午餐

2011 年 3 月，在微博拥有 500 万粉丝的邓飞开始呼吁“免费午餐”，并到相关小学进行考察，进行微博直播，建立微群，招募志愿者。4 月，邓飞联合了全国的记者约 500 名，并联系了十多家媒体，以及与民政部主管的中国社会福利基金合作，并进而正式启动免费午餐基金，在微博上建立“免费午餐”官方认证账号，通过网络社会动员发起募捐，并接受各界的监督。2011 年 9 月，民间公益项目“免费午餐”短短 5 个多月就募集善款 1690 余万元，为 77 所学校的 1 万多个孩子烹制了免费的午餐。

“免费午餐”活动开展半年后，得到了政府的回应，到了 2011 年 10 月，国务院决定启动实施农村义务教育学生营养改善计划，即中央每年拨款 160 多亿元，按照每名学生每天 3 元的标准，为农村义务教育阶段学生提供营养膳食补助，这项计划普惠 680 个县市的约 2600 万在校学生。

项目发起人邓飞是著名记者，在微博上有着较高的公信力和可信度，在传播中处于主导地位，而邓飞的微博内容又通过其他大 V 如马伊琍等的关注和转发，达到了裂变式的传播效果，最终影响了政府的决策和行为，实现了政治参与。

二　冲突性运动里的网络社会动员

在中国，冲突性运动常以“群体性事件”形态显现出来。第三章的调查显示，与社会低层相比，中间阶层较少参与“群体性事件”这样的冲突性运动，但是由于社会转型带来的各种社会问题，如环境污染、工程项目等仍会对部分中间阶层带来利益损害，中间阶层仍以不同的方式，尤其以合法的方式来参与这些冲突性运动，表达自己的利益诉求，影响政府的决策和行为，从而实现政治参与，下面将对两个案例进行分析：

（一）番禺垃圾焚烧案例

2009 年 2 月，番禺区生活垃圾焚烧发电厂被广州市宣布为广州市重点建设项目，按照规划，这是一座日处理 2000 吨生活垃圾的焚烧厂。2009 年 9 月，该项目的工程监理招标公告发布。公告发布后，立刻引起距离垃圾焚烧发电厂规划选址地两公里之外的番禺华南板块里的多个周边楼盘业主近 30 万人的反对，此项目的环评也受到了质疑和抗议。10 月 30

日，在媒体通报会上，番禺市政园林局表示，正在委托华南环保科研所进行环评，强调将依法推进生活垃圾焚烧发电项目的建设，并承诺假如该项目的环评通不过的话，就绝不开工，同时保证做到公正、科学、严谨和全面地对本项目进行环境影响评价。

但是，这样的表态并没有让居民们安心，他们还是向多个部门递交了万人签名的反对意见书。11 月 23 日上午，上千业主到达广州市城管委的接访地点，手里举着“反对垃圾焚烧”的标语，通过集体行动的形式表达自己的利益诉求，进行政治参与。11 月，中央媒体公开报道了广州番禺垃圾焚烧厂这一事件。最后在番禺区业主的反对意见中，政府只好改变对项目实施的强硬态度，并在 12 月 20 日宣布暂停该项目建设。

（二）北京六里屯垃圾焚烧厂项目事件

2000 年，北京六里屯垃圾填埋场正式启用运行后，居民也曾多次向有关部门反映臭味扰民问题。2003 年，北京市政府将六里屯垃圾焚烧发电项目列入《北京市生活垃圾治理白皮书》，按照规划，六里屯垃圾焚烧发电项目依托于六里屯垃圾填埋场。2005 年 9 月，北京市海淀区市政管理委员的环评报告书中计划选址于六里屯垃圾填埋场南侧。11 月，环评报告书得到北京市环保局的同意批复。根据海淀区总体规划，政府拟在六里屯垃圾填埋场的南侧，新建一座投资超过 8 亿元的垃圾焚烧发电厂。

2006 年 12 月 29 日，海淀部分小区业主集体拟定了对于反对在六里屯建设垃圾焚烧厂投诉信，并进而向北京市政府提出了行政复议申请。北京市环保局于 2007 年 1 月公布环评报告书，认为从环保角度分析，该项目是可行的，并指出“垃圾焚烧厂拟招标选用国外先进成熟工艺设备，烟气中各项污染物均符合排放标准，其中二噁英的排放达到欧盟标准”，但居民对此并不认可，并于 2 月和 3 月分别向前国家环保总局提出行政复议申请，后在 5 月 23 日完成关于六里屯垃圾焚烧厂环评复议的补充意见，并递交前国家环保总局，从北京市环保局对本项目环评报告的审批属越权审批，本项目周边敏感目标众多，环境风险极大，卫生防护距离问题，二噁英超标排放的重大隐患等方面论证自己的观点，这些补充意见也及时在网上予以张贴①。

---

① 《关于六里屯垃圾焚烧厂环评复议的补充意见》，http：//house. focus. cn/msgview/1396/84462446. html? author_ id = 1309725。

2007 年 6 月 5 日，也是世界环境日，该天部分业主统一着装，到前国家环保总局请求解决问题。2007 年 6 月 12 日，前国家环保总局做出决定，要求项目在进行进一步论证前应暂缓建设，论证过程应向社会公布，扩大公众意见征求范围。2009 年 3 月 12 日，北京市发改委公布的 2009 年 198 个重大建设项目详细清单中，六里屯垃圾焚烧发电厂仍在列。该清单公布后，业主继续通过各种途径，如网络论坛进行抗议。在反对力量的影响下，2011 年在北京市的两会上，海淀区区委书记明确表示不在六里屯建设垃圾焚烧发电厂。

第三节　中间阶层在不同类型社会运动里的网络社会动员形式

上面几个案例，都可以看到专家学者、媒体工作者、业主等各种各样的中间阶层的身影。

在“微博打拐”中，作为一名专家学者，于建嵘本科和研究生毕业于湖南师范大学，在湖南师范大学任教至 2003 年底；2001 年 7 月毕业于华中师范大学中国农村问题研究中心，获法学博士学位，现任中国社会科学院农村发展研究所教授、社会问题研究中心主任，因此从教育和职业上都是典型的中间阶层。2010 年 12 月，被 30 多万网民公推为“中国互联网九大风云人物”之一，2012 年 10 月获美国华尔街日报“中国创新人物奖”慈善类奖项。

在“免费午餐”中，作为一名媒体工作者，邓飞是《凤凰周刊》编委、记者部主任，中国知名的调查记者，也是属于中间阶层中的媒体工作者群体。2011 年转身公益，利用移动互联网工具，先后发起免费午餐、中国乡村儿童大病医保等多个公益项目。除了领导者，参与者也有很多中间阶层。在清华大学的讲座中，邓飞曾经指出，免费午餐的主要捐款人有三个群体，即“城市里的中产”、年轻的妇女群体和大学生①。

在番禺垃圾焚烧案例中，《南都周刊》报道指出，其所在的华南板块的居民是权利意识强烈的中产阶级，他们所从事的职业包括公司职员、公

① 邓飞：《从调查记者到公益人——一个中国人的光荣与梦想》，2012 年 10 月 14 日，文华杂志网（http：//www. hustwenhua. net/vcms/whxy/xymt/whzz/dssjqzz－/zl/rw/201302/23490. html）。

务员、记者、销售员等，“他们的共同之处，是有良好的教育、稳定的事业、不菲的收入，简而言之，一个标签——中产阶级”[①]。

在北京六里屯垃圾焚烧厂项目事件中，作为北京城市住房的拥有者，在全国的社会结构里，都应该属于中间阶层。

可以说，在这些案例里面扮演主要角色的是中间阶层，中间阶层在两种不同类型社会运动中进行了以下各种形式的网络社会动员：

一　认知动员

社会问题不会自然而然就引发社会关注，只有当社会问题被人们感知并赋予其意义时才会成为问题。传统媒体是认知社会问题的一个重要途径，因此传统媒体的议程设置功能就历来为西方学者所关注。随着互联网的发展，互联网的信息传播也为社会问题被人们感知并赋予其意义提供条件，互联网不仅可以强化人对自身困扰问题的认知，而且丰富多样的信息来源也使得他们对自己以前从宣传教育中获得的信息和知识进行重新的审视和反思。

在共意性网络社会运动中，认知动员既可由意见领袖出面推行，也可以由普通人将信息汇聚在意见领袖处，通过意见领袖的传播扩散。在共意性社会运动中，中间阶层认为通过此类活动可以唤起社会共识，如于建嵘在谈网络公益时指出，这类活动可以唤起“人们对这个社会最重要问题的认识，对社会文化的认识”[②]。共意性社会运动体现了动员者通过动员各种资源来解决弱势群体的问题，以及为谋求弱势群体利益而做出的努力。

在冲突性社会运动中，中间阶层则可以通过在互联网上再框架化来与传统媒体争夺话语权，实现认知动员。在番禺事件中，业主初期的目标是“反对在番禺区建设焚烧厂”，政府据此首先提出“番禺区的垃圾只能在番禺区处理”，将这一事件置于“番禺区业主自私”、“不顾全大局”的框架之中。其次，政府邀请人大代表到现场考察，通过他们做出“建焚烧发电厂是民心工程”的表述，建构出该事件的合法框架；最后，政府邀请专家对焚烧厂提供“科学解释”，并对焚烧发电技术的“安全可靠性”

① 陆晖：《番禺人：我们不要被代表》，《南都周刊》2010 年第 1 期。

② 于建嵘：《一名学者眼中的社会公益》，《杭州（周刊）》2012 年第 10 期。

予以论证，从科学的角度为番禺区建设焚烧厂论证，从而希望将业主们的反对意见置于不科学的框架中。在政府的框架建构下，业主将目标转换为“反对垃圾焚烧，保护绿色广州市”，通过框架的转换来转移政府的框架，此后，积极分子还极力挖掘焚烧技术的危害，并将广州市北郊已建设运营焚烧厂的永村作为“受害证据”举出。2009 年 11 月中下旬，一份“永村癌症患者名单”突然在网上流传，更是引发了诸多业主的焦虑[①]，后来部分人甚至持这份“癌症名单”于 2009 年 11 月 23 日去广州市城管委，要求反映意见。通过互联网的再框架化，实现了培养集体共识，建构集体认同，最终促进认知动员。

而六里屯项目在官方的语境中被塑造为环保典范，其筹建本身就是为解决六里屯垃圾填埋场的臭味问题，具有明显的“公益”目的，是利他而非利己，然而居民则认为官方对垃圾焚烧厂安全性的再三强调是“无视群众的呼声”、“无视民众的健康生存权利”，认为项目背后“就是巨大的利益驱动”，并且强调当前的任务是“先把焚烧厂停建，再去解决已经污染的填埋场”，号召大家不能“坐以待毙”，“不要让这些既得利益集团要挟政府，草菅人命”。官方通过传统媒体公开传播以赞成为主的官方表态，民间声音则是借助网络论坛等新媒体平台传播以反对为主的民众表达。这是因为虽然当时六里屯居民想通过传统媒体来进行表达，但由于北京的媒体记者曾被告知当时上面发文不让报道，因此，传统媒体在这一问题上不报道，导致了在冲突性运动面前只好通过互联网再框架化。通过互联网的再框架化，中间阶层在冲突性社会运动中实现认知动员，促使网络社会动员的参与者提升参与意愿和参与行动的可能。

二　情感动员

社会运动的发生除了理性的认知，还需要情感的感染。互联网除可以为社会运动的参与者提供各种各样的丰富信息，进行认知动员外，同时它还是一个可以沟通互动的、可以实现情感动员的平台。情感是动员的一个重要的因素，通过在互联网的沟通，获得了更多网民的心理认同，在社会情绪的传导机制作用下，在整个社会范围内达到最大范围的情感认同，进

---

① 陈晓运：《去组织化：业主集体行动的策略——以 G 市反对垃圾焚烧厂建设事件为例》，《公共管理学报》2012 年第 2 期。

而形成社会情绪共振[①]，在情绪（或称情感）的影响下，网络社会动员从网络走到现实，从而变成一场社会运动。

情绪，或者称情感，对于网络社会动员非常重要，已有研究表明，“由于网络社会动员的主体往往不是国家、执政党，动员不具有强制性，要转变为现实行动取决于能否引发其他社会成员的卷入，这些成员能否从中获得社会利益、经济利益和情感利益等”[②]。目前网络动员主体也多为个人或组织，其动员活动不具有强制性，若想将更多参与者卷入进来，除事件本身具有公共性以外，动员的情感诉求也是很重要的一方面。约书亚·梅罗维茨[③]曾指出行动的两个关键因素：卷入和情感。因此，对于网络社会动员而言，能否在情感上打动参与者，往往会直接影响参与者被卷入公共事件的程度以及如何参与动员行为。

在共意性社会运动中，参与者不仅需要时间参与，有时候还需要金钱参与，这就离不开情感动员。如在“随手拍”解救乞讨儿童事件中将乞讨儿童的悲惨照片放在微博上，给人以强烈的视觉方面的冲击，引起民众的情感共鸣。又如，在“随手拍”解救乞讨儿童事件中，于建嵘在其微博上发布：

> 真是丧尽天良！这个孩子叫杨伟鑫，今年六岁，福建泉州人，2009年被人拐骗并搞残成了街头乞丐，2010年初有网友在厦门街头发现并拍此照，现仍下落不明。收到这封求助信，我愤怒极了。请求各位关注并保护好自己孩子，公安部门也应有所作为！

其中，“丧尽天良”、“并搞残”、“愤怒极了”则是通过话语的力量进行情感动员，促使更多的网民参与进来。

在冲突性社会运动中，如番禺垃圾焚烧案例的业主们使用“保护绿色家园”、“保护绿色广州市”等符合传统价值规范、具有公益目的口号，去动员居民情感[④]，并通过展示政府的道德形象问题，如焚烧厂给永村带来癌

---

① 娄成武、刘力锐：《论网络政治动员：一种非对称态势》，《政治学研究》2010年第2期。

② 俞鸿：《网络动员：如何从虚拟到现实?》，《东南传播》2010年第1期。

③ ［美］约书亚·梅罗维茨：《消失的地域：电子媒介对社会行为的影响》，肖志军译，清华大学出版社2002年版，第37页。

④ 陈映芳：《行动者的道德资源动员与中国社会兴起的逻辑》，《社会学研究》2011年第1期。

症等，推进“偏见动员”（Mobilization of Bias）[①]，因为偏见属于非理性，因此也属于一种情感动员。在2009年北京市发改委再次公布六里屯垃圾焚烧发电为重点项目之后，名为“北京市海淀区西北部企事业单位和居民”的网民在天涯论坛发表《坚决反对在上风上水的北京海淀六里屯建垃圾焚烧厂!》，宣称“该垃圾焚烧项目使用寿命长达30年。对北京2000万人的生存发展和周边数十万人的生命构成潜在威胁，具备九宗罪”，因此“要求彻底停建北京海淀区六里屯垃圾焚烧发电厂，另行选址”，“环境不可再生！救救海淀！救救首都！救救咱们的子孙后代!”[②] 这些话语就是通过情感来打动其他网民促使他们关注此事，动员力量进行政治参与。

在其他冲突性社会运动如“石首事件”中，谢金林强调情感在网络动员中的根本性作用，认为从个体层次看，事件对网民的情感刺激决定了网民对事件的解读方式，从而直接影响公共话语建构和网民的社会认同，尽管谢金林所分析的“石首事件”参与者多为社会低层[③]，但其同样可适用于中间阶层。

总之，通过情感动员的认知支持和情绪渲染，可以促使社会运动参与者产生集体团结，有效地防止一些搭便车人群的出现。

三　组织动员

在西方的社会运动中，互联网在组织动员中的作用和影响主要体现为作为正式组织的辅助，有利于运动动员时内部成员之间的联系、沟通和协调[④]。通过组织动员，在环境保护、女权主义、反全球化和跨国运动等新社会运动中，互联网都产生了重要的影响[⑤]。有研究更是认为互联网担任

---

① Peter B, Morton S B., “Two Faces of Power”, *American Political Science Review*, 56 (4), pp. 947 - 952.

② 《坚决反对在上风上水的北京海淀六里屯建垃圾焚烧厂!》，http: //bbs. tianya. cn/post news - 120917 - 1. shtml，2009 - 03 - 27。

③ 谢金林：《情感与网络抗争动员——基于湖北“石首事件”的个案分析》，《公共管理学报》2012年第1期。

④ Wim van de Donk, Brian D. Loader, Paul G. Nixon, Dieter Rucht, *Cyberprotest: New Media, Citizens and Social Movements*, New York: Routledge, 2003.

⑤ Wim van de Donk, Brian D. Loader, Paul G. Nixon, Dieter Rucht, *Cyberprotest: New Media, Citizens and Social Movements*, New York: Routledge, 2003; Garrett, R. K., “Protest in an Information Society: A Review of Literature on Social Movements and New ICTs”, *Information, Communication, and Society*, 9 (2), 2006, pp. 202 - 224.

起自动、自发、自主、自为的理性的自组织[①]。虽然互联网也被认为会减弱现实世界的联系，降低社区参与[②]，然而，互联网提供了过去所没有的跨越地域和人际网络的公共平台，进行了信息的传播，改变了以往普通公民参与主要局限于地方和团体，向地域更加分散甚至全国范围内的，并以利益、兴趣为基础的方向发展，从而扩展了政治参与的范围，促进了政治参与的水平。相关研究认为中间阶层比下层更愿意参与各种公民组织[③]，也拥有广泛的社会网络[④]，因而更容易实现政治参与。

在共意性社会运动中，因为国家对其并不反对，所以传统媒体的报道介入就直接担任了组织动员的作用，在微博打拐、免费午餐里，都可以看到传统媒体的大力报道，传统媒体的报道，不仅提高了运动的公信力，为运动的开展起到组织的作用。“微博打拐”虽然从微博引发，在网络上形成舆论，不过达到舆论高潮则是在传统媒体跟进之后，相关新闻报道稿件数量从 2011 年 1 月 27 日开始不断增加。2 月 8 日公安部公开回应支持“微博打拐”后，使得事件突然成为了媒体报道的焦点。在免费午餐项目启动后四个月内，传统媒体对其报道数量就已经达到 72 篇，其报道内容涉及项目介绍、主张说明、过程报道、倡导宣传等，传统媒体的持续报道为免费午餐项目提供了议程设置的功能，对免费午餐项目推广起到了重要作用，并在其中担当一定的组织功能。

在冲突性社会运动中，中国中间阶层在面临不具备社会运动职业组织化的制度环境，常采取一种草根动员，而非专业化动员。所谓草根动员，根据应星的定义[⑤]，指的是民众中对某些问题高度投入的积极分子自发地把周围具有同样利益，但却不如他们投入该问题的人动员起来，加入群体利益表达行动的过程，那些发起动员的积极分子就是所谓的“草根行动

---

① 曹阳、樊弋滋、彭兰：《网络集群的自组织特征——以“南京梧桐树事件”的微博维权为个案》，《南京邮电大学学报》（社会科学版）2011 年第 3 期。

② Putnam, R. D. “Bowling alone: America’s declining social capital”, *Journal of Democracy*, 6 (1), 1995, pp. 65 – 78; Putnam, R. D., “Tuning in, tuning out: The strange disappearance of social capital in America”, *Political Science and Politics*, 28, 1995, pp. 664 – 683; Putnam, R. D., *Bowling alone: The collapse and revival of American community*, New York: Simon & Schuster, 2000.

③ Seymour M. Lipset, *Political Man: The Social Bases of Politics*, Johns Hopkins University Press, 1981, pp. 123 – 137.

④ Joseph Alan Kahl, *The American Class Structgure*, New York, Rinehart 1957, pp. 109 – 131.

⑤ 应星：《草根动员与农民群体利益的表达机制——四个个案的比较研究》，《社会学研究》2007 年第 2 期。

者”。这种草根动员，也呈现一种“弱组织”的形式，所谓弱组织，是建立在以居住地为中心基础上的。根据一些学者的研究，在中间组织欠发达、独立于国家的组织受到严重限制的国家中，居住空间及以其为基础的网络关系就成了社会运动发起者唯一可利用的动员手段①。所以，在冲突性社会运动中，建立在地域和邻里关系基础上的业主论坛就成为组织动员的关键。

例如，在番禺垃圾焚烧事件中，几十名先前在网上认识的业主通过论坛、QQ 和电话联系的方式，约定 2009 年 9 月底在某小区“206”房间召开第一次讨论会。这次集结只是小范围的积极分子的聚会，是原来就已熟悉的关系凭借着互联网的渠道进行沟通的一种组织动员。后来的组织动员就发展到凭借邻里关系来进行动员，例如，9 月 28 日，业主“Wakao”在江外江论坛上发帖提议“市环卫局 10 月 23 号是接访日，一起去抗议!!!”，其具体内容是：

> 有人一起去找吕大人面谈反对在大石兴建垃圾焚烧处理厂吗？有兴趣的报名，希望丽江的业委会能够以业委会的名义代表丽江居民书面提交《强烈反对在大石兴建垃圾焚烧处理厂》的抗议信，同时联系附近小区的业委会，都书面出抗议信，没业委会的小区，让居委或管理处盖章，不行也代表小区派出业主代表，这是第一步行动，先看环卫局的答复再采取第二步行动。

10 月 25 日，“江外江”论坛出现征集签名帖子，仅两天就收集到 300 多个签名，后来，更是获得番禺区超过万名业主签名支援。业主们还发帖订制反烧文化衫，不断在论坛发起反焚烧行动。后来，“King”建立了垃圾焚烧发电厂对策 QQ 群，作为业主交流的常规渠道，号召业主群策群力，共同保护家园②。正是通过业主论坛、QQ 群的组织动员功能，推动了后来番禺业主约三百人就该议题到市城管委上访，之后又来到附近的市信访局继续上访，并引致近千人“不约而同”地聚集在市政府机关门

① 赵鼎新：《社会与政治运动讲义》，社会科学文献出版社 2006 年版。

② 陈晓运：《去组织化：业主集体行动的策略——以 G 市反对垃圾焚烧厂建设事件为例》，《公共管理学报》2012 年第 2 期。

口“散步”，高喊“反对垃圾焚烧”、“保护绿色广州市”、“不要被代表”等口号，通过大规模集体行动进行现实的政治参与。

本书的第六章得出建立在邻里关系基础上的业主论坛重新改变了商品房业主之间的冷漠和集体行动的缺失，重构了邻里关系，促使了具有共同意义的社区的形成。本章又从在番禺垃圾焚烧事件，发现了在冲突性社会运动中，业主论坛在其中担任的组织动员的功能，通过组织动员建立联系，商讨策略，分享经验，中间阶层在冲突性社会运动中，实现了“弱组织”的组织动员，强化和创造参与者的社会关系网络，确保社会运动的有序高效进行。

四　外部力量动员

社会运动的开展，不仅需要组织和参与者的力量，还需要外部力量的帮助，这里的外部力量的动员离不开媒体的报道和宣传。在微博打拐和免费午餐这些共意性运动中，可以看到传统媒体报道推动的外部力量的动员，例如人民网于2011年2月10日发表《人民日报时评：微博打拐验证民众智慧理性》，指出“充分重视社会力量在更多的社会领域内发挥良性作用”[①]，新快报2011年7月26日的《免费午餐发起人邓飞：从揭黑转身投公益》[②] 对免费午餐项目进行深入报道。

在冲突性社会运动力，如在番禺事件中的集体行动者各种形式的动员和行动，其中包括在业主论坛的讨论等，引起了媒体的极大关注和报道，设置了议程，引导着舆论，推动着事件进一步发展。2009年，广州市六家主要报纸媒体都报道了有关番禺垃圾焚烧厂选址的新闻，但是其中仅有《新快报》《南方都市报》和《羊城晚报》最为积极。

例如，新快报于2009年9月24日发表《番禺建垃圾焚烧厂30万业主急红眼》，强调“番禺逾30万居民却不太欢迎。在番禺洛溪、华南板块、钟村等楼盘业主论坛上，很多业主发帖列举了大量焚烧垃圾可能导致一系列污染的证据，其中最令人担心的是可能将产生一级致癌物二噁英”。《南方都市报》于2009年10月24日发表《番禺小区业主反对建垃圾焚烧厂已

① 《人民日报时评：微博打拐验证民众智慧理性》，2011年2月10日，人民网，http：//news. cntv. cn/20110210/104216. shtml。

② 《免费午餐发起人邓飞：从揭黑转身投公益》，2011年2月10日，腾讯网，http：//news. qq. com/a/20110726/000991. htm。

向广州环卫部门递交意见书，下周将继续向各部门递交》，这些报道中很明显地体现支持业主反对选址的态度和倾向，反映了较多的番禺业主和网民、意见领袖的声音，甚至对事件背后涉及的“背后利益集团”、“现场抗议行动”等内容也有不小篇幅的报道。《南方都市报》和《新快报》还采用社论的方式表明反对意见，各自发表数篇评论分析这个事件[①]。

除了本地媒体的例行报道，在番禺事件中，居民还一直在积极地联系更多、更高级别的媒体，向媒体提供消息，主动配合媒体的采访。在番禺垃圾焚烧事件中，外省的媒体充分发挥异地传媒独立于当地宣传系统的特点，对项目过程的决策黑暗、利益链条以及污染危险都进行报道。当2009年10月下旬至11月下旬，在广东省内的媒体报道量减少时，番禺居民还联系全国性媒体，接受这些全国性媒体的专访，传递自己的观点，最后导致中央级媒体又对其多次报道，如中央电视台《新闻调查》的《垃圾焚烧之惑》，中央电视台《新闻1+1》的《关注番禺垃圾焚烧事件》《垃圾面前：民意是黄金》。在接受外国媒体采访时，所有受访居民则一再强调“我们不是反对政府，只是反对垃圾焚烧”[②]。正是这些番禺的中间阶层善于利用媒体，进行外部力量动员，才使得其问题解决完全向有利于他们的方向发展。

在六里屯事件中，也看到传统媒体报道的影响力，如《京华时报》2007年4月18日的《北京六里屯垃圾焚烧厂引争议》，后来，《民主与法制》于2007年8月9日推出《北京六里屯垃圾焚烧发电厂缓建始末》，对事件的来龙去脉进行介绍和分析，正是因为传统媒体的关注，才使得该议题呈现在公众的视野中，并为公众参与冲突性的社会运动提供话语的合法性。

传统媒体的报道与互联网的信息传播和互动讨论汇集在一起，能够使共意性社会运动和冲突性社会运动为更多的人所获得，改变其对运动的认知，获取更多的潜在参与者的加入和支持，最终扩大运动的力量，促进运动的开展和政治参与的实现。

除了传统媒体，运动参与者还能通过如业主论坛直接引起其他具有同

---

① 张宁、邓理峰：《“外压型”议题进入公共政策视野的传播变量分析——以广州市两个案例为分析样本》，《新闻界》2013年第7期。

② 马灵珊：《关注垃圾：番禺力量》，《南方人物周刊》2010年第1期。

样情况的群体的关注，促成外部力量的形成。例如，在番禺事件取得阶段性胜利之后，番禺业主纷纷在“江外江”论坛顶“花都汾水垃圾焚烧厂是反垃圾焚烧战役的‘塔山防线’”一帖，呼吁关注花都、李坑。后来，李坑村民慕名而至来取经。这些不同的群体作为一种外部力量就是通过业主论坛这样的邻里关系为基础的网络社区实现的。

第四节　不同类型社会运动里的中间阶层的政治参与特点

一　共意性社会运动里的中间阶层的特点

在共意性社会运动中，中间阶层以认知动员和情感动员为重点。在共意性社会运动中，如免费午餐的动员，通过媒体工作者这些中间阶层的倡议，在转发和评论中迅速传播开来，每一次转发和评论都形成了一个新的中心，再由这些中心向外扩散，所到之处几乎没有遇到反对。其中，不会遇到反对的原因在于这一倡议是符合社会愿望的，也迎合了国家的需要，这一倡议是维护当前的社会秩序的，因此成为一个得到广泛赞同的活动，这也是共意性运动的社会动员的特点。传统环境下，共意性运动需要传统媒体的舆论发起，如奥运会，大众媒介通过塑造社会共识，通过建构社会成员的集体认同，来进行广泛的动员。在网络的共意性社会运动中，也同样需要大众媒介通过对信息的选择和解释，来强化社会规范，帮助全社会形成共识，建构认同。在中国的社会运动中，与国家是否“共意”尤为关键，假如与国家利益一致，即使没有引起国家行动或者直接的支持，那么运动也能顺利展开。在国家与社会的框架里，共意性社会运动既得到国家的认同，也得到社会的支持，因此面临的政治机会结构是有利的，中间阶层在其中的政治参与所采取的策略是通过更为广泛的认知动员和情感动员，让参与者行动起来，捐献自己的时间或者金钱，推动共意性社会运动的发展。

共意性社会运动里的网络社会动员的有效性实现，离不开话语和框架的塑造。中间阶层通过话语和框架的选择和运用，进行世界重构，体现国家和社会认可的社会价值标准。“微博打拐”行动中，中间阶层在参与过程中，无论是在专题微博上的正式倡议，还是通过网络平台进行的各种交流，其话语和框架都坚持与国家和社会保持一致，不触及现有的社会秩序体制边界。即使言论中涉及政府机关作为，如“微博打拐”涉及公安部门，其表达也始终将质疑对象指向某一部门，避免与主流意识形态之间发生冲突，由此获得相对自由的表达空间，为微博的网络社会动员的有效性实现奠定了基础。

二　冲突性社会运动里的中间阶层的特点

在冲突性社会动员中，中间阶层以组织动员和外部力量动员为重点，同时需要认知动员、情感动员相配合。在冲突性社会运动中，中间阶层在进行政治参与，尽量采用法律法规所允许的或没有明确禁止的方式，来表达意愿和参与群体行动，而不是发生了明显的暴力冲突的违法犯罪行为。

有研究者提出中产阶级（中间阶层）在都市运动中存在着包含道德秩序的“以理抗争”的策略，它是行动者基于利益理性的“依法抗争”的拓展，是人们的历史经验、情感认同和道德理性相互作用的结果[①]。这样一种策略，有似于印度甘地的社会福利运动以及从大英帝国独立的运动，以及世界范围内的各种和平运动中的公民不服从策略，所谓公民不服从，指当发现某些法律、行政法规不合理时，就采取主动拒绝遵守若干法律、要求或命令，而不诉诸暴力，这是非暴力抗议的一项主要策略。通过这样的策略，来获取有利的政治机会结构，推动冲突性社会运动的发展。

例如，在番禺事件中，参与者有的以集体签名、派发宣传单为主，有的以电话投诉为手段；依托互联网传播，将一些积极分子、活跃分子的意见和建议不断汇集并传播、扩散。例如，10 月 19 日“Wakao”在网上发布自己所在小圈子的讨论成果。在对“Wakao”的回帖中，网友“Yuan”更是提议业主在 10 月 25 日开展“据绝毒气的口罩行为艺术表演”[②]。后来，积极分子通过网络联系推行一系列类似的集体行动，如印制写有“反对垃圾发电，拒绝毒气污染”的文化衫、车贴并在公共场所展示等[③]。在番禺事件的整个过程中，参与者实际上采用的正是类似于公民不服从策略，理性平和，没有暴力和任何破坏活动，因而也就为政府所能容忍。

而在六里屯事件中，近千居民身着统一印有“反对建六里屯垃圾焚

---

① 朱健刚：《以理抗争：都市集体行动的策略》，《社会》2011 年第 3 期。

② 陈晓运：《去组织化：业主集体行动的策略——以 G 市反对垃圾焚烧厂建设事件为例》，《公共管理学报》2012 年第 2 期。

③ 同上。

烧发电厂”字样的文化衫，手举“要生命不要二噁英”，“请求环保总局依法行政为民做主”等标语，聚集在前国家环保总局门口，请求停建六里屯垃圾焚烧厂。其诉求也是充满和平和理性的。

三 两种运动类型里中间阶层的共性

无论是共意性运动还是冲突性运动，中间阶层都尽量在法律的框架下推行，通过媒体、互联网来表达自己的诉求、动用各种可以使用的社会资源，避开政府的限制，发展有利于自己的政治机会结构，甚至通过再框架化，为自己的运动的合法性和成功打下基础，进行动员模式的政治参与。这基于以下两个原因：

（一）与社会低层相比，中间阶层更加要求社会的稳定

首先，中国中间阶层的发展和壮大离不开国家经济的发展和社会的稳定，而国家经济的发展和社会的稳定要求中间阶层要在法律的框架下进行政治参与。国外学者认为，中国的中间阶层非常保守，他们比较不支持制度外的集体政治行动[①]。在本章的共意性活动中，中间阶层的诉求是促进社会的进步和社会秩序的维护，无论是网络随手拍，还是网络慈善，都追求大家认同的“正能量”，即鼓励积极、进步。在冲突性的社会运动中，目前的中间阶层类为邻避运动，所谓邻避，系由英文“NIMBY”（Not In My Back Yard）意译而来，直译即为“不要在我家后院”。其指服务于城市地区的公共设施，虽为广大公众带来利益，但其危害却由设施所在地的居民来承受，因此，极易引发当地居民的抵制。邻避运动的兴起，显示了中间阶层的公民环境意识和权利意识的觉醒。邻避运动的议题大多局限在小区环境、公共卫生，因而也体现了中间阶层诉求的温和型和基于现实利益的考虑。

而更为重要的是，在上面的几个案例中，无论是共意性社会运动，还是冲突性社会运动，中间阶层并没有采用过激的暴力活动，可见其要求社会稳定的特点。在本书的第三章也显示了中国中间阶层相比社会低层，较少使用群体性事件这些制度外的政治参与。在中国，相当多的新中间阶层都严重依附于党和国家。许多中国的中间阶层认识到，追求自由往往意味

① He Li, “Middle class: friends or foes to Beijings' New leadership?”, *Journal of Chinese Political Science*, (18), 2003, pp. 87 – 100.

着自身被排斥到体制之外[①]。在中国追求经济发展的实际情况下，中间阶层与国家之间没有任何结构性的冲突[②]。

其他的研究也有相似的结论，例如，卢春龙[③]发现我国的新兴中产阶级非常拥护我国政体，非常认同中国特色的民主政治，对我国现有政治体制扩大政治参与渠道表现出非常迫切的需求。而陈捷和卢春龙（Jie Chen & Chunlong Lu，2011）[④] 在2006年底到2007年对北京、成都、西安三地按比例、分阶层地随机抽取2909名居民调查后，发现其中有23%（739名）属于中间阶层，而在这739名中间阶层里，仅有23%的人支持即使给社会带来动乱，也要行使作为政治自由的公众示威，这远低于社会低层在这一选项的36%，另外，仅有24%的中间阶层支持即使给社会带来动乱，也要在政府之外组织自己的组织，这也远低于社会低层在这一选项的37%，也就是说，与社会低层相比，如果造成社会不稳，中间阶层将会放弃示威和结社等集体行动，而这些示威和结社都类似于冲突性社会运动。这表示，大部分中间阶层会首先考虑社会稳定，再参加冲突性社会运动，而如果冲突性社会运动带来社会不稳，则大部分中间阶层会选择放弃参加冲突性社会运动。

因此，与社会低层相比，中国中间阶层更加要求社会的稳定，从而维护自身的利益，这是因为中国的中间阶层是当前政治经济制度的受益者，相比社会低层来说，他们获得更高的收入，更好的社会地位，所以，即使他们不喜欢当前的制度，他们也会维护当前的政治安排，而反对任何可能伤害他们利益的政治改变，如果他们想要改变，他们也是倾向于渐进的，能为当前政府或领导人所接受的改变。

（二）在法律的空间下行动，规避政治机会结构的威胁

作为行动者的中间阶层，在动员模式下，一方面依赖行动者的行动能力，另一方面则依赖国家控制能力。国家控制能力，对行动者而言，主要

---

① Bruce Dickson, *Red Capitalists in China: The Party, Private Entrepreneurs, and Prospects for Political Change*, New York: Cam-bridge University Press, 2003, p. 191.

② David S G Goodman, "The new middle class", in Merle Goodman and Roderick Macfarquhar, (ed.), *The paradox of China post-Mao reforms*, Cambridge: Harvard University Press. 1999, p. 261.

③ 卢春龙：《中国新兴中产阶级的政治态度与行为倾向》，知识产权出版社2011年版。

④ Jie Chen & Chunlong Lu, "Democratization and the Middle Class in China: The Middle Class's Attitudes toward Democracy", *Political Research Quarterly*, 64 (3): 2011, pp. 705 - 719.

意味着法律的空间和政治机会结构的状况[①]。从行动能力来看，拥有职业、学历、收入优势的中间阶层要比社会低层更能使用各种组织、象征、符号的资源，例如，相关研究显示，社会低层对利益表达渠道和制度利用方式的缺乏了解，制约了组织化利益表达行动的能力，如“我们不知道怎么找律师”、“我们不认识上头的人呀”[②]。因此，如果中间阶层能够在适应国家的控制力，即在法律的空间下行动，规避各种政治机会结构威胁，其政治参与也就能更容易地实现其目的和影响。

不过，如果法律的空间限制了中间阶层的行动能力，例如，冲突性社会运动里的社会成员的组织化行动，假如被扣上“非法团体”、“聚众滋事”的帽子，那么中间阶层的政治参与的影响就要大打折扣了。又如，即使在共意性社会运动中，中间阶层也力图符合相关的法律规范，如“免费午餐”，虽然是慈善公益事业，但是由于挂靠到一个官办基金会的下面，项目运作很麻烦，因此“免费午餐”创始人邓飞渴望“能够有一个合法公募的资格，然后接受社会各界的监督”，然后“自己去独立地运行”[③]。

因此，在动员模式下，中间阶层为了实现政治参与，就必须在法律的空间下行动，即使有时出现不利的情形，如话语框架的不利，也会使用再框架化，使自己的行动符合现行的法律和规避政治机会结构的威胁。这也就是说，中间阶层的网络政治参与受到法律的空间和政治机会结构的影响。

第五节　中间阶层对社会运动观点和态度的质化分析

除了这些特定的案例，中产阶层对待冲突性社会运动的观点和态度如何呢？对此，本章通过中间阶层对“您对通过网络动员来进行某些集体行动，如抗议、游行、示威有什么看法呢”这一问题的回答去进行分析，其调查的具体过程见第五章的“中间阶层对网络问政的观点和态度：基于质化分析”的详细介绍，最终得出以下观点：

---

① 赵鼎新：《西方社会运动与革命理论发展之述评——站在中国的角度思考》，《社会学研究》2005 年第 1 期。

② 陈映芳：《贫困群体利益表达渠道调查》，《理论参考》2004 年第 11 期，第 47—48 页。

③ 《邓飞：我渴望拥有合法公募的资格》，http：//bbs. ifeng. com/news/detail_ 2011_ 11/07/10471945_ 0. shtml，2011 年 11 月 7 日 14 时 42 分。

一 坚持稳定为前提

在各种有效回答中，中间阶层的态度是以稳定为前提，如有网友说“如果行动，目的是有意义性，不是恶意去搞破坏，我会支持，更加会参与其中”，“这个要看是什么类型的活动，如果是集体权益的争取可以的，但不能通过网络去宣传反动，影响社会秩序的事”，“看是什么活动，好的进步的就双手支持，不好的就反对，会打扰社会正常生活”，“只要导致游行示威的事件是真实正确的，而且符合游行示威的相关条例，是赞成的”，“这要看这样的集体行动动员者是谁，其最终目的是什么。如果仅仅是从督促国家进步的角度出发，我觉得很好，很支持。但如果是从自己私利出发，敌对政治集团所操控，那这种集体行动，我见一个灭一个”，“网络动员来进行某些集体行动，如抗议、游行、示威，应在合理合情合法的条件下进行，不能受非法分子的煽动的盲目跟风。最近，杭州市余杭中泰乡九峰垃圾焚烧发电项目引发的聚集事件，是近年来有关垃圾焚烧项目频起争议的缩影，同时是 PX 问题的延续。对于此类问题，要做好群众的宣传、教育工作，想民众所想、忧民众所忧”。

二 表示不愿意参加

不过也有些中间阶层表示不愿意参加，如“这些都是不法的行为，我们应该要阻止他们”，“没接触过。不过听起来比那些街道游行啊静坐的好一点，我没有去参加游行示威的习惯，但是以前那些会阻碍交通，很麻烦，影响社会正常秩序嘛”，“比较理解，但一般不参与”，“网络动员游行示威缺乏组织性，这种行为首先没有一个很好的制度去约束参与者，大部分网民都是盲目跟风，不了解事情的真实性，别人干什么我也凑热闹的态度；其次是道德方面，网络组织的游行示威给部分不法分子趁乱而入，造成不必要的损失”，“我们那里没有这样的活动，我也不会去参加”，“在中国内地个人感觉认为示威，游行，抗议最终会演变为打砸闹，若需要进行集体行动的话必须要提高个人素质与修养，这一方面可以向香港学习。进行集体行动需要视乎事情的严重性决定是否需要把人聚集在一起，个人认为国情并不是太适合进行过大的集体活动”。

三 其他的观点

也有一些表示支持的，如“觉得敢参与抗议的人是很有胆量的，是中国民主的希望”，“走投无路时，对这些行动表示默许甚至支持”，但这部分人并不多。

有些则比较理性地分析这一问题，指出“近年来，有影响的网络抗议行动的数量不断增长。同时，网络热点事件往往与网下的集体行动相互交织在一起。如 2012 年日本政府试图将钓鱼岛国有化的举措，在互联网上引起了很大反响，众多网民群情激愤，很快各种关于举行涉日游行的帖子出现在各大论坛、微博、QQ 群中，最终，在同一日若干个城市同时爆发了同一主题的游行示威。这一事件充分体现了互联网时代集体行动的“线上发展，线下爆发”的特点——通过网络发表言论和倡议，公布集体行动的时间、地点和路线，并在网络上召集、动员，最终将散布在各地的、自发的、互不认识的个体在短时间内迅速聚集起来，完成大规模、跨地域的统一行动。容易受到势力的鼓吹从而做出不好的行动，虽然出发点可能是好的，但是由于网络上面彼此不甚了解往往就容易给不法分子利用”。

这些中间阶层对冲突性社会运动的观点和态度，实际上也反映上面分析的在两种运动类型下中间阶层的共性所显示的，中间阶层更加要求社会的稳定，并在法律的空间下行动的特点。

由于当时质化问卷的设置并未涉及对共意性运动的看法，但是根据共意性运动受国家和社会支持的特点，以及中间阶层在实际参与的积极表现①，可以推测大部分中间阶层对共意性运动的支持。

第六节　网络社会动员里中间阶层的政治参与小结

互联网出现后，动员模式再次成为政治参与的重要模式。这里面可能有以下几个原因：第一，互联网打破了时间和空间的局限，使大规模的信息交流和传播成为可能；第二，以专家学者、媒介工作者等的中间阶层充分利用庞大粉丝的自媒体的社会网络，通过话语来制造影响；第三，网络社区的崛起，如论坛、QQ、博客、微博、微信等的兴起，使得参与其中

① 在“免费午餐”活动中，主要捐款人有三个群体，即“城市里的中产”、年轻的妇女群体和大学生，参考邓飞 2012 年 10 月 14 日在清华大学所做的题为“从调查记者到公益人——一个中国人的光荣与梦想”的报告。

的中间阶层获得身份认同感，突破了由于地域和单位所带来的认同局限，通过身同感受来获得更多的支持。

动员模式的庞大威力以及其促成的政治参与，都能产生巨大的社会影响和政治影响，因此就颇受政府的关注和重视。动员模式里的动员的领导者往往是具有专业知识和教育水平的中间阶层，他们主要通过社会网络和话语，创造更多的支持，最终实现认知动员、情感动员、组织动员和外部力量动员。在共意性社会运动，中间阶层以认知动员和情感动员为重点。在冲突性社会动员，中间阶层以组织动员和外部力量动员为重点，同时需要认知动员、情感动员相配合。

无论是共意性运动还是冲突性运动，中间阶层都尽量在法律的框架下推行，通过媒体、互联网来表达自己的诉求、动用各种可以使用的社会资源，避开政府的限制，发展有利于自己的政治机会结构，甚至通过再框架化，为自己的运动的合法性和成功打下基础，进行依法抗争或者依理抗争。对待网络社会动员下的政治参与，中间阶层的态度和行为都是温和以及出于现实利益考虑的，也是充满策略性的，其目的是追求社会稳定下的利益维护和社会发展。

应该说明的是，动员模式并不为中间阶层所独有，一些职业低层，如工人也使用这种模式，例如，2010 年夏季发生的南海本田工人罢工中，手机短信是参与者们最重要的信息传递途径。2011 年 10 月，深圳冠星精密表链厂工人进行罢工，其中微博也产生了很大的影响①。这是因为，一方面随着上网成本的下降，终端价格下降，社会低层也广泛使用起了互联网，另一方面第三章的数据显示，社会低层在群体性事件“亲自参与活动”的比例是远高于中间阶层的，因此与第七章的网络公共事件中的外压模式相比，动员模式不仅为中间阶层所使用，社会低层也常使用该模式来进行政治参与。当然，社会低层利用动员模式，常用于冲突性社会运动，而较少用于共意性社会运动。

① 王侃：《新媒体、微博与中国工人集体行动》，http：//www. chineseworkers. com. cn/_d274209326. htm。

第九章

结论与讨论

作为国内第一次全面系统地分析互联网使用与中国中间阶层政治参与的研究，本书基于各种定量和定性资料，其中包括权威二手数据的2010年的中国综合社会调查数据（CGSS）；一手数据的2013年10月到11月对全国31个省、直辖市、自治区（不包括港、澳、台）的16周岁及以上的网民的配额抽样调查；在全国对中间阶层的各类成分进行的便利抽样的深度访谈；对九个全国有代表性的网络问政里的发帖人阶层身份的抽样分析；对网络社区，其中包括业主论坛、博客、微博、微信、QQ里的不同中间阶层的言论内容进行分析；对各种网络公共事件案例，网络社会动员案例的个案及多案例的比较分析，以及其他研究的一些数据材料。因此本书的结论具有一定的信度和效度，具有全面性和推论性。

第一节　经验材料发现的结论

对于第二章的“相关假设与问题”，本书通过经验材料，得出以下结论：

一　对假设1的验证

对于“假设1a. 由于社会经济地位的原因，中国中间阶层的传统媒介使用要高于社会低层”，以及“假设1b. 由于社会经济地位的原因，中国中间阶层的互联网使用要高于社会低层”这两个假设，第三章的2010年的中国综合社会调查数据（CGSS）显示，中间阶层的互联网的使用和把互联网作为最重要的信息来源的比例都要明显高于社会低层，但是社会低层的电视使用和把电视作为最重要的信息来源的比例却高于中间阶层。第四章的2013年10—11月对全国31个省、直辖市、自治区（不包括港、澳、台）的16周岁及以上的网民的配额调查数据显示，在看报刊、浏览互联网的比例上，职业中间阶层比职业低层要高，而看电视、听广播的比例上，职业低层则要比职业中间阶层要高。在互联网使用工具、互联网使用方式上，职业中间阶层比职业低层要高。这些结论发现，对传统媒介电视的使用，中间阶层并不高于社会低层，因此，中国中间阶层的传统媒介使用高于社会低层的假设1a没能得到证实。

不过，中国中间阶层的互联网媒介使用高于社会低层的假设1b却得到了证实，而且，中国中间阶层的互联网使用的几个方面，即互联网接触频率、互联网使用工具、互联网使用方式都高于社会低层，并且通过了统计检验，这反映出中间阶层和社会低层的确形成了一个“数字鸿沟”，即存在着互联网使用的差别，其表现为中间阶层的互联网使用要高于社会低层。

二 对于问题1的回答

对于问题1“与社会低层相比，中国中间阶层的政治参与具有什么样的特点”，第三章的2010年的中国综合社会调查数据（CGSS）显示，在制度内的政治参与上的选举政治参与中，中间阶层要低于社会低层。但是，在对社会团体的政治参与中，如参与工会中，中间阶层又高于社会低层，仅在职业分层里，老中间阶层要低于职业低层。

在面对政府有关部门或工作人员的不公正对待时，无论是职业分层，或是教育分层，还是收入分层，社会低层选择采用暴力或者准暴力等制度外的政治参与，都要高于中间阶层，而且，即使是中间阶层参与群体性事件的制度外的政治参与，也最多是做出提供道义帮助这些温和的而不涉及自身利益的行动。

在面对政府有关部门或工作人员的不公正对待时，中间阶层在使用媒体，尤其是使用互联网来进行政治参与方面，又都远远高于社会低层。

第四章的2013年的配额抽样数据显示，在选举政治参与中，老中间阶层的选举政治参与要低于职业低层。在制度外的政治参与中，职业低层参与的比例却要高于职业新中间阶层和老中间阶层，这些结论都和第三章的全国调查结果是基本一致的。

三　对于问题2的回答

对于问题2“互联网使用是如何影响中国中间阶层的政治参与的？在这一过程中，又受到中间阶层本身的什么阶层特性和政治态度的影响”，第四章在对中间阶层的互联网使用、政治效能对政治参与影响经过回归分析后，发现互联网使用和政治效能感在总体上对中间阶层的部分政治参与产生了显著影响，而互联网使用在影响各种政治参与中，影响最大的为网络政治参与。

第五章到第八章对中国中间阶层的网络政治参与分析发现，中国中间阶层的网络政治参与模式有问政模式、日常模式、外压模式和动员模式。其中的问政模式是从传统的上书模式发展而来的，外压模式基本保持不变，而日常模式和动员模式的出现是由互联网交流方便、超越时空限制等特点所带来的。

中间阶层在不同的网络政治参与模式中的表现是不同的，在网络问政模式里，中间阶层并不显著高于社会低层，而是中间阶层，尤其是中间阶层的中下层和社会低层共同构成了网络问政的网民主体。中间阶层偏好参与专业技术和问计问策的网络问政，而在对网络问政的态度上，尽管大部分中间阶层对网络问政是持积极的支持态度的，但是仍有小部分持中立态度和消极态度，这些人对网络问政的现实效果存在着怀疑。

在日常模式中，中间阶层主要关心和讨论的是自身工作和生活的信息和内容，然后才是政治方面的信息和内容，这反映出受益于经济发展的中国中间阶层的功利性和实用性。中间阶层在建立于不同关系基础上的网络社区里的政治参与特点不同。中间阶层使用社会网络和话语进行日常模式的政治参与。

在外压模式中，中间阶层的专家学者、媒体工作者、律师、作家等拥有较大的话语权，其在网络公共事件中担任起意见领袖；其他的部分中间阶层则通过转发、附和来表达自己的观点和态度；而中间阶层下层则在网络里发泄不满、愤怒和悲情。在网络公共事件中，中间阶层采用理性化的话语批判、情绪化的话语表达、戏谑的网络灰段子、抵抗主流文化的恶搞等话语方式来进行参与。网络公共事件里中间阶层进行公共领域的构建，网络公共事件里的中间阶层的诉求是温和的，而并非是激进的，其除了有理性的一面，也有情绪化的一面。从宏观上看，网络公共事件里的中间阶层的社会影响，常常受制于传统媒体的报道力度的影响。从微观上看，其还受制于中间阶层对网络政治参与的意见和态度，以及对网络管理的意见和态度的影响。

在动员模式中，中间阶层都尽量在法律的框架下推行，通过媒体、互联网来表达自己的诉求、动用各种可以使用的社会资源，避开政府的限制，发展有利的政治机会结构，甚至通过再框架化，为自己的运动的合法性和成功打下基础，进行政治参与。在共意性社会运动中，中间阶层以认知动员和情感动员为重点。在冲突性社会运动中，中间阶层以组织动员和外部力量动员为重点，同时需要认知动员，情感动员相配合。对待网络社会动员下的政治参与，中间阶层的态度和行为都是温和的以及出于现实利益考虑的，其目的是追求社会稳定下的利益维护。

四　对于问题3的回答

对于问题3“在国家与社会的框架下，互联网使用对国家管理和中间阶层政治参与各自带来了什么”，本书发现，互联网既对中国的中间阶层的政治参与赋能，也对中国政府增进政治合法性赋权。例如，国家能够利用互联网，通过网络问政来提升自身的治理水平，通过网络公共事件的舆论来了解民意，通过网络动员来凝聚共识，从而提升了治理的水平和能力，进而维护社会的稳定，促进社会的发展。从宏观来看，互联网在促进各方面的政治自由，如公开性、透明性和问责制起到了作用，这样的政治自由，使国家和社会都受益。对中间阶层来说，互联网对其赋能了，在遇到社会中不公平、不公正的事时，中间阶层会利用互联网，通过网络问政、网络公共事件、网络社会动员等来表达自己的利益诉求，使互联网成为一定范围内的公共领域。同时，政府和中间阶层在互联网上的互动重塑了中国的国家和社会。

五　对于问题4的回答

对于问题4“互联网对于中国中间阶层来说，其是否成为了一个公共领域，这样的公共领域对国家社会的影响是什么？其又受到什么样的影响”，中间阶层的政治参与的效果大小与否，成功与否，不仅取决于国家和社会互动的过程，还取决于行动者在应对对方时所采用的策略。在互联网使用中，中国中间阶层无论是采用问政模式、日常模式、外压模式还是动员模式，如要达到影响政府决策和行为的目的，就要受其他因素的影响和相关策略的配合，如相应的话题要引发传统媒体的报道。而传统媒体是否关注该话题的情况，就与该话题的新闻价值，以及话题的提倡者利用媒体的行动和策略有关，也与话题的意见领袖对该议题的关注程度有关，尤其是后者，对话题扩大和公共舆论的广泛关注有很大关系。另外，话题所面临的政治机会结构也影响了政府对话题的容忍程度，从而划定了话题的讨论边界。因此，可以这么说，互联网对于中国中间阶层，是可以形成一定范围内的公共领域的，但是这个公共领域是在国家允许的范围内存在的，是不以危害国家利益和稳定为前提的。

六　对中心问题的回答概括

对于贯穿本书的中心问题，即第一章里提到的“互联网使用对中国中间阶层的政治参与产生什么样的影响，其受到什么样的因素影响，其影响的方式和特点是什么，其又产生何种社会政治影响”，其回答可以概括如下：

（一）中国中间阶层在互联网的使用和把互联网作为信息最重要的来源的比例都高过社会低层。而与社会低层相比，中间阶层较少使用上访或群体性事件的制度外的政治参与，而更多的是利用媒体，尤其是互联网来进行政治参与。在互联网使用影响中间阶层各种政治参与中，影响最大的为网络政治参与。因此，互联网是中间阶层政治参与的一种重要途径。

（二）互联网使用和政治效能感可以促使中间阶层的网络政治参与，而体制资源，传统媒体报道，法律的空间和政治机会结构又对中间阶层的网络政治参与产生影响。

（三）中间阶层网络政治参与的方式有问政模式、日常模式、外压模式、动员模式。中间阶层使用社会网络和话语进行网络政治参与，参与诉求是温和的，而并非是激进的，参与形式除了有理性的一面，也有情绪化的一面，其政治参与的指向是追求社会稳定下的利益维护。

（四）中间阶层的专家学者、媒体工作者等在网络公共事件和网络社会动员中担任意见领袖和动员领导者的作用，带领其他阶层和群体，通过网络舆论，现实行动等来进行政治参与，影响着中国政府的决策和行为，形成一定范围内的公共领域。

第二节　本书结论与其他研究的比较性评述

本书通过定量和定性的实证材料来全面研究互联网使用与中国中间阶层的政治参与，关于这方面，国内学术界已经有了一些研究，但是这些研究要么缺乏经验数据的支持，要么仅仅基于几个有限的个案而缺乏代表性，要么仅局限于某一小部分群体，因此这些研究和结论还不能够全面描述互联网使用与中国中间阶层的政治参与，而本书通过定量和定性综合方法来弥补以往研究的缺陷。

在中间阶层与社会低层的媒介使用比较上，本书通过实证数据，发现在互联网使用的比例上，中间阶层高于社会低层，但在电视使用的比例上，社会低层高于中间阶层，这为认识不同社会阶层的媒介使用提供了证据。通过实证数据，本书发现互联网使用和政治效能共同影响中间阶层的不同形式的政治参与，特别是网络政治参与，即对于中间阶层来说，互联网使用越多，其网络政治参与就越多，而以往的研究也有相同的结论，如汪新（Wang Xin，2009）① 通过北京的调查发现中间阶层中的很多人表达了讨论政治问题的意愿，并且在网络论坛和博客里表达各种各样的观点。与传统的政治参与相比，中间阶层更倾向于网络政治参与。本书提出了中间阶层网络政治参与的四种模式，厘清了公民影响政府决策和行为的方式，深化了媒体对阶层和社会的影响的认识。在互联网出现之前，中国的中间阶层的政治参与受地域、群体等条件的限制，互联网出现后，给中国中间阶层带来了新的流动空间，使其政治参与的形式大大扩展，产生新的动员模式和日常模式，形成一定范围的公共领域。

在过去的研究里，互联网被看作中国政治参与的一种新型平台②，一方面，互联网被标签为一种民主化的力量；另一方面，互联网被作为政府巩固权力的平台。本书认为互联网使用扩充了中间阶层政治参与渠道、范

---

① Wang Xin, "Seeking channels for engagement: media use and political communication by China's rising middle class", *China: An International Journal*, 2009, pp. 31 – 56.

② Sheng Ding, "Informing the masses and heeding public opinion: China's new Internet-related policy initiatives to deal with its governance crisis", *Journal of Information Technology and Politics*, 6 (1), 2009, pp. 31 – 43.

围与模式，促进了政治的公开化、透明化和问责，也使政府加强了管理，促进其合法性的形成。因此，互联网对政府和中间阶层赋权及赋能。中国的中间阶层在国家限定的领域下进行政治参与，在国家与社会之间担任一定范围公共领域功能，对政治稳定和社会的和谐产生重要的影响。本书的分析也发现，中国中间阶层不同的群体由于有着不同的体制资源、政治效能感、互联网使用以及其他资源等，因此也导致了不同的政治参与形式、程度和指向。

国内的相关研究[①]对于互联网的社会政治影响分析中常以技术为中心，认为技术的力量，如互联网的快捷、迅速、及时能够自然而然地促使公民的政治参与。然而，把技术的出现作为推动社会变迁的动力是不恰当的，因为这实际上陷入了技术决定论的缺陷中。技术决定论是关于技术与社会关系之中“技术对社会影响”的一种典型理论，其指向是“技术对社会的影响”，如麦克卢汉的“媒介即信息”就是相关的技术决定论的论述[②]。技术决定论忽视了技术的社会属性以及社会对技术的影响，因此是不全面的。笔者根据本书的材料指出，技术要与社会产生互动，需要嵌入到社会结构里，如利用传统媒体的报道，在一定的法律空间里使用，适应政治机会结构等，才能产生更大的社会政治影响，例如，互联网使用无疑可以促使中间阶层政治参与，但是其受制于中间阶层中不同群体的政治效能感、体制资源，以及法律空间和政治机会结构的影响。对于此，国外有的研究也指出了技术决定论忽略了技术与社会的互动，以及复杂的技术使用者的经验感受和技术的制度安排[③]，而其他研究[④]则指出技术、对技术的应用和社会条件的互动促使了社会变迁。因此，本书发展了国内的相关研究，并与国外研究形成相应的对话与互动。

本书发现互联网使用已成为中间阶层与国家互动的一个公共空间，成为

---

① 周巍、申永丰：《论互联网对公民非制度化参与的影响及对策》，《湖北社会科学》2006 年第 1 期。

② 王建设：《“技术决定论”与“社会建构论”：从分立到耦合》，《自然辩证法研究》2007 年第 5 期。

③ Yang, G., *The power of the internet in China. Citizen activism online*, New York: Columbia University Press.

④ Barlow, Aaron, *Blogging America*: The New Public Sphere, New York: Praeger, 2008.

一定范围内的公共领域。黄宗智（1998）[①] 通过分析清朝的三个县自18世纪60年代至清末628件民事案件，发现只有221件一直闹到正式开庭，其他大多数经由司法体制与非司法体制的交互作用而在中途获得解决，并进而提出清代的社会政治体系有三块，第一块是顶部，属于工作的正式机构，底部大块是社会，两者聚众的第三块，是清代司法的第三领域，即清代的公共领域，其由乡镇的乡保和村里正等县级以下行政职位构成。当代的中国跟清代的政治结构已不一样了，例如，中国的党支部建立到村委了，即县级以下，乡镇已不存在乡保等类似的职位，因此当代中国的公共领域已不可能如清朝一样，而是通过互联网的论坛、聊天室、博客、微博的政治讨论，通过网络问政，公共舆论，网络动员等形成对政府行为和政策的影响。其中，具有职业、学历、收入优势的中间阶层担任起网络舆论制造、网络舆论传播、网络动员领导等职能，构建国家与社会的互动，促进国家治理的发展。

在《技术赋权：中国的互联网、国家与社会》中，郑永年（Zheng，Yongnian）[②] 认为在互联网这个新的平台里，国家与社会的互动是日益频繁的，在一些互动里，能够为双方都创造更多的力量，从而相互赋权，在另一些互动里，则损害了每一方的利益。本书通过对不同的网络政治参与的分析，发现在网络问政模式里，国家增强了一定的合法性，但是，由于当前网络问政难以吸引更多的中间阶层参与，国家想要获取更多的赋权却尚未达到；在动员模式的共意性运动中，国家通过社会的力量实现自身的目的，促使其合法性形成，而在其他模式中，国家通过了解网络舆论，调整政策，控制或者顺从社会的诉求。而以中间阶层为代表的社会，却是在不同的网络政治参与中表现出不同的偏好与行为，如在问政模式中，中间阶层偏好参与专业技术和问计问策的网络问政；在日常模式里，主要关心和讨论的是自身工作和生活的信息和内容，而在外压模式里，表达的是自己的观点、怨恨和不满，但在动员模式里的冲突性运动中，又是小心翼翼地行动，在不违反国家的法律以及追求社会稳定的前提下，来谋求自身的最大限度的利益。因此，本书丰富了以往相关研究的观点，并为下一步的研究提出了思路和方向。

---

① 黄宗智：《中国的“公共领域”与“市民社会”？——国家与社会间的第三领域》，程农译，载邓正来、［英］J. C. 亚历山大编《国家与市民社会：一种社会理论的研究路径》，中央编译出版社1998年版，第420—443页。

② 郑永年：《技术赋权：中国的互联网、国家与社会》，东方出版社2014年版，第27页。

第三节　本书结论的理论意义

一　推动了“数字鸿沟”的传播学理论的研究

本书通过实证的数据，证明在中国的全国范围内，中间阶层的互联网使用的比例要高于社会低层，中国中间阶层和社会低层的确形成了一个“数字鸿沟”。但是社会低层的电视使用和把电视作为最重要的信息来源的比例却高于中间阶层。也就是说，尽管中间阶层比社会低层的互联网使用的比例要高，但并不是在所有媒介的使用中都比社会低层高。不同阶层的媒介使用差距要根据不同的媒介特点而定，这样的结论推动了对“数字鸿沟”的理解。

二　指出互联网对特定阶层的社会政治影响需考虑该阶层的特点

本书发现媒介对某一阶层的影响，要与该阶层所面临的社会文化环境，以及本身具有的特点结合起来，才能更好地理解该阶层是如何使用媒介以及这种使用对阶层和社会的影响。在过去的研究里，媒体对人的影响，较少从阶层的角度出发，本书为研究媒体对人的影响提供了更多的思路和方法。本书通过阶层的区分，分析互联网使用对社会和政治的影响，发现中间阶层网络政治参与的诉求是温和的，而并非是激进的，参与形式除了有理性的一面，也有情绪化的一面，参与指向是追求社会稳定下的利益维护。这样的结论显示出在互联网对中间阶层的社会政治影响的分析中，必须要和中间阶层本身的特点结合起来。本书的这一结论是对技术决定论的批评，本书认为技术要与社会产生互动，需要嵌入到社会结构里，如利用传统媒体的报道，在一定的法律空间里使用，适应政治机会结构等，才能产生更大的社会政治影响。

三　有利于了解转型社会中的中间阶层的政治参与的态度和行为

在社会转型的中国，中间阶层的政治参与的态度和行为是社会稳定的重要组成部分。本书通过对不同的网络政治参与模式分析，发现中国中间阶层的政治参与和互联网的使用相关，也受政治效能感、体制资源、传统媒体报道、法律的空间和政治机会结构等的影响。更为重要的是，本书发现在不同模式的网络政治参与中，中国中间阶层的政治参与的态度和行为有所不同，但是又有相同的特点，就是中国中间阶层的政治参与是温和的以及出于现实利益考虑的，其目的是追求社会稳定下的利益维护。这一研究扩充了对转型社会中的中间阶层政治态度和政治行为的理解。

四 扩展了阶层与政治参与的关系方面的理论

本书通过实证的数据，发现在不同的政治参与形式中，中间阶层和社会低层的政治参与程度是不同的，例如，选举政治参与中，中间阶层低于社会低层，但是，对社会团体（如工会）的政治参与中，中间阶层又高于社会低层，仅在职业分层里，老中间阶层要低于职业低层。在面对“受到过政府有关部门或工作人员的不公正对待”时，社会低层在选择制度外的政治参与这一手段上要高于中间阶层，但是中间阶层选择使用互联网来进行政治参与方面，又都远远高于社会低层。这反映出不同的阶层所选择的政治参与形式是不同的。

在网络政治参与的四种模式中，则显示了中间阶层和社会低层的政治参与的特点不同，如在网络问政模式里，中间阶层并不显著高于社会低层，但是在网络公共事件的外压模式和网络社会动员的动员模式，又主要看到的是中间阶层，尤其是体制内的中间阶层在领导和推动。特别是，网络公共事件的外压模式成为了中间阶层所独有的政治参与模式。

五 有利于理解公众议程、媒介议程与政府议程之间的关系

本书发现中国的中间阶层使用社会网络和话语进行网络政治参与，并通过不同的互联网的使用对政府的决策和行为产生影响，互联网的兴起改变了传统媒体新闻和信息的传播格局，也为中间阶层参与公共讨论和社会管理提供了更加开放的空间。中国中间阶层可以利用互联网发表自己的见解和意见，参与到公共事件的讨论中，当这种讨论聚集到一定的程度时，就会形成一种前所未有的压力，迫使政府改变原有的政策决定。这样的一种方式表现为媒介议程、公众议程和政府议程三者之间相互影响和转化，中间阶层通过网络发表自己的看法，互相交流观点，产生公众议程，公众议程引起社会的广泛关注和媒体的报道，产生媒介议程，有些事件也会引起政府的关注和重视，从而形成政府议程。

第四节　本书结论的现实意义

本书的结果有以下六方面的现实意义：

一　缩小“数字鸿沟”的差距，促进社会低层利用互联网进行政治参与

本书发现中间阶层和社会低层的确形成了一个“数字鸿沟”，即存在着互联网使用的差别，其表现为中间阶层的互联网使用的比例要高于社会低层。此外，与社会低层相比，中间阶层较少使用上访或群体性事件这些制度外的政治参与，而更多的是利用媒体，尤其是互联网来进行政治参与。为此，可考虑通过缩小数字鸿沟的差距，促进社会低层的互联网使用水平，促使其利用互联网进行政治参与，减少社会低层使用上访或群体性事件这些制度外的政治参与，变“上访”为“上网”。

二　加强网络问政的建设，促进更多的中间阶层参与网络问政

本书发现，虽然目前的网络问政是国家主导的一种公民政治参与形式，但中间阶层仅偏好参与专业技术和问计问策的网络问政，可是，目前的网络问政的主要内容是反映网民当前利益受到损害的问题，这就难以吸引更多的中间阶层参与网络问政。而在对网络问政的态度上，尽管大部分中间阶层对网络问政是持积极的支持态度，但是仍有小部分持中立态度和消极态度，这些人主要关注网络问政的真正影响，对网络问政的现实效果也存在着怀疑。

为此，未来需要发展关于专业技术和问计问策的网络问政，或者发展协商民主之类的网络平台，增强网络问政的现实效果，以促进中间阶层对于网络问政的参与。比如，在网络问政里，政府要真正兑现“件件有回音，事事有着落”的承诺，才能让公民切身感受到政府听民意、解民忧、集民智的诚意和行动。又如，网络里“反对者”的声音难以通过制度化的方式被有效吸纳，成为影响政府决策和行为的重要因素。为此，需要进一步加强网络问政的建设，促进更多的中间阶层参与网络问政。

三　了解各种网络舆论形式，引导好网络公共事件中的网络舆论

本书发现在网络公共事件中，中间阶层利用理性化的话语批判、情绪化的话语表达、戏谑的网络灰段子、抵抗主流文化的恶搞等话语方式进行着政治参与。为此，在网络公共事件中，网络政治参与的制度建设要完善网络舆情分析制度、定期的回应和交流制度、健全网络舆论收集研判制度、突出网络舆情监测与受理互动制度、突出政府与网络意见领袖沟通互动制度。目前由于传统媒体改革的缓慢，中国的舆论场形成“民间舆论场”与忠实宣传党和政府方针的“主流媒体舆论场”之间的巨大鸿沟，打通两个舆论场的分隔就必须重视网络民意，尤其是网络公共事件里的中间阶层的意见和态度，在海量的数据信息中发现网络舆论的特点和发展，而不是通过删、封、堵去限制。其中，不仅要了解理性化的话语，还需要了解情绪化的话语表达、戏谑的网络灰段子、抵抗主流文化的恶搞等各种网络舆论形式，才能把握以及引导好网络舆论。

四　促成共意性网络社会动员，减少冲突性网络社会动员

本书发现网络社会动员既有共意性网络社会动员，又有冲突性网络社会动员，要针对不同的网络社会运动采取不同的对策。网络社会动员如果是促成共意性的社会运动，当然对国家和政府有利，即使产生冲突性的社会运动，也要建立相应的制度来配合，以减少其负面的影响，促使其向有利于社会和谐与稳定的方向发展。

五　对现实政治参与进行制度建设，以解决网络政治参与呈现的问题

网络政治参与呈现的问题，暴露了现实政治参与的制度建设还需要完善。

例如，目前中国的现实政治参与存在着政党利益表达制度的困境、信访制度的缺陷、人民代表大会的利益表达制度的局限、政治协商制度的局限、民间社团的生存空间狭窄等种种问题[①]，导致了网络公共事件的此起彼伏，以及中间阶层的种种网络政治参与。

---

① 曾鹏、戴利朝、罗观翠：《在集体抗议的背后——论中国转型期冲突性集体行动的社会情境》，《当代中国研究》2006 年第 2 期。

为此，可以对现实政治参与进行制度建设，以解决网络政治参与呈现的问题：首先，扩大公民政治参与的范围，而且应该在基层、中间层、国家高层各个政治领域扩大参与。其次，建设制度内的政治参与，需要制定参与制度规则，不断完善各层级的公民政治参与制度，将一些上访、请愿、群体性事件的政治参与转化为合理、合法表达利益、政治诉求的政治参与，将制度外的政治参与纳入制度内的政治参与之中。再次，扩大各领域的公民政治参与，主要是民主参与的领域从政治领域扩大到公共领域与基层社区领域，从传统的实体空间扩大到虚拟的网络空间，尤其利用当前的虚拟网络空间的快捷性、互动性、多元性等特点，激发公民在制度内政治参与的热情和关注。最后，通过现实政治参与的制度建设，促使与网络政治参与形成良好的互动。

六　将中间阶层的网络政治参与纳入制度内政治参与的建设中

中国的中间阶层的兴起是改革开放三十多年来经济发展、社会结构转型、教育水平提升等多种因素的影响。中间阶层对于中国的重要性，首先在于缓冲贫富两极分化的矛盾，让更多的底层人群看到向上的希望，同时，中间阶层作为社会上的主流消费人群，反过来成为推动中国经济增长的动力。可以说，大部分中间阶层得益于中国的经济发展，但是也有部分中间阶层对社会转型带来的政府腐败、社会不公、贫富分化等问题产生怨恨和不满。

中国的网民尽管这几年向学历低的社会低层进行扩散，但中间阶层仍占一个重要比例[①]，更重要的是，正如本书所分析的，中间阶层在网络问政模式、日常模式、外压模式、动员模式中表现出的政治参与的行为，引领着其他社会阶层进行政治参与。这样的政治参与以网络舆情、网络公共事件、网络运动表现出来，如果处理不好，网络政治参与很容易转向制度外的现实政治参与，中间阶层也从社会的“稳定器”转变为社会不稳的因子，为此，要将中间阶层的网络政治参与纳入制度内政治参与的建设中，最终增进政府的合法性和促进社会的和谐稳定发展。

---

① 最近五次中国互联网络信息中心（CNNIC）的调查（2012 年 6 月到 2014 年 6 月）显示，如果从教育来划分，目前中间阶层使用互联网的比例是在 20% 左右，而如果以职业为分层，则是在 40% 左右，无论哪一个数字，都是一个重要的组成部分。

第五节 本书的不足和未来的研究

一 本书的不足

本书的不足有以下几个方面：

（一）由于资金和时间的关系，本书并未能完成一份面向全国的、严格随机抽样的互联网对中国中间阶层政治参与影响的问卷，尽管目前在中国，已经有一系列的互联网使用的全国调查，如中国互联网络信息中心（CNNIC）举办的每半年一次的调查[①]，不过这些项目并没有包括全国的互联网使用对政治参与及公共政策影响的系统全面的问卷，又如在中国社会科学院政治学研究所这几年出版的中国政治参与报告中的关于政治参与的调查[②]，尽管政治参与的相关变量已经很详细，但是对网络政治参与的测量却没有很详细，仅将其测量为在互联网上发表个人意见，因此也就难以反映网络政治参与的全面性和复杂性。

（二）在本书互联网使用对政治参与的影响调查问卷中，除测量政治效能感外，并没有将其他的政治心理变量考虑进来，如将政治信任、政治兴趣、政治知识、政治支持等变量考虑进来。

（三）本书方法中定量方法是建立在传统数据基础上的，如抽样获得，这样的数据往往是结构化的数据，或者是有关联的数据，是管理员按照事先设定的程序获得的，如调查读者、听众、网民可通过严格的随机抽样获得，并且通过样本来推断总体。但是随着大数据的到来，这样的方法就难以处理非结构化的数据。

（四）在深度访谈中，由于资金和时间的关系，本书仅采用便利方法，获得77名中间阶层的意见，而且其问卷所涉及的内容也不够多样、深入。

（五）政治参与除了面上的问题，还有一个度的问题，本书仅侧重于对面上的测量，而没有更多的对度的测量。因此对政治参与行为作出进一

---

① 中国互联网络信息中心（http://www.cnnic.net/）。

② 房宁、杨海蛟、史卫民编：《政治参与蓝皮书：中国政治参与报告（2012版）》，社会科学文献出版社2012年版；房宁主编：《政治参与蓝皮书：中国政治参与报告（2013版）》，社会科学文献出版社2013年版；房宁主编：《政治参与蓝皮书：中国政治参与报告（2014版）》，社会科学文献出版社2014年版。

步细分是必要的。

二　未来的研究

未来的研究可向以下几个方面发展：

（一）完成一份面向全国的、严格随机抽样的互联网对中国社会各阶层政治参与影响的问卷，其中既包括中间阶层，也包括其他阶层，其变量可包括政治信任、政治支持度、社会资本、政治知识等，以全面发现互联网对中国社会各阶层的政治态度和行为的影响。

（二）在面向全国的、严格随机抽样的问卷调查中，再在其中抽取更多的人员进行深入访问，以获取更为丰富的政治参与行为和政治参与态度。

（三）在分析互联网中的政治参与内容的帖子时可采用大数据分析方法。“大数据”通常为非结构化数据，并包含彼此可能无关联的数据集，如来自各种独立数据流（如 Twitter、社交网站、传统 CRM、调查结果、人口数据、缺陷数据等）的数据，通过大数据的挖掘探索互联网使用与中国中间阶层的政治参与。

（四）政治参与的测量要有更为详细的量表，另外中间阶层的测量也要加入职业声望的测量等，这些工作都将在以后的研究中落实。

（五）未来的研究，还可以选取一个地区，对中间阶层的政治参与进行民族志研究，就可以将中间阶层政治参与的概念具象化。

附录 1

配额抽样问卷

互联网使用与影响调查问卷

您好，我们是××大学新闻与传播学院的调查人员，我们正在进行一份关于互联网使用与影响的问卷调查，问卷中问题的回答，没有对错之分，您只要根据实际的想法和做法回答就行，所有资料仅用于学术研究，绝不泄露资料。访问要 20 分钟左右。

对于您的回答，我们将按照《统计法》的规定，严格保密，并且只用于统计分析，请您不要有任何顾虑。希望您协助我们完成这次访问。

谢谢您的合作！

此致

××大学新闻与传播学院的调查人员

一、甄别问题

您今年多少岁（周岁）__________岁——如果回答的数字少于 16，即调查者小于 16 岁，就回答谢谢，重新选择调查对象。

二、上网情况

1. 您开始上网（包括手机上网）大概是从哪一年开始的？______年。

2. 以下关于网络使用工具的描述，您的实际情况是怎样的呢？（请标注，每行单选）

网络使用工具	从不使用	极少使用	较少使用	有时使用	较多使用	经常使用
（1）即时通信	1	2	3	4	5	6
（2）搜索引擎	1	2	3	4	5	6
（3）网络音乐	1	2	3	4	5	6
（4）博客/个人空间	1	2	3	4	5	6
（5）网络视频	1	2	3	4	5	6
（6）网络游戏	1	2	3	4	5	6
（7）微博	1	2	3	4	5	6
（8）社交网站	1	2	3	4	5	6
（9）电子邮件	1	2	3	4	5	6
（10）网络购物	1	2	3	4	5	6
（11）网络文学	1	2	3	4	5	6
（12）网上银行	1	2	3	4	5	6
（13）网上支付	1	2	3	4	5	6
（14）论坛/BBS	1	2	3	4	5	6
（15）旅行预订	1	2	3	4	5	6
（16）团购	1	2	3	4	5	6
（17）网络炒股	1	2	3	4	5	6

3. 以下关于网络使用方式的描述，您的实际情况是怎样的呢？（请标注，每行单选）

网络使用方式	极少使用	较少使用	有时使用	较多使用	经常使用
（1）上网了解国内外新闻事件	1	2	3	4	5
（2）上网进行网络购物	1	2	3	4	5
（3）上网与朋友、家人或其他人沟通交流	1	2	3	4	5
（4）上网发表个人对各种公众事物的看法、意见	1	2	3	4	5
（5）上网娱乐或为满足个人爱好	1	2	3	4	5
（6）上网获得有关工作、生活的信息	1	2	3	4	5
（7）上新闻网站看新闻	1	2	3	4	5
（8）上网进行网上支付	1	2	3	4	5
（9）上网收发电子邮件，使用即时通信工具	1	2	3	4	5
（10）上网通过 BBS、博客等上贴文章或参与 BBS 的讨论	1	2	3	4	5
（11）上网玩游戏、听音乐、看电影等	1	2	3	4	5
（12）上网通过搜索引擎查找自己感兴趣的信息	1	2	3	4	5

4. 下面关于您使用网络的描述，您的实际情况是怎样的呢？（请标注，每行单选）

	极少使用	较少使用	有时使用	较多使用	经常使用
(1) 关注各种热点网络事件（如躲猫猫、钓鱼执法、跨省追捕、雷政富不雅视频等）	1	2	3	4	5
(2) 转发具有明显的社会政治性的帖子、微博等	1	2	3	4	5
(3) 评论具有明显的社会政治性的帖子、微博等	1	2	3	4	5
(4) 签名庆祝、支持或者声援某些活动或纪念日	1	2	3	4	5
(5) 在网络上与人讨论各种政治话题	1	2	3	4	5
(6) 通过网络（如博客、微博）直接发表自己对社会问题、政治问题的看法或帖子	1	2	3	4	5
(7) 通过政府网站或政府网站开设的专栏反映意见或提建议	1	2	3	4	5
(8) 通过网络举报、揭露、公开社会中不公平、不公正、不合理的事情或人物	1	2	3	4	5

三、政治参与情况

1. 投票选举情况：（请标注，每行单选）

	没有	有，但是因为单位/企业领导或村干部要求才去的	有，是自己自发/主动去的
(1) 您在上一次的地方人民代表大会代表选举中有没有投过票呢？	1	2	3
(2) 您在上一次的居民/村民委员会选举中有没有投过票呢？	1	2	3

2. 您有没有参加过以下活动呢？（请标注，每行单选）

	没有	有
(1) 自发性的爱国主义游行示威（包括抵制日货之类的行动）	1	2
(2) 个人上访/请愿	1	2
(3) 集体上访/请愿	1	2

3. 以下活动您参加的情况是？（请标注，每行单选）

	很少或没有	较少	一般	较经常	经常
（1）为自己或朋友的利益找单位领导反映	1	2	3	4	5
（2）为自己合法权益找政府领导反映	1	2	3	4	5
（3）与传媒联系表达对社会问题的看法	1	2	3	4	5
（4）与人大、政协委员联系并向其提意见	1	2	3	4	5
（5）写信给政府部门或信访部门投诉	1	2	3	4	5

四、政治效能感

下面的描述，您的实际情况是怎样的呢？（请标注，每行单选）

关于政治效能感的自我感觉	一点也不对	大部分不对	对错各半	大部分对	非常对
（1）我具有参与中国政治的资格	1	2	3	4	5
（2）我能很好地理解当代中国最重要的政治问题	1	2	3	4	5
（3）我完全有能力成为一个中国政府官员	1	2	3	4	5
（4）我比其他人更了解中国政治和政府	1	2	3	4	5
（5）当今政府不关心像我这样的普通公民	1	2	3	4	5
（6）当今政府的管理效率不高	1	2	3	4	5

五、媒介使用

1. 您在日常生活中从事下列活动的频率是怎样的呢？（请标注，每行单选）

	从不	一年几次	一周一次	一月一次	一周几次	差不多每天
（1）看电视	1	2	3	4	5	6
（2）听广播	1	2	3	4	5	6
（3）阅读报刊	1	2	3	4	5	6
（4）浏览互联网	1	2	3	4	5	6

2. 在您看电视、听广播、阅读报刊以及上网时，对于时事新闻（包括“焦点访谈”之类的专题调查报告/报道）的关注程度是怎样的呢？（　　）（单选）

①一点也不关注　　②不太关注　　③一般

④比较关注　　⑤非常关注

六、个人资料

1. 您的性别（　　　）。

（1）①　　　② 女

2. 您的受教育程度（　　）。

①初中及以下　　②高中或中专　　③大专

④本科　　⑤研究生及以上

3. 您是否是共产党员？（　　　）。

①是共产党员　　②不是共产党员

4. 您现在常住的省份是（　　　）。

5. 您现在的职业为（　　　）。

①学生　　②个体户/自由职业者

③无业/下岗/失业人员　　④专业技术人员

⑤制造业/生产性企业工人　　⑥商业/服务业职工

⑦企业/公司一般职员　　⑧企业/公司中层管理人员

⑨企业/公司高层管理人员　　⑩党政机关事业单位一般职员

⑪党政机关事业单位领导干部　　⑫农民

⑬退休　　⑭其他　　⑮不清楚/不知道

6. 请您估计 2012 年一年的家庭各种收入总和约为多少（这里包括全家所有成员的全部工资、各种奖金、补贴、分红、股息、经营性纯收入、银行利息、馈赠等）。（　　　）。

①40000 元以下　　②40000—79999 元

③80000—119999 元　　④120000—159999 元

⑤160000 元及以上　　⑥不知道/不愿回答

附录2

深度访谈问卷

互联网使用与影响调查问卷

尊敬的朋友：

您好，我们是××大学新闻与传播学院的调查人员，我们正在进行关于互联网使用与影响的学术研究，这是一份关于这方面的调查问卷。

对问卷中问题的回答，没有对错之分，您只要根据平时的想法和实际情况回答就行。对于您的回答，我们将按照《中华人民共和国统计法》的规定，严格保密，并且只用于统计分析，请您不要有任何顾虑。根据《中华人民共和国统计法》第三章第十四条，我们会对您所提供的所有信息绝对保密。我们在以后的科学研究、政策分析以及观点评论中发布的是大量问卷的信息汇总，而不是您个人的具体信息，不会造成您个人信息的泄露。请您放心。

谢谢您的合作！

此致

××大学新闻与传播学院的调查人员

一、甄别问题

1. 您现在的职业为（　　　　）（单选）——如果选择2—7的继续调查，如果选择1或者8及8以后的则需要再找其他合适的被访对象。

①党政机关事业单位领导干部　②党政机关事业单位一般职员

③企业/公司中层管理人员　④企业/公司高层管理人员

⑤专业技术人员 ⑥私营企业主/合伙人 ⑦个体工商户
⑧自由职业者 ⑨企业/公司一般职员 ⑩商业服务人员
⑪制造业/生产性企业工人 ⑫无业、失业、半失业者
⑬学生 ⑭农民 ⑮退休人员 ⑯其他 ⑰不清楚/不知道

2. 您使用过互联网吗（包括手机上网）?（　　　　）（单选）——如果选择 1 的继续调查，如果选择 2 或 3 的则需要再找其他合适的被访对象。

①现在使用着 ②以前用过，现在没有使用
③从来没有使用过

3. 您现在的身份是?（　　　　）（单选）——如果选择 1 的继续调查，如果选择 2 或 2 以上的则需要再找其他合适的被访对象。

①中华人民共和国大陆居民 ②香港居民
③澳门居民 ④台湾居民 ⑤其他

二、媒介使用和互联网使用

您在日常生活中从事下列活动的频率是怎样的呢?（请标注，每行单选）

	从不	一年几次	一周一次	一月一次	一周几次	差不多每天
（1）看电视	1	2	3	4	5	6
（2）听广播	1	2	3	4	5	6
（3）阅读报纸	1	2	3	4	5	6
（4）阅读杂志	1	2	3	4	5	6
（5）浏览互联网（包括手机）	1	2	3	4	5	6
（6）手机定制信息	1	2	3	4	5	6

三、个人资料

1. 你的性别（　　　）。

①男 ② 女

2. 您的出生年份是________年。

3. 您目前的最高教育程度（包括目前在读的）（　　　）。

①初中及以下　②高中、技校或中专

③大专（包括成人高等教育和正规高等教育）

④大学本科（包括成人高等教育和正规高等教育）

⑤研究生及以上

4. 您是否是共产党员？（　　　　）

①是共产党员　　　　②不是共产党员

5. 您单位或公司所属性质是以下哪一类？（　　）（单选）

①党政机关　②国有或国有控股　③集体所有或集体控股

④私有/民营或私有/民营控股　⑤港澳台资或港澳台资控股

⑥外资所有或外资控股　⑦其他（请注明：________）

6. 您个人去年（2013 年）全年的总收入是多少？（　　　　）

①25000 元以下　②25001—35000 元　③35001—45000 元

④45001—55000 元　⑤55000—65000 元　⑥65001 元以上

⑦不知道/不愿回答

7. 您目前的工作的具体职业是：

①职业名称____

②具体工作内容____________________________________

8. 您现在的户口在哪个城市？ ______________________________

四、深度访问问题（这里问题的回答，属于开放式回答，您想怎么回答都可以，字数不限，当然越多越好，回复给我们电子版和纸张版都可以）

1. 您如何看待网民在互联网上发表或者传播的对社会和政治问题看法的文章呢？

2. 您通过互联网获得过我国传统媒体没有报道的，但是却与中国的政治、社会相关的消息吗？您相信这些消息吗？您如何看待这些消息呢？

3. 您对网络上或手机上传播的关于社会、政治问题的各种各样幽默、讽刺、朗朗上口的段子持什么样的态度和看法？（就是类似于“【七律：长征】官员不怕拆迁难，万家千户只等闲。文物古迹不思量，古宅老院全拆完。金戈铁马机械碾，大刀阔斧不手软。更喜圈地千亩多，开发过后尽

是钱”的一小段话）

4. 如何看待论坛、聊天室、博客、微博中的删帖问题?

5. 您如何看待网络向政府反映意见或者通过网络举报、揭露、公开社会中不公平、不公正、不合理的事情或人物? 您觉得这些会产生什么影响呢?

6. 您对通过网络动员来进行某些集体行动，如抗议、游行、示威有什么看法呢?

7. 您认为互联网会如何影响中国政治及普通人的政治心态和政治参与呢?

附录3

第六章里的20个教授博客的具体清单

第六章里的新浪博客里随机抽样查找带有“教授”名称的、可以辨别身份的中国内地的博客共20名（统计时间为2015年3月）

博客名	博文数	博文内容
爱尔眼科－李镜海教授的博客	1	莫让弱视缠上宝宝
蒋兆瑜教授的博客	14	关于治疗小孩的话题
任月林教授的博客	67	手术治疗的专业知识
SWPU刘建军教授的博客	318	考研调剂、学术论文问题、学者生存状态
李清教授－吉林大学的博客	4	3篇为专业问题、1篇生活
孙教授005的博客	308	大部分为退休、旅游、生活
整形专家刘凤强教授的博客	9	整形美容注意事项
一滴水陈铁英副教授的博客	732	日常生活的记录
教授张国超的博客	4	命理讨论、歌曲
顾美皎教授的博客	26	妇产科方面的知识
教授周里京的博客	185	电影表演方面的专业知识
王鸿钧教授的博客	48	书画和专业知识
西大徐松岩教授的博客	76	工作生活60篇、少年趣事11篇、美妙生活2篇
顾铭瑞教授易经讲座的博客	13	易学专栏（7篇）、易学分享随笔（4篇）
唐永亮教授的博客	1	日本人研究
方朝晖教授的博客	1	核心价值与文化无意识
何裕民教授无锡工作室的博客	531	通知活动、抗癌心理等
田奋飞教授的博客	133	社会评论、教育评论、诗情等
杨桂林律师—副教授的博客	1	集体土地征用补偿制度
东北大学李建昌教授的博客	1	宣传介绍

附录 4

第六章里的 50 个医生微博的具体清单

第六章里的 50 个实名认证的全国医生微博的具体清单（统计时间为 2014 年 7 月）

网名	性别	地区	身份/单位	关注	粉丝	微博
男科医生王古道	男	安徽	安徽省铜陵市立医院主任医师	622	35342	19140
妇科医生朱连成	男	北京	中国医科大学附属盛京医院	254	11373	1735
张峰	女	北京	北京儿童医院保健中心主任医师	89	33711	1095
王兵	男	北京	中医科学院针灸医院风湿科副主任医师	53	68066	613
病理医生杨连君	男	北京	煤炭总医院病理科主任	1953	113587	1547
许樟荣医生	男	北京	解放军 306 医院糖尿病中心主任、教授	296	27710	6375
游川医生	女	北京	首都医科大学附属北京妇产医院北京妇幼保健院	282	57974	4561
陈革	男	北京	首都医科大学宣武医院神经外科	291	105686	460
刘晓雁医生	女	北京	首儿所血管瘤治疗工作室	117	72843	2329
协和张羽	女	北京	北京协和医院妇产科副主任医师	265	313504	4126
急救医生贾大成	男	北京	北京急救中心医生	1184	1491087	25760
张思莱医师	女	北京	儿科专家	539	748254	28978
协和章蓉娅	女	北京	北京协和医院	1275	1545786	6578
谭先杰	男	北京	北京协和医院妇科肿瘤医生、教授	396	223706	2448
肿瘤专科医生	男	福建	厦门肿瘤专科医生潘战和	227	106913	850
高巧芬	女	甘肃	甘肃省疾病预防控制中心医生	1120	7896	1684
谢汝石医生	男	广东	中山大学附属第六医院综合病区主任	170	13186	13078

续表

网名	性别	地区	身份/单位	关注	粉丝	微博
整形科医生	男	广东	广州著名整形医生	248	52644	4735
医生哥波子	男	广东	广东省卫计委	1918	3637085	12381
创美口腔医生	男	广西	广西南宁创美口腔医生	39	756	281
何坚医生	男	贵州	贵阳结石病医院	553	458	694
海南海口韩医生	男	海南	海南海口韩医生（未加V，有照片）	21	9	5
紫月冰兰	女	河北	河北省涿州市医院眼科医生	319	807	1587
Dr_ 王国磊	男	河南	河南省胸科医院胸部肿瘤科医生	863	5186	1759
satarra	男	黑龙江	黑龙江省医院口腔修复科医生	521	669	1495
熊俊－外科醫生	男	湖北	华中科技大学附属协和医院副主任医师	333	74377	9538
泌外周医生	男	湖南	湖南省娄底市中心医院泌外科医生周南一	859	1516	591
weiliu1002	男	吉林	吉林大学第一医院呼吸科主治医师	1036	2189	2939
晓东大夫	男	江苏	苏州大学附属第一医院心内科医生	360	37161	3624
邹琪	男	江西	江西广济医院整形美容科主任医生	65	104	355
董庆卓	男	辽宁	辽宁省金秋医院外科医生	303	3131	1163
韩树杰	男	内蒙古	内蒙古呼和浩特市第一医院男科主任医师	1995	20004	2557
宁夏人民医院副主任	男	宁夏	宁夏回族自治区人民医院中医科主任医师	118	131	11
Dr-Jarnosun 孙嘉林	男	青海	青海省中医院内科医生	141	1262	244
甜 akunamatta 甜	女	山东	山东中医药大学附属医院妇科医生	94	169	119
苗海兰	女	山西	山西儿童医生	106	79	10
皮肤科马科党	男	陕西	陕西省中医医院、陕西省中医药研究院	4	103	173
国妇婴徐医生	女	上海	上海国妇婴	942	15205	3642
肖园医生	男	上海	上海瑞金医院儿内科主治医师	392	18710	3377
沈衛東	男	上海	中医针灸沈卫东医生	342	125247	1370
崔红平	男	上海	上海市第十人民医院（暨同济大学附属第十人民医院）	1909	21589	5764
段涛医生	男	上海	上海市第一妇婴保健院院长	34	29781	95
龚晓明医生	男	上海	上海市第一妇婴保健院	405	418594	8305
华西周晨燕	女	四川	四川大学华西医学中心	519	1618	2267
李向红医生	女	天津	天津河东丽人医院业务院长	1132	3539	1513

续表

网名	性别	地区	身份/单位	关注	粉丝	微博
丁大伟	男	西藏	雅博仕口腔（未加V，有照片）	385	125	229
新疆兵团医生	男	新疆	新疆生产建设兵团一八四团场医院助理医生	48	149	206
周乐今_ 医生	男	云南	昆明医学院教授、心内科主任医师	763	10385	5976
陈海啸	男	浙江	浙江台州医院院长、骨科医生	435	49473	1104
儿保医生蒋志阳	男	重庆	重庆医科大学儿童医院儿保医生	189	23771	1029

附录 5

第六章里的 323 个知名记者微博的具体清单

第六章里的 323 个知名记者微博具体清单及情况（统计时间为 2014 年 12 月 1 日至 12 月 7 日）

博客名	身份	关注	粉丝	微博
alwayscoffe	《证券市场周刊》宏观部主任罗威	1081	6184	2071
阿莱	女性情感作家、专栏写手、电视评论人、《倾诉空间》主笔兼创始人	482	46869	8508
阿离	陕西电视台驻北京记者	769	5877	607
阿子	《第一财经日报》资深文化记者周舒	973	6098	21963
安定微博	新华社高级记者李安定，汽车界著名评论员、记者	227	86836	715
安元	天津日报社《每日新报》经济新闻部记者	795	5026	3791
白继开	《北京晚报》摄影记者	261	11371	1831
白伟志	《环球人物》记者	211	4033	3
北京晚报孙颖	《北京晚报》"两会"上会记者	62	3034	122
北晚廖雁	《北京晚报》上会记者	605	3349	2508
贝小戎	《三联生活周刊》记者	1273	46227	8112
冰老	《VOGUE》中国版编辑部主任曾焱冰	602	87668	8593
勃不起	《南方都市报》娱乐部记者戴乐	386	4185	10454
CandyLee	《嘉人》时装总监 candylee	718	49819	3294
catnap 困困	《GQ 智族》杂志主笔、《纽约时报》中文网副总编辑	1179	96308	4555
cctv5 陆菁	中央电视台《足球之夜》记者	505	191016	3570

续表

博客名	身份	关注	粉丝	微博
CCTV－5 徐莉	CCTV－5 帆船帆板、速度滑冰出镜记者	294	251397	2337
CD 的大雄	《中国日报》资深记者张海洲，驻伦敦首席记者	328	3014	181
chaosun	《中国经济年鉴》杂志主编孙超	162	2708	196
chnjun	《电脑报》编辑部主任、总编助理张俊	352	15897	1136
财新赵何娟	《财经》知名记者、钛媒体 TMTpost. com 创始人	1452	117555	8053
曹圣明	《财经》特约撰稿人、《东方企业家》副主编	621	7514	5317
曹增光	天极 chinabyte 新闻副主编	1599	68422	6323
曹祯	《新世纪》周刊记者	466	4920	473
苌苌	《三联生活周刊》知名记者	22	1984	43
陈钢 Gang CHEN	中国新闻社驻旧金山摄影记者	106	3485	1512
陈建芬	《中国企业家》知名记者、"两会"上会记者	436	16806	1842
陈文定	《南方都市报》深圳新闻部主任	541	46152	1538
陈小七	《博客天下》编辑部主任	328	5188	6051
陈学军	《天府早报》国内部主任	1095	11978	32990
陈艳涛	《新周刊》杂志编务总监	767	21928	1184
陈振烨	经理人杂志社采编中心主任	2170	20017	2517
陈志刚	IT 名记，曾任《第一财经日报》产经中心编辑部副主任	1987	17477	11939
程坤	广告主杂志社专题部记者	2000	11751	7192
程浔	摄影家	1998	53399	21383
传媒老王	报纸媒体人、纸媒研究者	2971	1047445	58572
春城杨杰	《春城晚报》南非世界杯特派记者	456	5479	1886
醋溜儿	酷 6 网文体中心主编	732	4878	4001
崔恒亮	《半岛都市报》首席记者崔恒亮	1998	23726	17422
崔斯坦	《南方都市报》娱乐记者简芳	495	13716	3821
大仙	作家、诗人，代表作《北京的金山上》	2197	875966	13716
大姿	《有姿有色》作者	397	30462	1006
呆二	媒体人新浪微博社区委员会专家成员	673	54652	20468
戴嵩楠	浙江电视台钱江频道主持人嵩楠	969	18086	7135
戴新伟	《南方都市报阅读周刊》资深编辑戴新	744	12364	10195

续表

博客名	身份	关注	粉丝	微博
戴远程	《南方日报》经济新闻中心记者	1997	15679	8269
邓飞	《凤凰周刊》知名记者、“免费午餐”发起人	2664	4942749	26271
邓菲菲	知名体育记者	383	7320	15480
邓亚平	中国企业家杂志社会议部主任	881	25233	3512
邓妍	《投资者报》资本市场部主编	811	19947	4505
第五铁峰	电影频道（CCTV－6）官方网站首席记者、影评人	1685	54120	6221
丁补之	《南方周末》记者	942	20804	1189
窦丰昌	《广州日报》机动部主任	372	6207	2279
读史老张	《新闻晨报》副主编	1349	49346	8597
笃单单	北京电视台体育频道主编	719	8610	11472
杜旻	《东方体育日报》副总编辑	899	248996	7640
杜莎莉	《苏州512·楼市周刊》杂志主编	255	18443	660
杜艳	《财经国家周刊》副主编、新华社瞭望智库副总裁	545	4874	4457
断剑钩沉	北青记者张剑	874	36659	4056
耳尔	广西科学技术出版社北京图书中心编辑聂彩霞	650	8042	927
FloraWang	《商业价值》杂志栏目主编王艳华	423	2535	431
florencelai 黎凯欣	《U Magazine》记者	675	5165	664
法国猪皮摄影师	原《经济》杂志执行主编周扬	421	102110	5639
范海涛	《北青报》知名记者、《世界因你不同》作者	1022	121372	7304
范卫锋	财经作家、《财富创世记》作者	279	56576	8687
方雪萍	《中国冶金报》原料部主编	1123	1999	57
冯楚轩	《风尚志》编辑总监、《精品购物指南》主编、《OK！精彩》执行出版人和主编	1370	109084	4585
冯时时	南方卫视《今日最新闻》记者、和《南方报道》主持人	446	7339	589
凤凰卫视雷宇	凤凰卫视出镜记者、2008年度最受网友欢迎记者、2013最佳灾难报道记者	414	86132	3324
Gladys 小祝	香港亚视新闻记者	560	4670	1002
甘露不爱说话	《优家画报》副总监	1400	13909	4562
甘薇	《花溪》杂志主编、四川人民出版社《龙门阵》杂志执行主编	659	10959	3675

续表

博客名	身份	关注	粉丝	微博
高瑞沣	影客联媒杂志社执行主编	863	134450	2159
高娓娓	在纽约新闻媒体工作	251	907997	7488
高秀东	《中国消费者报》记者部主任	1789	9823	1181
谷月	精品购物指南《乐活志》首席编辑	822	4128	3178
光圈	齐鲁电视台资深记者	1341	56687	2224
郭小寒	《北京青年周刊》记者	2338	15620	9902
haitaode	《新京报》经济部主任王海涛	987	27211	15661
海川	《投资家》记者	155	1849	3
海南王二	《时代周报》首席编辑	2173	20910	17373
何华峰	财经网编辑部副主任	364	5019	612
何潇	《三联生活周刊》记者	571	5081	207
何晓鹏	《中国新闻周刊》专题部主任	140	2657	1
何颖珊	《南方都市报》娱乐部主任	604	20129	5827
黑色眼睛	知名媒体顾问	475	3380	3380
侯虹斌	《南方都市报》副刊资深编辑	1526	34682	15126
胡冬冶××主编	××传媒	1904	4604	3421
胡建礼	《京华时报》文娱部主任	1268	86811	4027
胡津南	凤凰网汽车频道副主编	79	11522	12014
华西周祺	《华西都市报》编委、财经部主任	1170	25553	3289
黄佟佟	专栏作家、《花溪》主编黄佟佟	1442	161649	23835
黄一琨	著名财经评论人	1017	10217	9442
it 老记	IT 经理世界杂志社首席记者冀勇庆、清华大学经济管理学院 MBA	1998	44587	11635
jiayp06	新华社山东分社记者	235	6962	1490
记者刘晓玲	《北京青年报》主任、记者、作家，出版图书《监狱警察》	501	61315	6184
家跑	CCTV－5 棒球垒球橄榄球专项出镜记者、棒垒专家康康	819	6300	5420
蒋蒋韵	《青年周末》知名记者蒋文娟	1282	8999	7842
蒋举	《北京晚报》首席记者	676	6555	1230
脚踩四万九	《信息时报》记者	920	7138	19254
金小雷	CCTV－5 播出组导演金雷	284	13776	745

续表

博客名	身份	关注	粉丝	微博
晶报侯哥	深圳《晶报》总编室主任侯晓清	1988	9191	2058
赳赳	《新周刊》首席记者	577	233096	6856
kaifeng	《创业家》杂志记者	690	8170	1313
凯西陳	台湾漫画家	33	75691	1519
康彩红	CFP图片总监	983	3116	3894
科学公社李虎军	财新传媒高级编辑	919	22504	1461
克里夫兰三骑士	NBA驻克里夫兰前方记者团	4	4053	67
快门日报	知名摄影师	1906	167231	9570
坤泰丁丁	《纽约时报》公司中国区总经理、《纽约时报》中文网总经理左浩坤	117	1738	596
琨叔	江苏广电《新财经》制片人张伟琨	38	4053	17
lazio	《体坛周报》国际足球资深编辑	492	9584	6699
luohuawuhen	腾讯网教育频道编辑	487	2950	940
兰粟粟	金城出版社策划中心主任	464	15950	1101
兰影	《中国移动通信/移动世界》主编	0	1699	6
蓝艺	《凤凰周刊》副主编	1019	5810	2463
懒鱼	《译林》杂志主编	1728	31012	28235
老何东	《凤凰非常道》主持人	5	21264	381
老凉	CNET科技资讯网主编梁钦	2886	40284	20113
老廖	中国教育电视台新闻中心主任	653	77255	1530
乐国星	《南方日报》汽车记者、新浪汽车特约评论员乐国星	1998	22414	1427
乐者张翔	喜剧世界杂志社副总编辑	325	14011	578
李根兴	《摄影世界》主编、资深媒体人	579	7375	3833
李国庆	《万家科学》主编、iTOYZ&PLAYGROUND主理人	1085	19730	28217
李国训	知名IT记者、腾讯科技副主编	1962	5815	3337
李鸿彦 JOELEE	香港now财经台首席记者	272	2466	124
李黎	《IT经理世界》杂志助理总编辑、CIO版主编、资深媒体人	966	52827	36
李玩	媒体出版人曾光明	633	21171	33238
李微敖	《南方周末》记者	1824	36902	4291
李武军	中央电视台体育新闻资深记者，参加了四届奥运会报道工作	455	477594	8509

续表

博客名	身份	关注	粉丝	微博
李翔1	《经济观察报》高级记者、作家、出品人，著有《商业领袖访谈录》	802	19397	1065
李晓晔	《第一财经日报》记者、四川长虹虚增销售收入事件当事记者	1086	13588	4476
李雪夜	《今古奇幻》专栏作家，出版作品《鬼舞》《虚空战役》	377	34564	3753
李瀛寰	《时代周报》首席记者	1509	101987	6143
连鹏	加拿大媒体人	1531	269387	14909
瞭望杨士龙	高级记者、新华社前驻加拿大和巴基斯坦社长	525	8618	3933
林靖峻	《广州新快报》名记	613	3448	1595
林琨毅	《篮球报》NBA 记者	873	37885	6383
林素川	福建省教育评估中心主任、福建省高等教育学会秘书长	326	36513	3664
林涛	《中国企业家》资深记者	656	5191	1165
林天宏	《中国青年报·冰点周刊》记者	1347	65863	37
林邑	《中国周刊》创始人之一、资深编辑	809	4404	4478
零雅飞	财新网市场经理	1141	5227	4839
令狐列	凤凰卫视资深记者	221	7492	1935
刘炳路	《新京报》编委、《深度报道》主编、资深调查记者	607	34365	1715
刘波涛	《新营销》杂志副主编	2000	16563	1606
刘君点评	新华社主任、编辑	1073	1047964	11152
刘启诚	《通信世界》新闻部主任	2085	90583	15053
刘天昭	《南方都市报》评论员	215	15672	622
刘万永	《中国青年报》特别报道部副主任	735	53621	12218
刘卫兵	新华社名记	862	58035	1967
刘炎迅	《南方周末》记者	766	11415	11137
刘育英	"两会"上会记者、中国新闻社经济部资深记者	359	3032	2990
龙志	《南方都市报》深度新闻部首席记者	1007	12948	2622
鲁伊	《三联生活周刊》主笔	327	6643	1799
陆文龙	环球网视频总监	89	3062	6
闾丘露薇	凤凰卫视著名记者、主持人	231	3673852	12210
吕约	《新京报》编委	330	6594	832

续表

博客名	身份	关注	粉丝	微博
绿茶	《新京报》资深编辑方绪晓	1268	134339	5304
罗皓菱	《北京青年报》文化新闻部记者	599	7126	565
罗天昊	FT 撰稿人、青年学者、资深评论家	872	33573	3809
骆海涛	(Fast Company) 快公司中文版 编辑	550	11045	4641
Ma_ Gay	《香港东方日报》娱乐记者	211	11549	2008
mansun	《信息时报》记者，兼乐评人	835	7558	4874
Marco 張建業	香港亚洲电视记者	112	4551	0
myidear2008	《IT 经理世界》杂志（2007—2009）	2299	7853	2133
麻辣小知	《计算机世界》新闻采访部主编凡晓芝	1012	66060	5650
马宁柠檬	《艺术人生》主编	801	11096	854
马戎戎	现代传播集团《numero》专题总监《优家画报》特稿总监	1825	27893	12824
马小翠	《天下美食》杂志前主编	653	21163	6262
毛江华	用友公司公关传播总监	2406	10684	7438
毛毛雨	《扬子晚报》特派行动部主任冯海青	1214	27821	5979
冒安林	《21 世纪经济报道》头版编辑、评论员	366	71794	722
梅朵 lilir	《大河报》文艺部编辑黎延玮	1781	8704	2261
孟寧	《珠江晚报》视觉总监	1663	25810	7664
米秃刘敬文	深圳《晶报》首席记者	1924	29484	15901
明叔	《财经》记者明叔亮	1603	10415	0
摩登绅士主编黄维崇	桦榭集团《摩登绅士》主编	147	2126	1
莫雨笙	幻想文学作家，为《九州幻想》等幻想文学杂志供稿	226	22741	2820
那小放	《南方都市报》特约评论员	743	44653	7713
奶猪	《南方周末》记者袁蕾	754	62453	4858
南都齐帅	《南方都市报》娱乐部记者	440	7293	3127
南方南	《南方都市报》经济新闻中心首席记者	804	19896	6935
牛若英	《Time Out》中文版主编	1207	111364	2346
彭志强	《成都商报》文化新闻部主任、策划人	800	16466	703
朴抱一	《21 世纪环球报道》记者、新华社《瞭望东方》主笔，CCTV《新闻会客厅·决策者说》节目策划、《中欧商业评论》高级记者等	2102	133435	14410
人去夕阳斜	《21 世纪经济报道》两会记者耿雁冰	627	4557	139

续表

博客名	身份	关注	粉丝	微博
任威风	中国网络电视经济台（央视网财经频道）主编	594	7949	6679
申在江湖	《西安晚报》体育部负责人、中超陕西浐灞跟队记者申伟	122	6688	20
深夜一只猫	《南方都市报》评论部评论员林涛	2535	30318	27029
神魂颠倒	新华社电视台执行制片人刘惠迪	981	2838	2503
师永刚	香港凤凰周刊杂志社主编	1066	195974	10800
时代报宝树	媒体人、专栏作家	1372	6192	5793
时寒冰	知名财经评论员、《上海证券报》评论版主编	114	243046	173
舒泥	媒体人	392	2485	4694
舒文峰	《艺术财经》总监	1744	7632	7837
斯雄	《人民日报》政文部军事室主任朱思雄	322	16347	1961
宋词	新浪记者、体育经纪人	741	247045	7536
苏培科	CCTV 证券频道新闻主编、对外经贸大学公共政策研究所首席研究员	632	26789	1935
孙春龙	《瞭望东方周刊》总编辑助理、知名记者	2000	79096	10833
孙浩元	媒体人，开创新闻悬疑小说新领域	1788	59360	27770
汤涌	《中国新闻周刊》记者、新媒体部内容总监	2018	21882	37351
唐师曾	记者	150	512399	1726
唐杨科	《体坛周报》国际体育专家	852	7543	4105
陶俊杰	《证券市场周刊》知名记者	490	4447	1144
陶邢莹	《新民晚报》体育记者	833	15377	9735
藤井树小姐	《世界电影之窗》主编	678	83954	12237
天水 22	《北京娱乐信报》编委、文体新闻部主任	648	4940	4850
田金双	创办娱乐私塾，原《风云人物》主编	1714	114097	9905
田小末	资深媒体人，《南方都市报》文化名记	385	3821	5205
田欣欣	《新京报》资深篮球记者	824	31985	7799
万独艳	中央电视台记者	207	77075	506
王长胜	《经济观察报》资深记者	132	40411	4117
王尔山	《21 世纪经济报道》知名记者、专栏作家、FT 中文网特约撰稿人	629	20275	1221
王和岩	财新传媒高级记者	570	15799	4901

续表

博客名	身份	关注	粉丝	微博
王江月	《北京青年周刊》首席记者	987	186549	5889
王克勤	《中国经济时报》高级记者、中国当代著名揭黑记者	2757	666084	20194
王丽文	《北京青年报》生活时代主编	31	2224	6
王南方	文娱评论家	1111	58197	6412
王勤	《广州精品生活周报》主编	1636	30308	10071
王瑞斌	旅游专栏作家、《时尚旅游》等专业时尚杂志撰稿人	1111	47543	842
王小鱼的小围脖	娱乐圈资深名记	339	110145	1516
王洋微博	新民网新闻报道部主任	1403	6054	3328
王尧	深圳新闻网总编辑，之前在《中国青年报》	1571	27603	7694
王以超	财新传媒《新世纪》周刊编委	2985	218014	34507
王忆琼	《篮球先锋报》驻美记者、人民日报社职员	402	5830	1434
王艺龙	CCTV《商道》栏目制片人	1658	126322	953
王涌	《全球商业经典》执行出品人、执行总编辑	341	9045	1796
王智新	媒体人	555	21421	13730
微观深圳之阿立	《深圳晚报》地产版主编贺立立	1859	14999	10751
维海	苏州广电总台记者	909	4163	303
未艾	《女人芳》杂志主编	2549	161386	10767
温润圆融	《中国之声》知名记者	109	4764	153
温星0528	《生活新报》机动新闻部主任	1731	32386	15175
温中豪	《大河报》记者	791	4438	1537
温州晚报朱承立	《温州晚报》首席记者	2547	21861	5413
文侠罗竖一	《中华建筑报》调查记者罗竖一	1009	10463	18914
翁菲	《青年时报》体育部主任	909	21344	4287
我是陈琼	《IT经理世界》资深编辑陈琼	608	5168	669
巫伟	《南方日报》专刊中心副主任	662	8232	1011
吴策力	《足球》记者、《中国足球内幕》作者	1187	69834	7813
吴地越人Gia	《看电影 午夜场》副主编赵燕	1313	6207	9973
吴怀尧	《怀尧访谈录》总策划、中国作家富豪榜创制人	914	10175	1721
吴萍	《计算机世界》执行总编	389	16799	1242
吴莎	天津电视台记者	506	4066	934

续表

博客名	身份	关注	粉丝	微博
吴晓凌	新华社著名摄影记者、2009 世界新闻摄影比赛（荷赛）一等奖获得者	940	11518	1422
吴晓伟	维权网主编	531	101898	2861
吴颖	IT 经理世界资深记者	484	2364	2198
西门不暗	《南都周刊》执行主编	1045	783515	11355
洗刷刷之傻大猫	新华网时政部主任姚迪	2	1038	1
夏青安琪百合	央视《焦点访谈》记者	1590	3744	242
闲女下饭	《体坛周报》专家记者严小琰	423	27803	529
萧三郎	《新京报》记者	975	63386	8144
小虫自在飞	《北京青年报》财经部主编张虹	4	2746	1109
小蔺	《光明日报》总编室要闻部主编蔺玉红	1173	30575	1617
小熊	《新京报》记者姜妍	422	11991	965
小舟热线	《都市女报》热线主持人李小舟、山东电视台特约心理咨询专家	94	28069	820
肖宾	《京华时报》经济部主任	1443	75992	10505
肖锋	《新周刊》总主笔	396	222851	9574
笑是阳光	财讯网评论撰稿人	341	4272	999
谢晓	《南都娱乐周刊》主编	898	383219	5109
新的一天新的希望	《虹》杂志主编	87	1651	101
新京报艾君	《新京报》编委、评论部主编	1560	30649	7160
新京报陈杰	《新京报》摄影部主任	1193	75233	3742
新快陈海生	广州《新快报》记者	1170	17256	6803
馨月	和讯社区中心高级顾问	1330	25935	4161
信海光	知名记者、新浪微博社区委员会专家成员	1074	354907	13536
熊哲成	江西电视台体育记者	490	4389	6658
许石林	《深圳商报》评论部主任记者	1424	120427	25976
颜晓华	体育评论员、《最体育》总编	882	85215	8137
央视记者赵雷	央视体育记者	793	3555	426
央视张琳	中央电视台财经频道首席金融记者、出镜记者	710	63168	2266
羊城晚报胡泉	《羊城晚报》要闻部副主任	644	13254	4763
羊城晚报汪令来	《羊城晚报》经济部主任	366	12827	386
杨达卿	《现代物流报》副主编	1255	8427	3006

续表

博客名	身份	关注	粉丝	微博
杨大正	《南方日报》记者	1761	21612	6246
杨凡肥羊	《城市画报》编辑副总监杨凡	771	12677	4313
杨华云	《新京报》时事新闻部记者	301	6005	2126
杨威 CCTV	中央电视台新闻中心记者	138	3920	528
叶彤	《春城晚报》首席编辑	681	66236	18274
揖月摇风	《大众证券报》记者	429	3925	408
移动信息张崭	《移动信息》执行主编	1636	29322	18035
永亮	《中国电脑教育报》主编黄永亮	446	1948	2043
于华鹏	《经济观察报》要闻部记者	725	7059	2240
于静	国内著名足球记者	660	235956	1471
岳雨	辽沈晚报《楼市界》副主编	58	12411	4557
摘星手 010	人民网舆情频道主编和人民日报《网络舆情》主编	1121	142974	8758
翟壮	央视记者，曾随雪龙号驻南极	403	2646	307
张凤安	《彭博商业周刊/中文版》执行主编	2000	13802	8173
张君会	国内众多知名杂志如《南都周刊》等的撰稿人、2009 南方报业年度记者	1080	21572	8548
张利东	《京华时报》汽车版主编	758	22998	3925
张路	推立方创始人、原《创业邦》杂志主编、《互联网周刊》资深记者	1838	9071	2009
张守刚	《南都周刊》记者	882	5960	3377
张蜀梅	青年作家，现为《南方日报》机动记者部副主任	785	91764	9798
张巍巍	《东方早报》资深记者	2176	30417	14153
张小怪	央视财经频道编播中心主编张蕾	2002	3651	23483
张晓波	新浪网历史频道主编	534	6937	1865
张信东	《创富志》主编、原《新财富》主编	788	19557	748
张轶辉	经济之声市场总监	894	34227	3309
蟑螂之死	乐途旅游网副主编	135	1449	167
赵剑钟	广州《信息时报》主编	556	9168	5885
赵亚辉	人民网副总编辑	397	181171	1034
赵亦靓	《美好家园》主编	133	35863	662
郑江	《北京娱乐信报》教育记者	207	14943	1831

续表

博客名	身份	关注	粉丝	微博
中国经营报米娜	《中国经营报》记者	231	3597	429
中国消费者报记者张鹏	《中国消费者报》编辑、中国汽车业资深评论员	344	107699	2278
中国雅虎杨磊	中国雅虎副总编辑	1367	16984	5335
中经网刘江	中国经济网记者、第十九届中国新闻奖（暨第十届长江韬奋奖）一等奖获得者	1168	7470	34267
中证报李蔚	《中证报》公司部副主任	402	3554	1234
衷菱	团结报社新闻部责任编辑	113	1169	2
周海滨	口述史专栏作家、凤凰网历史频道专栏作者	659	63837	11171
周骥飞	CFP 图片主编	961	2832	1319
周晓翔	《成都日报》首席评论员、主任记者	2412	18116	10223
周应	ITValue 执行主编	429	11846	14279
朱冲	《经济观察报》生活方式部记者	795	4084	3632
朱亮亮	英文环球网资讯中心副主任	318	5062	3687
朱晓剑	《天涯读书周刊》编辑	1335	13125	36651
朱雪尘	《英才》杂志执行主编	157	74083	1701
子莫	《每日经济》新闻记者	1063	11359	9565
子鱼刘萍	《婚姻与家庭》杂志执行主编	275	9660	951
足球报赵震	《足球》报记者	1208	826681	22254
3 岁的淘淘姐姐	新华社记者周欣	3	1599	10
8000 步	《东方早报》要闻部主任	1149	11114	5475

参考文献

一　中文部分

[1] 边燕杰、张文宏、程诚：《求职过程的社会网络模型：检验关系效应假设》，《社会》2012 年第 3 期。

[2] 陈新年：《中等收入者论》，中国计划出版社 2005 年版。

[3] 陈映芳：《贫困群体利益表达渠道调查》，《理论参考》2004 年第 11 期。

[4] 陈映芳：《行动者的道德资源动员与中国社会兴起的逻辑》，《社会学研究》2011 年第 1 期。

[5] 陈晓运：《去组织化：业主集体行动的策略——以 G 市反对垃圾焚烧厂建设事件为例》，《公共管理学报》2012 年第 2 期。

[6] 陈勤奋：《哈贝马斯的“公共领域”理论及其特点》，《中国改革论坛》2010 年第 7 期。

[7] 陈红梅：《网络传播与社会困难群体——“肝胆相照”个案研究》，《新闻大学》2005 年第 2 期。

[8] 陈云松：《互联网使用是否扩大非制度化政治参与：基于 CGSS2006 的工具变量分析》，《社会》2013 年第 5 期。

[9] 常宗虎：《中国政府社会管理论纲》，《美中公共管理》2005 年第 1 期。

[10] 曹雅丽：《网络时代的中国青年政治参与》，《中国青年研究》2001 年第 6 期。

[11] 曹阳、樊弋滋、彭兰：《网络集群的自组织特征——以“南京梧桐树事件”的微博维权为个案》，《南京邮电大学学报》（社会科学

版）2011 年第 3 期。

[12] 董天策：《网络群体性事件研究的学理反思》，2011 年检索于http://news.21cn.com/domestic/yaowen/2011/07/14/8615271.shtml。

[13] [德] 哈贝马斯：《公共领域的结构转型》，曹卫东等译，学林出版社 1999 年版。

[14] 邓兆安：《胶东在线“网上民声”》，《思想政治工作研究》2010 年第 4 期。

[15] 丁未：《新媒体赋权：理论建构与个案分析——以中国稀有血型群体网络自组织为例》，《开放时代》2011 年第 1 期。

[16] 董石桃：《中国农民政治参与研究：视域与方向》，《理论与改革》2010 年第 3 期。

[17] 杜骏飞、陈友华、巢乃鹏、苗国、梁靖雯：《中国十大城市居民网络使用偏好分析》，《当代传播》2009 年第 5 期。

[18] 杜骏飞：《中国中产阶层的传播学特征——基于五大城市社会调查的跨学科分析》，《新闻与传播研究》2009 年第 3 期。

[19] 杜骏飞：《网络群体事件的类型辨析》，《国际新闻界》2009 年第 7 期。

[20] 方今才：《关于中产阶级问题的思考——兼谈我国现阶段的阶级斗争》，《湖北社会科学》1990 年第 4 期。

[21] 方江山：《非制度化政治参与——以转型期中国农民为对象分析》，人民出版社 2000 年版。

[22] 方兴东、张静、张笑容：《即时网络时代的传播机制与网络治理》，《现代传播》2011 年第 5 期。

[23] 樊宏法、张健：《非制度化政治参与——构建和谐社会的一种独特机制》，《求实》2006 年第 9 期。

[24] [法] 米歇尔·福柯：《疯癫与文明》，刘北成、杨远婴译，生活·读书·新知三联书店 2007 年版。

[25] [法] 布迪厄：《文化资本与社会炼金术》，包亚明译，上海人民出版社 1997 年版。

[26] 房宁主编：《中国政治参与报告（2011）》，社会科学文献出版社 2011 年版。

[27] 房宁、杨海蛟、史卫民编：《政治参与蓝皮书：中国政治参与报告

（2012 版）》，社会科学文献出版社 2012 年版。

[28] 房宁主编：《政治参与蓝皮书：中国政治参与报告（2013 版）》，社会科学文献出版社 2013 年版。

[29] 房宁主编：《政治参与蓝皮书：中国政治参与报告（2014 版）》，社会科学文献出版社 2014 年版。

[30] 范以锦、肖文舸：《特色鲜明的“网络问政平台”》，《新闻战线》2010 年第 11 期。

[31] 高恩新：《互联网公共事件的议题建构与共意动员——以几起网络公共事件为例》，《公共管理学报》2009 年第 10 期。

[32] 高崇、杨伯溆：《地缘情感型信任的冲动、消退及转向——基于“SZ 人在北京”QQ 群组的虚拟民族志研究》，《中国青年研究》2014 年第 1 期。

[33] 郭正林：《当代中国农民政治参与的程度、动机及社会效应》，《社会学研究》2003 年第 3 期。

[34] 郭秋水：《当代三大民主理论》，新星出版社 2006 年版。

[35] 国家统计局城调总队课题组：《6 万到 50 万元：中国城市中等收入群体探究》，《数据》2005 年第 6 期。

[36] 胡荣：《社会资本与中国农村居民的地域性自主参与——影响村民在村级选举中参与的各因素分析》，《社会学研究》2006 年第 2 期。

[37] 胡荣：《社会资本与城市居民的政治参与》，《社会学研究》2008 年第 5 期。

[38] 胡荣、刘艳梅：《中间阶层在公共领域中的维权行为——厦门市 U 小区公摊纠纷个案分析》，《中共福建省委党校学报》2006 年第 8 期。

[39] 胡联合、胡鞍钢：《中产阶层稳定器还是相反——西方关于中产阶层社会政治功能的研究综述及其启示》，《政治学研究》2008 年第 2 期。

[40] 胡泳：《众声喧哗：网络时代的个人表达与公共讨论》，广西师范大学出版社 2008 年版。

[41] 何增科编：《公民社会与第三部门》，中央编译出版社 2000 年版。

[42] 韩福国、骆小俊、林荣日、葛海有：《新型产业工人与中国工会：义乌工会社会化维权模式研究》，上海人民出版社 2008 年版。

[43] 韩晓宁、王军、张晗：《内容依赖：作为媒体的微信使用与满足研究》，《国际新闻界》2014 年第 4 期。

[44] 何建章：《论“中产阶级”》，《社会学研究》1990 年第 2 期。

[45] 《互联网电子公告服务管理规定》，http：//www. miit. gov. cn/n11293472/n11294912/n11296542/11957379. html。

[46] 《互联网出版管理暂行规定》，http：//www. gov. cn/gongbao/content/2003/content_ 62636. htm。

[47] 《互联网新闻信息服务管理规定》，http：//www. gov. cn/flfg/2005 - 09/29/content_ 73270. htm。

[48] 黄荣贵、桂勇：《互联网与业主集体抗争：一项基于定性比较分析方法的研究》，《社会学研究》2009 年第 5 期。

[49] 黄荣贵、张涛甫、桂勇：《抗争信息在互联网上的传播结构及其影响因素——基于业主论坛的经验研究》，《新闻与传播研究》2011 年第 2 期。

[50] 黄荣贵、桂勇：《为什么跨小区的业主组织联盟存在差异：一项基于治理结构与政治机会（威胁）的城市比较分析》，《社会》2013 年第 5 期。

[51] 黄荣贵：《互联网与抗争行动：理论模型、中国经验及研究进展》，《社会》2010 年第 2 期。

[52] 黄少华、韩瑞霞：《全球化背景下：中国东西部地区的数字鸿沟》，《兰州大学学报》（社会科学版）2004 年第 2 期。

[53] 黄宗智：《中国的“公共领域”与“市民社会”？——国家与社会间的第三领域》，程农译，载邓正来、［英］J. C. 亚历山大编《国家与市民社会：一种社会理论的研究路径》，中央编译出版社 1998 年版。

[54] 匡文波：《2013 年中国微信发展报告》，载唐绪军等主编《中国新媒体发展报告（2014）》，社会科学文献出版社 2014 年版。

[55] 金桥：《上海居民文化资本与政治参与——基于上海社会质量调查数据的分析》，《社会学研究》2012 年第 4 期。

[56] 贾佳：《试论公共知识分子与博客的影响力》，硕士学位论文，上海社会科学院，2010 年。

[57] 李强：《当代中国社会分层与流动》，中国经济出版社 1993 年版。

[58] 李强：《市场转型与中国中产阶层的代际更替》，《战略与管理》1999 年第 3 期。
[59] 李强：《关于中产阶级和中间阶层》，《中国人民大学学报》2001 年第 2 期。
[60] 李强：《社会分层与贫富差别》，鹭江出版社 2001 年版。
[61] 李强：《中国中等收入层的构成》，《湖南师范大学社会科学学报》2003 年第 4 期。
[62] 李祎：《行政法视角下我国网络问政存在的问题及对策》，《编辑之友》2013 年第 8 期。
[63] 李春玲：《中国当代中产阶层的构成和比例》，《中国人口科学》2003 年第 6 期。
[64] 李春玲：《断裂与碎片：当代中国社会阶层分化实证分析》，社会科学文献出版社 2005 年版。
[65] 李春玲：《中国中产阶级的增长及其现状》，《江苏社会科学》2008 年第 5 期。
[66] 李春玲主编：《比较视野下的中产阶级形成过程、影响以及社会经济后果》，社会科学文献出版社 2009 年版。
[67] 李春玲：《如何定义中国中产阶级：划分中国中产阶级的三个标准》，《学海》2013 年第 3 期。
[68] 李培林、张翼：《消费分层：启动经济的一个重要视点》，《中国社会科学》2000 年第 1 期。
[69] 李培林、张翼：《中国中产阶级的规模、认同和社会态度》，《社会》2008 年第 2 期。
[70] 李路路、李升：《“殊途异类”：当代中国城镇中产阶级的类型化分析》，《社会学研究》2007 年第 6 期。
[71] 李金兆、董亮：《网络问政与政府门户网站发展》，《中国信息界》2010 年第 3 期。
[72] 李月军：《中国地方政治沟通模式的变革、绩效与限度——以辽宁民心网为例》，《中国行政管理》2014 年第 1 期。
[73] 李军鹏：《完善政府公众诉求回应体系，打造回应型政府：以九江市政府“民声直通车”为例》，《行政论坛》2011 年第 3 期。
[74] 李明：《“网上民声”的关键及未来发展》，《中国记者》2011 年第

4 期。
[75] 李庆、张亚泽：《网络民意表达与地方官民沟通机制创新——对广东奥一网络问政平台的案例解读》，《山西青年管理干部学院学报》2012 年第 2 期。
[76] 李彪：《网络事件传播阶段及阈值研究——以 2010 年 34 个热点网络舆情事件为例》，《国际新闻界》2011 年第 10 期。
[77] 李彪：《网络事件传播空间结构及其特征研究——以近年来 40 个网络热点事件为例》，《新闻与传播研究》2011 年第 3 期。
[78] 李永刚：《我们的防火墙》，广西师范大学出版社 2009 年版。
[79] 李慧勇：《中国现阶段非制度化政治参与的原因探析》，《前沿》2007 年第 1 期。
[80] 李友梅：《社会结构中的“白领”及其社会功能——以 20 世纪 90 年代以来的上海为例》，《社会学研究》2005 年第 6 期。
[81] 李蓉蓉：《农民政治效能感对政治参与影响的实证研究》，《深圳大学学报》（人文社会科学版）2013 年第 4 期。
[82] 李开复：《微博改变一切》，上海财经大学出版社 2011 年版。
[83] 侣传振、崔琳琳：《从单位制到社区制：国家与社会治理空间的转换——以现代国家政权建设为视角》，《武汉理工大学学报》（社会科学版）2007 年第 5 期。
[84] 罗钢、刘象愚：《文化研究读本》，中国社会科学出版社 2000 年版。
[85] 罗昕、李兮言：《媒体网络问政平台的传播效果探析》，《东南传播》2012 年第 5 期。
[86] 卢家银、孙旭培：《新媒体在地方治理中的作用——以厦门 PX 事件为例》，《湖南大众传媒职业技术学院学报》2008 年第 3 期。
[87] 娄成武、刘力锐：《论网络政治动员：一种非对称态势》，《政治学研究》2010 年第 2 期。
[88] 刘文萃：《地方政府网络问政平台建设的现实困境及路径选择——基于服务型政府视角的审视与分析》，《公共管理研究》2014 年第 3 期。
[89] 刘红、肖红、申宁：《“强国论坛” 的创新之路》，《新闻战线》2010 年第 4 期。
[90] 刘晓燕、丁未、张晓：《新媒介生态下的新闻生产研究——以“杭

州飙车案”为个案》，《深圳大学学报》（人文社会科学版）2010年第7期。
[91] 刘学义：《话语权转移——转型时期媒体言论话语权实践的社会路径分析》，中国传媒大学出版社2008年版。
[92] 刘鹏飞、卢永春、邱若辰：《2013年中国社交媒体舆情发展报告》，载唐绪军等主编《中国新媒体发展报告（2014）》，社会科学文献出版社2014年版。
[93] 刘欣：《中国城市的阶层结构与中产阶层的定位》，载李春玲主编《比较视野下的中产阶级形成过程、影响以及社会经济后果》，社会科学文献出版社2009年版。
[94] 刘颖、张焕：《基于社会网络理论的微信用户关系实证分析》，《情报资料工作》2014年第4期。
[95] 陆晖：《番禺人：我们不要被代表》，《南都周刊》2010年第1期。
[96] 陆学艺主编：《当代中国社会阶层研究报告》，社会科学文献出版社2002年版。
[97] 陆学艺主编：《当代中国社会流动》，社会科学文献出版社2004年版。
[98] 卢汉龙、边燕杰：《从市民地位观看改革和社会经济不平等》，载李培林等《中国社会分层》，社会科学文献出版社2004年版。
[99] 卢春龙：《中国新兴中产阶级的政治态度与行为倾向》，知识产权出版社2011年版。
[100] 廉思、张琳娜：《转型期“蚁族”社会不公平感研究》，《中国青年研究》2011年第6期。
[101] 马骏：《政治问责研究：新的进展》，《公共行政评论》2009年第4期。
[102] 马灵珊：《关注垃圾：番禺力量》，《南方人物周刊》2010年第1期。
[103] [美] 凯斯·桑斯坦：《网络共和国：网络社会中的民主问题》，黄维明译，上海人民出版社2003年版。
[104] [美] 塞缪尔·P. 亨廷顿、琼·纳尔逊：《难以抉择——发展中国家的政治参与》，汪晓寿、吴志华、项继权译，华夏出版社1989年版。

[105] [美] 塞缪尔·P. 亨廷顿:《变化社会中的政治秩序》，王冠华等译，生活·读书·新知三联书店 1989 年版。
[106] [美] 罗伯特·达尔:《多头政体——参与和反对》，谭君久、刘惠荣译，商务印书馆 2003 年版。
[107] [美] C. 莱特·米尔斯:《白领：美国的中产阶级》，周晓虹译，南京大学出版社 2006 年版。
[108] [美] 李侃如:《治理中国——从革命到改革》，胡国成等译，中国社会科学出版社 2010 年版。
[109] [美] 罗伯特· 帕特南:《使民主运转起来》，王列、赖海榕译，江西人民出版社 2001 年版。
[110] [美] 曼纽尔·卡斯特:《网络星河》，郑波、武炜译，社会科学文献出版社 2007 年版。
[111] [美] 约书亚·梅罗维茨:《消失的地域：电子媒介对社会行为的影响》，肖志军译，清华大学出版社 2002 年版。
[112] [美] 李普赛特:《政治人：政治的社会基础》，张绍宗译，上海人民出版社 1997 年版。
[113] [美] 埃里克·奥林·赖特:《阶级分析的三种逻辑与中产阶级研究》，载李春玲主编《比较视野下的中产阶级形成过程、影响以及社会经济后果》，社会科学文献出版社 2009 年版。
[114] [美] 约翰·奈斯比特:《大趋势——改变我们生活的十个方向》，梅艳译，中国社会科学出版社 1984 年版。
[115] [美] 丹尼尔·贝尔:《后工业社会的来临——对社会预测的一项探索》，高铦等译，商务印书馆 1986 年版。
[116] 聂磊等:《微信朋友圈：社会网络视角下的虚拟社区》，《新闻记者》2013 年第 5 期。
[117] 彭兰:《中国网络媒体的第一个十年》，清华大学出版社 2005 年版。
[118] 潘忠党:《互联网使用和公民参与：地域和群体之间的差异以及其中的普遍性》，《新闻大学》2012 年第 6 期。
[119] 齐杏发:《当前中国中产阶层政治态度的实证研究》，《社会科学》2010 年第 8 期。
[120] 邱泽奇:《中国社会的数字区隔》，《二十一世纪》2001 年第

63 期。
[121] 邱永文:《当代中国政治参与研究》,中共中央党校出版社 2009 年版。
[122] 邱柏生:《社会意识形态要预防“塔西佗陷阱”》,《广西师范大学学报》(哲学社会科学版) 2012 年第 4 期。
[123] 邱林川、陈韬文:《前言:迈向新媒体事件研究》,载邱林川、陈韬文主编《新媒体事件研究》,中国人民大学出版社 2011 年版。
[124] [日] 蒲岛郁夫:《政治参与》,解莉莉译,经济日报出版社 1989 年版。
[125] 应星:《气场与群体性事件的发生机制——两个个案的比较》,《社会学研究》2006 年第 6 期。
[126] 应星:《草根动员与农民群体利益的表达机制——四个个案的比较研究》,《社会学研究》2007 年第 2 期。
[127] 杨国斌:《悲情与戏谑:网络事件中的情感动员》,《传播与社会研究》2009 年第 9 期。
[128] 袁光锋:《互联网使用与业主抗争:以番禺反垃圾焚烧维权事件为案例》,《中国地质大学学报》(社会科学版) 2012 年第 3 期。
[129] 俞鸿:《网络动员:如何从虚拟到现实?》,《东南传播》2010 年第 1 期。
[130] 苑鹏、白描:《福利视角下农民政治参与现状的实证研究——基于山东、河南、陕西三省六县 487 户农户的问卷分析》,《理论探讨》2013 年第 6 期。
[131] 姚洋、钟宁桦:《工会是否提高了工人的福利?——来自 12 个城市的证据》,《世界经济文汇》2008 年第 5 期。
[132] 姚先国、李敏、韩军:《工会在劳动关系中的作用——基于浙江省的实证分析》,载颜辉主编《中国工会·劳动关系研究 (2008)》,中国工人出版社 2009 年版。
[133] 于君博、杨凯:《中国网络公共事件的议程互动模式——基于社会公平正义相关事件的经验研究》,《南京师大学报》(社会科学版) 2013 年第 7 期。
[134] 于明、苗加清、马召伟、杨震、陈发扬:《我国私营企业主阶层政治参与研究》,吉林大学出版社 2011 年版。

[135] 于建嵘：《农民有组织抗争及其政治风险——湖南省 H 县调查》，《战略与管理》2003 年第 3 期。

[136] 于建嵘：《一名学者眼中的社会公益》，《杭州（周刊）》2012 年第 10 期。

[137] [美] 约翰·D. 麦卡锡、马克·沃尔夫森：《共意性运动、冲突性运动及其对基础设施的占用》，载 [美] 艾尔东·莫里斯、卡洛尔·麦克拉吉·缪勒主编《社会运动理论的前沿领域》，刘能译，秦明瑞校，北京大学出版社 2002 年版。

[138] [美] 罗伯特·K. 殷：《案例研究：设计与方法》，周海涛等译，重庆大学出版社 2004 年版。

[139] 陶东风：《社会转型与当代知识分子》，上海三联书店 1999 年版。

[140] 王长富：《改革开放后的中国私营经济》，中国人民大学出版社 1997 年版。

[141] 王丽萍、方然：《参与还是不参与：中国公民政治参与的社会心理分析——基于一项调查的考察与分析》，《政治学研究》2010 年第 2 期。

[142] 王明生等：《当代中国政治参与研究》，南京大学出版社 2012 年版。

[143] 王晓燕：《私营企业主的政治参与》，社会科学文献出版社 2007 年版。

[144] 王国华、罗枭、方付建：《网络问政平台运行绩效影响因素研究：基于人民网地方领导留言板的分析》，《管理现代化》2011 年第 5 期。

[145] 王凯、黄炯、马庆国：《博客撰写者博客使用行为的影响因素及影响机理：一项基于 264 份样本的实证研究》，《新闻与传播研究》2008 年第 2 期。

[146] 王玲宁：《采纳、接触和依赖：大学生微信使用行为及其影响因素研究》，《新闻大学》2014 年第 6 期。

[147] 王绍光：《中国公共政策议程设置的模式》，《中国社会科学》2006 年第 5 期。

[148] 王绍光：《大转型：1980 年代以来中国的双向运动》，《中国社会科学》2008 年第 1 期。

［149］王艺：《对微博舆论场的传播学解构——以“温州动车事故”的微博传播为例》，《新闻界》2012 年第 1 期。
［150］王蔚：《公共性的迷思：微博事件中的知识分子及其社会行动——以钱云会案中知识分子观察团为例》，《新闻大学》2013 年第 5 期。
［151］王斌、贺嘉钰：《试析信息技术在基层社会管理中的应用：以社区网格化为例》，《国际新闻界》2013 年第 9 期。
［152］王斌：《地方新闻、社区信息化和传播自主性——传播与中国社会转型的一个分析框架》，《国际新闻界》2010 年第 10 期。
［153］王浦劬：《政治学基础》，北京大学出版社 1995 年版。
［154］王平、谢耘耕：《突发公共事件中微博意见领袖的实证研究：以“温州动车事故”为例》，《现代传播》2012 年第 3 期。
［155］王维佳、杨丽娟：《“吴英案”与微博知识分子的“党性”》，《开放时代》2012 年第 5 期。
［156］汪建华：《互联网动员与代工厂工人集体抗争》，《开放时代》2011 年第 11 期。
［157］汪建华、孟泉：《新生代农民工的集体抗争模式——从生产政治到生活政治》，《开放时代》2013 年第 1 期。
［158］魏斐德：《市民社会与公共领域问题的论争》，载邓正来、［英］J. C. 亚历山大编《国家与市民社会——一种社会理论的研究路径》，中央编译出版社 1999 年版。
［159］魏新文、高峰：《处置群体件事件的困境与出路》，《中共中央党校学报》2007 年第 1 期。
［160］魏万青：《中产阶级、业主身份与集体行动——基于 CGSS2006 数据的研究》，《华中农业大学学报》（社会科学版）2012 年第 1 期。
［161］魏娜、袁博：《城市公共政策制定中的公民网络参与》，《中国行政管理》2009 年第 3 期。
［162］文建译：《路透社〈网络报道守则〉主要内容和要求》，《中国记者》2010 年第 7 期。
［163］“文化繁荣与新媒体发展”上海市社科创新研究基地（复旦大学）：《中国微博“意见领袖”研究报告——公共事件传播偏向的微博活跃用户影响力评估（2011）》，2012 年 3 月，中国舆情网。

[164] 吴畅畅:《去邻避化，素朴的自由主义与中产阶级的“表演式”书写——以“7·23”动车事故为例》，《新闻学研究》2012 年第 7 期。

[165] 万光武:《当网络问政遭遇“百度一下”》，《北京晨报》2013 年 3 月 22 日。

[166] 韦路、余璐、方莉琳:《“网络一代”的数字不均：大学生多模态网络使用、政治知识和社会参与》，《中国地质大学学报》（社会科学版）2011 年第 5 期。

[167] 韦路、丁方舟:《论新媒体时代的传播研究转型》，《浙江大学学报》（人文社会科学版）2013 年第 7 期。

[168] 吴锦旗:《从政治参与到公民参与的范式转换》，《中国石油大学学报》（社会科学版）2010 年第 2 期。

[169] 熊光清:《中国网络公共事件的演变逻辑——基于过程分析的视角》，《社会科学》2013 年第 4 期。

[170]《国务院部署今年信息公开：加强政务微博建设》，2014 年，新华网（http://news.sina.com.cn/c/2014-04-01/180229842033.shtml）。

[171] 熊易寒:《从业主福利到公民权利——一个中产阶层移民社区的政治参与》，《社会学研究》2012 年第 6 期。

[172] 宋争辉:《论网络时代大学生的政治参与》，《河南社会科学》2007 年第 6 期。

[173] 宋辰婷:《中国中产阶级的中产认同与幸福感测量——基于 2006 年中国综合社会调查的实证分析》，《江汉论坛》2013 年第 11 期。

[174] 徐江:《新中产阶级崛起：中国富裕时代的开始》，《经贸世界》2001 年第 8 期。

[175] 谢岳:《当代中国政治沟通》，上海人民出版社 2006 年版，第 193 页。

[176] 谢金林:《情感与网络抗争动员——基于湖北“石首事件”的个案分析》，《公共管理学报》2012 年第 1 期。

[177] 谢静:《嵌入的空间：网络论坛与城市社区建构——以上海中远两湾城社区论坛“群租房事件”为例》，载邱林川、陈韬文编《新媒体事件研究》，中国人民大学出版社 2011 年版。

[178] 谢天勇、张国良:《中国大陆中部地区民众的媒介行为实证分

析——以安徽省淮北市为例》，《现代传播》（中国传媒大学学报）2013 年第 6 期。

[179] 人民网舆情监测室：《2013 年腾讯政务微博和政务微信发展研究报告》，2013 年，人民网（http：//www. people. com. cn）。

[180] 肖滨：《网络问政如何建构问责：基于对广东河源市网络问政的分析》，《学术研究》2012 年第 12 期。

[181] 徐敬宏、王欢：《我国网上公共领域的特点研究》，《情报理论与实践》2009 年第 9 期。

[182] 孙永芬：《中国社会各阶层政治心态研究》，中央编译出版社 2007 年版。

[183] 孙立平：《转型与断裂：改革以来中国社会结构的变迁》，清华大学出版社 2004 年版。

[184] 孙龙：《当前城市中产阶层的政治态度——基于北京业主群体的调查与分析》，《江苏行政学院学报》2010 年第 6 期。

[185] 孙秀林、雷开春：《上海市新白领的政治态度与政治参与》，《青年研究》2012 年第 4 期。

[186] 沈晖：《当代中国中间阶层认同研究》，中国大百科全书出版社 2008 年版。

[187] 曾繁旭、黄广生、李艳红：《媒体抗争的阶级化：农民与中产的比较》，《东南学术》2012 年第 2 期。

[188] 曾繁旭、黄广生、刘黎明：《运动企业家的虚拟组织：互联网与当代中国社会抗争的新模式》，《开放时代》2013 年第 3 期。

[189] 曾鹏、戴利朝、罗观翠：《在集体抗议的背后——论中国转型期冲突性集体行动的社会情境》，《当代中国研究》2006 年第 2 期。

[190] 张志安：《上海市民使用网络媒体的特征、动机及评价》，《新闻大学》2010 年第 2 期。

[191] 张志安、沈菲：《中国受众媒介使用的地区差异比较》，《新闻大学》2012 年第 6 期。

[192] 张宛丽：《对现阶段中国中间阶层的初步研究》，《江苏社会科学》2002 年第 4 期。

[193] 张磊：《业主维权运动：产生原因及动员机制——对北京市几个小区个案的考查》，《社会学研究》2005 年第 6 期。

[194] 张紧跟、庄文嘉：《非正式政治：一个草根 NGO 的行动策略——以广州业主委员会联谊会筹备委员会为例》，《社会学研究》2008 年第 2 期。

[195] 张佰明：《嵌套性：网络微博发展的根本逻辑》，《国际新闻界》2010 年第 6 期。

[196] 张翼：《当前中国中产阶层的政治态度》，《中国社会科学》2008 年第 2 期。

[197] 张伟：《冲突与变数：中国社会中间阶层政治分析》，社会科学文献出版社 2005 年版。

[198] 张洪忠：《受众对新媒体与传统媒体不同内容的依赖比较——以成都地区居民调查为例》，《当代传播》2009 年第 1 期。

[199] 张华、仝志辉、刘俊卿：《选择性回应：网络条件下的政策参与——基于留言版型网络问政的个案研究》，《公共行政评论》2013 年第 3 期。

[200] 张宁、邓理峰：《“外压型”议题进入公共政策视野的传播变量分析——以广州市两个案例为分析样本》，《新闻界》2013 年第 7 期。

[201] 张宛丽：《中国社会阶级阶层研究 20 年》，《社会学研究》2000 年第 1 期。

[202] 张宛丽：《对现阶段中国中间阶层的初步研究》，《江苏社会科学》2002 年第 4 期。

[203] 赵德余：《工会组织在职工工资决定中的影响与作用：来自上海的经验》，《社会科学战线》2011 年第 3 期。

[204] 赵红卫：《论“网络问政”及其良性发展的路径选择》，《法制与社会》2010 年第 15 期。

[205] 钟智锦、曾繁旭：《十年网络事件的趋势研究：诱因、表现与结局》，《新闻与传播研究》2014 年第 4 期。

[206] 钟瑛、罗昕：《“网络问政”类栏目的创新、问题及对策——兼评〈中国式网络问政〉一书》，《中国记者》2011 年第 2 期。

[207] 中共中央编译局编：《马克思恩格斯全集》第四十四卷，人民出版社 1982 年版。

[208] 中共中央编译局编：《马克思恩格斯选集》第一卷，人民出版社

1982 年版。

[209] 中国民（私）营经济研究会：《中国民（私）营经济研究会主编：中国私营经济年鉴（2000 年—2001 年）》，中华工商联合出版社 2003 年版。

[210] 周晓虹：《中国中产阶级：虚幻抑或现实》，《天津社会科学》2006 年第 2 期。

[211] 周晓虹主编：《中国中产阶层调查》，社会科学文献出版社 2005 年版。

[212] 周晓虹：《白领、中产阶级与中国的误读》，《读书》2007 年第 5 期。

[213] 周葆华：《突发公共事件中的媒体接触、公众参与与政治效能——以“厦门 PX 事件”为例的经验研究》，《开放时代》2011 年第 5 期。

[214] 周善：《公众的媒介参与意识影响政府民主决策的范例——番禺垃圾焚烧事件中的江外江论坛专版分析》，《新闻知识》2011 年第 5 期。

[215] 周裕琼：《QQ 群聊会让人更相信谣言吗？——关于四则奥运谣言的控制实验》，《新闻与传播研究》2010 年第 2 期。

[216] 郑永廷：《论现代社会的社会动员》，《中山大学学报》（社会科学版）2000 年第 2 期。

[217] 郑永年：《技术赋权：中国的互联网、国家与社会》，东方出版社 2014 年版。

[218] 郑杭生、李路路等：《当代中国城市社会结构：现状与趋势》，中国人民大学出版社 2004 年版。

[219] 祝华新、单学刚、胡江春：《2011 年中国互联网舆情分析报告》，2011 年，人民网（http://yuqing.people.com.cn/mediafile/201112/29/P201112290936031431493992.pdf）。

[220] 赵人伟、李实、李思勤主编：《中国居民收入问题再研究》，中国社会科学出版社 1991 年版。

[221] 赵鼎新：《社会与政治运动讲义》，社会科学文献出版社 2006 年版。

[222] 赵曙光：《社交媒体的使用效果：社会资本的视角》，《国际新闻

界》2014 年第 7 期。

[223] 朱健刚:《以理抗争:都市集体行动的策略》,《社会》2011 年第 3 期。

[224] 章平、刘婧婷:《大众传媒镜像中的公共议题——以新医改政策制定过程为例》,《新闻大学》2012 年第 3 期。

二 英文部分

Abramson, P. , *Political Attitudes in America: Formation and Change*, New York: Free Press, 1983.

Abbate, Janet, *Inventing the Internet*, Cambridge, MA: MIT Press, 1999.

Alex, Inkeles, & David, H. Smith, *Becoming Modern: Individual Change in Six Developing Countries*, Cambridge, Mass: Harvard University Press, 1974.

Alastair Iain Johnston, "Chinese Middle Class Attitudes Towards International Affairs Nascent Liberalization?", *The China Quarterly*, (179), 2004, pp. 603 - 628.

Alvin Y, "The changing Pattern of Classes and Class Conflict in China", *Journal of Contemporary Asia*, 33 (3), 2003, pp. 363 - 376.

Anokwa, K. , Lin, C. A. , Salwen, M. B. , *International Communication: Concepts and Cases*, Wadsworth/Thomson Learning, Belmont, CA, 2003.

Annabella Sreberney and Khiabany Gholam, *Blogistan: The Internet and Politics in Iran*, London: I. B. Tauris and Co. Ltd. , 2010.

Archer, Melanie & Judith R. Blau, "Class Formation in Nineteenth-century America: The Case of the Middle Class", *Annual Review of Sociology*, 19, 1993.

Ashley Esarey & Xiao Qiang, "Digital Communication and Political Change in China", *International Journal of Communication*, 5, 2011, pp. 298 - 319.

Bahry, Donna & Brian D. Silver, "Soviet Citizen Participation on the Eve of Democratization", *American Political Science Review*, 84 (3), 1990, pp. 821 - 847.

Balch, George I. , "Multiple Indicators in Survey Research: the Concept 'Sense of Political Efficacy'", *Political Methodology*, (1), 1974, pp. 1-43.

Barber, B., *Strong Democracy: Participatory Politics for a New Age*, London, University of California Press, 2004.

Bernadette C. Hayes, "The Impact of Class on Policical Attitudes: A comparative Study of Great Britain", West Germany, Australia, and the United State, *European Journal of Political Research* (27), 1995, pp. 70-75.

Bialer, Seweryn, *Stalin's Successors: Leadership, Stability and Change in the Soviet Union*, New York: Cambridge University Press, 1980.

Bimber, Bruce, "The Study of Information Technology and Civic Engagement", *Political Communication* 17 (4), 2000, pp. 329-333.

Bondesa Maria & Schuchera Günter, "Derailed emotions: The transformation of claims and targets during the Wenzhou online incident", *Information, Communication & Society*, 17 (1), 2014, pp. 45-65.

Bruce Dickson, *Red Capitalists in China: The Party, Private Entrepreneurs, and Prospects for Political Change*, New York: Cam-bridge University Press. 2003, p. 191.

Bulter, Tim and Mike Savage (eds.), *Social Change and the Middle Class*, London: UCL Press, 1995.

Burris, "The discovery of the New Middle Class", *Theory and Society*, 15 (3), 1986, pp. 317-349.

Cai Yongshun, "China's Moderate Middle Class: The Case of Homeowners' Resisitance", *Asian Survey*, 45 (5), 2005, pp. 777-779.

Carl J. Friedrich and Zbigniew Brzezinsky, *Totalitarian Dictatorship and Autocracy*, Cambridge, mass: Harvard University Press, 1956.

Castells Manuel, *An Introduction to the Information Age, The Information society Header*, ed. Frank Webster, London and New York: Rouledge, 2004, pp. 138-139.

Chen, Jie, Yang Zhong, Jan Hillard, and John Scheb, "Assessing Political Support in China: Citizens' Evaluations of Governmental Effectiveness and Legitimacy", *Journal of Contemporary China*, 6, 1997, pp. 551-566.

Cheng Li, "'Credentialism' versus 'Entrepreneurism': The Interplay and Tensions between Technocrats and Entrepreneurs in the Reform Era", in

Chan kwok Bun (ed.), *Chinese Business Networks: State, Economy and Culture*, *New York: Prentice Hall*, 1999, pp. 86 – 111.

Clark. Candace, "Sympathy biography and sympathy margin", *American Journal of Sociology*, 93, 1987, pp. 290 – 321.

Clark Candace, "Emotions and micropolitics in everyday life: Some patterns and paradoxes of Place", in T. D. Kemper (ed.), *Research agendas in the sociology of emotions*, Albany: State University of New York Press, 1990, pp. 305 – 333.

Clark Candace, *Misery and company: Sympathy in everyday life*, Chicago: University of Chicago Press, 1997.

Corinna di Gennaro, William Dutton, "The Internet and the Public: Online and Offline Political Participation in the United Kingdom", *Parliamentary Affairs*, (2), 2006, pp. 299 – 313.

Cramer Walsh, M. Kent Jennings and lanura Stoker, The effects of Social Class Identification on Participatory Orientation towards Government, *British Journal of Political Science*, (34), 2004, p. 480.

Craig, Stephen C., Richard G. Niemi, & Glenn E. Silver, "Political Efficacy and Trust: A Report on the NES Pilot Study Items", *Political Behavior*, 12 (3), 1990, pp. 289 – 314.

Dahlberg, L, "The internet and democratic discourse: Exploring the prospects of online deliberative forums extending the public sphere", *Information*, *Communication*, *and Society*, 4 (4), 2001, pp. 615 – 633.

Dahlberg, L., "Computer-mediated communication and the public sphere: A critical analysis", *Journal of Computer-Mediated Communications*, 7 (1), 2001.

Dahlberg, L. "Net-public sphere research: Beyond the 'first phase'", *Javnost/The Public*, 11 (1), 2004, pp. 5 – 22.

Dahlgren, P, "The Internet and the democratization of civic culture", *Political Communication*, 17, 2000, pp. 335 – 340.

Damasio, Antonio R, *Descartes' error: Emotion, reason, and the human brain*, New York: G. P. Putnam, 1994.

Damasio, Antonio R., *Looking for Spinoza: Joy, sorrow, and the feeling* brain. Orlando, FL: Hacourt, 2003.

David G. Goodman, *The New Middle Class*, *The Paradox of China's Post-mao Refores*, Merle Goldman, Roderick MacFarquhar ed., Cambridge: Harvard University Press, 1999.

David, S. G. Goodman, ed., *Groups and politics in the People's Republic of China*, Cardiff: University College Cardiff Press, 1984.

Davis, R, *The web of politics: The Internet's impact on the American political system*, New York: Oxford University Press, 1999.

Deborah, S. Davis, "Social Class Transformation in Urban China: Training, Hiring, and Promoting Urban Professionals and Managers after 1949", *Modern China*, 26 (3), 2006, pp. 251 - 275.

Diani, M, "Social movement networks virtual and real", *Information*, *Communication & Society*, 3, 2000, pp. 386 - 401.

DiFranceisco, Wayne & Zvi Gitelman, "Soviet Political Culture and 'Covert Participation' in Policy Implementation", *American Political Science Review*, 78 (3), 1984, pp. 603 - 621.

Druckman, J. N., & Nelson, K. R, "Framing and deliberation: How citizens' conversations limit elite influence", *American Journal of Political Science*, 47 (4), 2003, pp. 729 - 745.

Eisinger, Peter K, "The Conditions of Protest in American Cities", *American Political Science Review*, 67 (1), 1973.

Elin Larry. "The Radicalization of Zeke Spier: How the Internet Contributes to Civic Engagement and New forms of Social Capital", in *Cyberactivism: online activism in theory and practice*, edited by New York & London: Routledge, 2003, pp. 97 - 114.

Ellen Quintelier, Sara Vissers, "The Effect of Internet Use on Political Participation: An Analysis of Survey Results for 16-Year-Olds in Belgium", *Social Science Computer Review*, 26 (4), 2008, pp. 411 - 427.

Erik Olin Wright, *Class*, *Crisis and the State* New York: Shooken Books, 1978, pp. 1 - 15.

Erik Olin Wright, *Class Counts: comparative Studies in Class Analysis*, Cambridge: Cambridge University Press, 1997, pp. 1 - 27.

Eyeerman R., "How social movements move", in H. Flam & D. King (eds.), *Emotions and Social Movements*, London: Routledge, 2005, pp. 41 – 56.

Freidrich, Carl, Michael Curtis., & Benjamin, R. Barber, *Totalitarianism in Perspective: Three Views*, Praeger, 1969, p. 126.

Galston, W. A., "Does the Internet strengthen community?", *National Civic Review*, 89 (3), 2000, pp. 174 – 189.

Garrett, R. K., "Protest in an Information Society: A Review of Literature on Social Movements and New ICTs", *Information, Communication, and Society*, 9 (2), 2006, pp. 202 – 224.

Garrido, M., & Halavais, A., "Mapping networks of support for the Zapatista Movement: Applying social-networks analysis to study contemporary social movements", in M. McCaughey & M. Ayers (eds.), *Cyberactivism: Online activism in theory and practice*, New York: Routledge, 2003, pp. 165 – 184.

Gilley, B, "Political legitimacy in Malaysia: Regime performance in the Asian context", in L. T. White (Ed.), *Legitimacy: ambiguities of political success or failure in East and Southeast Asia*, Singapore: World Scientific Publishing Co. Pvt. Ltd, 2005, pp. 28 – 41.

Godrum Wacker, "The Internet and Censorship in China", in Christopher R, Hughes and Gudrun Wacher, eds., *China and the Internet: Politics of the Digital Leap Forward*, London: RoutledgeCuzzon, 2003, pp. 58 – 82.

Goffman, E., *Frame analysis: An easy on the organization of experience*, Cambridge, MA: Harvard University Press, 1974.

Goodwin, Jeff & Theda Skocpol, "Explaining Revolutions in the Contemporary Third World", *Politics and Society*, 17 (4), 1989, pp. 489 – 509.

Gordon, H. Skilling, "Interest Groups and communist Politics Revisited", *World Politics*, 36 (1), 1983, pp. 1 – 27.

Gordon, H. Skilling., & Franklyn, Griffiths, *Interest Groups in Soviet Politics*, Princeton, Princeton University Press, 1971.

Gurak, L. J., *Persuasion and privacy in cyberspace: The online protests over Lotus Marketplace and the Clipper Chip*, New Haven, CN: Yale University

Press, 1997.

Habermas, J. , *Further reflections on the public sphere*, in C. Calhoun (ed.), Habermas and the public sphere, Cambridge, MA: The MIT Press. 1992, pp. 436 – 437.

Habermas, J. , "Political communication in media society: Does democracy still enjoy an epistemic dimension? The impact of normative theory on empirical research", *Communication Theory*, 16 (4), 2006, pp. 411 – 426.

Hampton. Keith N. , "Grieving for a Lost Network: Collective Action in a Wired Suburb", *Information Society*, 19 (5), 2003, pp. 417 – 428.

Hart, Jeffrey A. , Reed, Robert R. & Bar, Francois, *The Building of Internet*, Berkeley, CA: University of California, BRIE, working paper, 1992.

He Li, "Middle class: friends or foes to Beijings' New leadership?", *Journal of Chinese Political Science*, (18), 2003, pp. 87 – 100.

Heinz Eulau, "Identification with Class and Political Perspective", *Journal of Politica*, 18 (2), 1956, pp. 236 – 237.

Howard Rheingold, *Smart Mobs: The Next Social Revolution*, Basic books, 2002.

Howard Rheingold, *The Virtual community: Homestanding on the Electronic Frontier*, Addison-Wesley, New York, 1993.

Hsiao, Hsin-Huang Michael (ed.), *East Asian Middle Classes in Comparative Perspective*, Taipei: Institute of Ethonology, Acadimia Sinica, 1999.

Hsiao, Hsin-Huang Michael (ed.), *Exploration of the Middle Classes in Southeast Asia*, Acadimia Sinica, 2001.

Hsiao, Hsin-Huang Michael (ed.), *The Changing Faces of the Middle Class in Asia*, Pacific Taipei, Institute of Eshonology, Acadimia Sinica, 2006.

Huang Ronggui & Sun Xiaoyi, "Weibo network, information diffusion and implications for collective action in China", *Information Communication and Society*, 2014, 17 (1), pp. 86 – 104.

Huang, R. , & Yip, N. M. , "Internet and activism in urban China: A case study of protests in Xiamen and Panyu", *Journal of Comparative Asia Development*, 11, 2012, pp. 201 – 223.

Huntington, Samuel, "Democracy's Third Wave", in Larry Diamond and Marc E Plattner, eds. , The Global Resurgence of Democracy, Baltimore, MD: The Johns Hopkins University Press, 1993.

Ian. Weber, "Mobile, Online and Angry: The Rise of China's Middle-Class Civil Society?", *Critical Arts: South-North Cultural and Media Studies*, 25 (1), 2011, pp. 25 -45.

Indeok. Song, B. A. , Robert, Larose, Mattew, S. Eastin, Carolyn A. Lin, "Internet Gratifications and Internet Addiction: On the Uses and Abuses of New Media", *Cyberpsychology & Behavior*, 7 (4), 2004.

Inkles, Alex & Raymond A. Bauer, *The Soviet Citizen: Daily Life in a Totalitarian Society*, Cambridge, Mass: Harvard University Press, 1959.

International finance Corporation, *China's Emerging Private Enterprises: Prosepects for the New centrury*, Washington, D. C. : International finance corporation, 2000, pp. 7 -8.

Jennings, M. Kent, "Political Participation in the Chinese Countryside", *The American Political Science Review*, 91 (2), 1997, pp. 361 -372.

Chen Jie & Lu Chunlong, "Democratization and the Middle Class in China: The Middle Class's Attitudes toward Democracy", *Political Research Quarterly*, 64 (3): 2011, pp. 705 -719.

Jordan, Amy B. , Social Class, Temporal Orientation, and mass Media use within the Family System, *Critical Studies in Mass Communication*, 1992, 9 (4) .

Joseph Alan Kahl, *The American Class Structure*, New York, Rinehart 1957, pp. 109 -131.

Jung, J. , Qiu. J. L and Kim, Y. , "Internet connectedness and Inequality: Beyond the Divide", *Communication Research*, 28 (4), 2001, pp. 507 -535.

Kacapyr Elia, Peter. Francese and Diane Crispess, "Are you middle class? Definitions and Trends of US Middle-Class Households", *American Demographics*, 1996.

Karl, W. Deutsch, "Social Mobilization and Political Development", *The American Political Science Review*, 55 (3), 1961, pp. 493 -514.

Katz, E. , Blumler, J. G. , & Gurevitch, M. , Utilization of mass communication by the individual, in J. G. Blumler & E. Katz (eds.), *The Uses of Mass Communication*, Beverly Hills: Sage, 1974, pp. 19 - 34.

Kim Shinil, "*South Korea*" in *Student Political Activism: An International Reference Handbook*, edited by P. G. Altbach, New York: Greenwood Press, 1989, pp. 173 - 182.

King, G. , Pan, J. , & Roberts, M. E. , "How censorship in China allows government criticism but silences collective expression", *American Political Science Review*, 107 (2), 2013, pp. 326 - 343.

Lazarafeld P. F. , et al. , *The People's Choice: How the Voter Makes Up His Mind in a Presidential Campaign*, New York: Columbia University Press, 1948, p. 23.

Lagerkvist, J, *After the Internet, Before Democracy: Competing Norms in Chinese Media and Society*, Peter Lang, New York, 2010.

Larry Diamond, "Liberation Technology", *Journal of Democracy*, 21 (3), 2010, pp. 69 - 83.

Laura M. Luehrmann, "Facing citizen complaints in China, 1951 - 1996", *Asian Survey*, 43 (5), 2003, pp. 845 - 866.

Lester W. Mibrath, "*Political Participation: How and Why Do People Get Involved in Polics?*" Chicago: Rand McNally college Publishing Company, 1977, p. 59.

Lev Grossman, "Iran protests: Twitter, the medium of the movement", *Time*, 17 June 2009.

Leung L, "User generated content on the internet: An examination of gratifications, civic engagement and psychological empowerment", *New Media & Society*, 11 (8), 2009, pp. 1327 - 1347.

Liu, Alan P. L. , *Political Culture and Group Conflict in Communist China*, Santa Barbara, Calif. : Clio Books, 1976.

Logan, J. R. , Fang, Y. , & Zhang, Z. , "The winners in China's urban housing reform", *Housing Studies*, 25, 2010, pp. 101 - 117.

Lori M. Weber, Alysha Loumakis and James Bergman, "Who Participates and Why? An Analysis of Citizens on the Internet and the Mass Public", *Social*

Science Computer Review, 21 (1), 2003, pp. 26 - 42.

Lu Chunlong, *The Middle Class And Political Change In China*: *Chinese Middle Classs' Attitudinal and Behavioral Orientations Towards Democracy*, PhD Dissertation, Old Dominion University, 2007.

MacKinnon, R., "Flatter world and thicker walls? Blogs, censorship and civic discourse in China", *Public Choice*, 134, 2008, pp. 31 - 46.

Mamay, Sergey, "Theories of Social Movements and Their Current Development in Soviet Society", 1995, http: //lucy. ukc. ac. uk/csacpub/russian/mamay. html.

Marc Lynch, "After Egypt: The limits and promise of online challenges to the authoritarian Arab state", *Perspectives on Politics*, 9 (2), pp. 301 - 310.

Marcela Garcia-Castanon, Alisond. Rank, and Matta. Barreto. "Plugged In or Tuned Out? Youth, Race, and Internet Usage in the 2008 Election", *Journal of Political Marketing*, (10), 2011, pp. 115 - 138.

Marina Svensson, "Voice, power and connectivity in China's microblogosphere: Digital divides on SinaWeibo", *China Information*, 28 (2), 2014, pp. 168 - 188.

Mark S. Granovetter, "The Strength of Weak Ties", *The American Journal of Sociology*, 78 (6), 1973, pp. 1360 - 1380.

McCarthy, J., "Constraints and Opportunities in Adopting, Adapting, and Inventing", in *Comparative Perspectives on Social Movement's*: *Political Opportunities*, *Mobilizing Structures*, *and Cultural Framings*, edited by D. McAdam, J. McCarthy, and M. Zald, New York: Cambridge University Press, 1996.

Meng. Bingchun, "From Steamed Bun to Grass Mud Horse: E Gao as alternative political discourse on the Chinese Internet", *Global Media and Communication*, 7 (1), 2011, pp. 33 - 51.

Meyer, David, S. and Sidney Tarrow, *The Social Movement Society*: *Contentious Politics for a New Century*, Lanham, M. D.: Rowman and Littlefield, 1998.

Min Jiang and Heng Xu, "Exploring online structures on Chinese government portals: citizen political participation and government legitimation", *Social Science Computer Review*, 27 (2), 2009, pp. 174 - 195.

Milla, *White Collar? The American Middle Classes*, New York: Oxford University Press, 1953, pp. 1 –8.

Mossberger, K., Tolbert, C., J. and Stansbury, M. with McNeal, R., and Dotterweich, *Virtual Inequality: Beyond the Digital Divide*, Georgetown University Press, Washington, D. C: 2003, p. 9.

Nathan, Andrew J., *China's Transition*, New York: Columbia University Press, 1997.

Nah, Seungahn, Aaron S. Veenstra, and Dhavan V. Shah, "The Internet and Anti-War Activism: A Case Study of Information, Expression, and Action", *Journal of Computer-Mediated Communication*, 12 (1), 2006, pp. 230 – 247.

Nicos Poulantzas, *Class in Comtemporary Capitalism*, London: New Left Books, 1975, pp. 83 –90.

Nie, N., & Erbring, L., "Internet and society: A preliminary report", *IT&Society*, 1 (1), 2002, pp. 275 –283.

Norman Fairclough, *Discourse and Social Change*, Cambridge: Polity Press, 1992, pp. 3 –4.

Norman H. Nie, G., Bingham Powell, Jr and Kenneth Prewitt, "Social Structure and Political Participation, Part I, and Part II", *American Political Science Review*, 63, 1969, pp. 371 –372, 808 –810.

Norris P., *Digital Divide: Civic Engagement, Information Poverty and the Internet worldwide*, Cambridge: Cambridge University Press, 2001.

Oberschall, Anthony, *Social Conflict and Social Movements*, Englewood Cliffs, NJ: Prentice_ Hall, 1973, p. 28.

Passy Florence, "Social Networks Matter. But How?", in Mario Diani and Doug McAdam, *Social Movements and Networks: Relational Approaches to Collective Actions*, Oxford: Oxford University Press, 2003.

Peter B., Morton S. B., "Two Faces of Power", *American Political Science Review*, 56 (4): 1962, pp. 947 –952.

Pirre Bourdieu, *Distinciton, a social critique of the judgment of taste*, Cambridge, mass: Harvard University Press, 1984, pp. 170 – 171.

Pye, Lucian W., *The Spirit of Chinese Politics*, Cambridge, MA: Harvard

University Press, 1992.

Putnam, R. D., *Bowling Alone: The Collapse and Revival of American Community*, New York: Simon & Schuster, 2000.

Putnam, R. D., "Tuning in, tuning out: The strange disappearance of social capital in America", *Political Science and Politics*, 1995, p. 28, pp. 664-683.

Putnam, R. D., & Yonish, S., *How important are random samples? Some surprising new evidence*, Paper presented to the annual meeting of the American Association of Public Opinion Research, St. Petersburg, FL, 1999.

Qiang, X., "The Internet: A force to transform Chinese society?", in L. M. Jensen & T. B. Weston (eds.), *China's transformations: The stories beyond the headlines*, Lanham, MD: Rowman and Littlefield, 2007, pp. 129-143.

Quan-Haase A and Young AL, "Uses and gratifications of social media: A comparison of Facebook and Instant Messaging. Bulletin of Science", *Technology & Society*, 30, 2010, pp. 350-361.

Randolph Kluver, "The architecture of control: a Chinese strategy for e-governance", *Journal of Public Policy*, 25 (1), 2005, pp. 75-97.

Read, B., "Assessing variation in civil society organizations: China's homeowner associations in comparative perspective", *Comparative Political Studies*, 41, 2008, pp. 1240-1265.

Robert R. Alford, "A Suggested Index of the Association of Social Class and Voting", *Public Opinion Quarterly*, 26, 1962, pp. 417-425.

Ronald M. Glassman, *The Middle class and Democracy in Socio-Historical Perspective*, in Leidened, The Netherlands: E. J. Brills, 1995, pp. 102-137.

Rosenfeld, M, "The rule of law and the legitimacy of constitutional democracy", *Southern California Law Review*, 74, 2001, pp. 1307-1352.

Schumaker, Paul D., "The Scope of Political Conflict and the Effectiveness of Constraints in Contemporary Urban Protest", *The Sociological Quarterly*, 19 (2), 1978, pp. 168-184.

Scott, Alan and John Street. From Media Politics to E-protest, Information, *Communication & Society*, 3 (2), 2000, pp. 215-240.

Seymour M. Lipset, "Some Social Requisites of Democracy: Economic Development and Political Legitimacy", *American Political Science Review*, (53), 1959, pp. 69 –105.

Seymour M. Lipset, *Political Man: The Social Bases of Politics* Johns Hopkins University Press, 1981, pp. 123 –137.

Shah, Dhavan V., Jack M. Mcleod, and So-Hyang Yoon, "Communication, Context and Community: An Exploration of Print, Broadcast and Internet Influences", *Communication Research*, 28 (4), 2001, pp. 464 –406.

Shah, Dhavan V., Jaeho Cho, J. R. Eveland, William P., and Nojin Kwak, "Information and Expression in a Digital Age: Modeling Internet Effect s on Civic Participation", *Communication Research*, 32 (5), 2005, pp. 531 – 565.

Sheng Ding, "Informing the masses and heeding public opinion: China's new Internet-related policy initiatives to deal with its governance crisis", *Journal of Information Technology and Politics*, 6 (1), 2009, pp. 31 –43.

Shi, F, "Social capital at work: The dynamics and consequences of grassroots movements in urban China", *Critical Asian Studies*, 40, 2008, pp. 233 – 262.

Smulovitz, C. & Peruzzotti, E., "Societal Accountability in Latin America", *Journal of Democracy*, 11 (4), 2000, pp. 147 –158.

Snow David A., E. Burke Rochford, Jr., Steven K. Worden & Robert D. Benford, "Frame Alignment Processes, Micromobilization, and Movement Participation", *American Sociological Review*, 51 (4), 1986, pp. 464 – 481.

Steven. J. Balla, "Information Technology, Political Participation, and the Evolution of Chinese Policymaking", *Journal of Contemporary China*, 21 (76), 2012, pp. 655 –673.

Tamara Renee Shie, "The tangled web: does the Internet offer promise or peril for the Chinese Communist Party?", *Journal of Contemporary China*, 13 (40), 2004, pp. 523 –540.

Tai, Zixue, *The Internet in China: Cyberspace and Civil Society*, New York: Routledge, 2006.

Tianjian Shi, "Political Participation in Beijing", Cambridge: Harvard University Press, 1997, p. 11.

Tianjian Shi, *Mass Political Behavior in Beijing*, in Merle Goldmanand Roderick MacFarquhar (eds.), *The Paradox of Post-Mao Reform*, Cambridge, MA: Harvard University Press, 1999.

Tomba, L. "Creating an urban middle class: Social engineering in Beijing", *The China Journal*, 51, 2004, pp. 1 - 26.

Tong, Y., & Lei, S, "War of position and microblogging in China", *Journal of Contemporary China*, 32 (80), 2013, pp. 292 - 311.

Tolbert, Caroline J. & Ramona S. Mcneal, "Unraveling the Effect's of the Internet on Political Participation?", *Political Research Quarterly*, 56 (2), 2003, pp. 175 - 185.

Tsui, L., "The Panopticon as the antithesis of a space of freedom: Control and regulation of the Internet in China", *China Information*, 17, 2003, pp. 65 - 82.

Turner, Jonathan H., *On the orginis of human emotions: A sociological inquiry into the evolution of human affect*, Stanford, CA: Stanford University Press, 2000.

Verba, Sidney, Norman H. Nie & Jaeon Kim, *Participation and Political Equality: A Seven Nation Comparison*, Chicago: University of Chicago Press, 1978.

Verba, S., K. L. Schlozman, H. E. Brady, *Voice and Equality*, Cambridge: Harvard University Press, 1995.

Wampler, B., "Expanding Accountability through Participatory Institutions", *Latin American Politics and Society*, 46 (2), 2004, pp. 73 - 99.

Wang, Yaping & Alan Unrie, "Commercial Housing Development in Urban China", *Urban Study*, 36 (9), 1999, pp. 1475 - 1494.

Wang Xin, "Seeking channels for engagement: media use and political communication by China's rising middle class", *China: An International Journal*, 2009, pp. 31 - 56.

Wang, Chunguang, "Social Stability in 1997", in Xing Ru, et al., eds., *Analyses and Forecast of Chinese Society*, Beijing, China: Social Sciences Literature Press, 1998.

Wellman, Barry, "Physical Place and cyber Place: the Rise of Networked Individualism", *International Journal for Urban and Regional Research*, 25, 2001, pp. 227 – 252.

White, C. S., "Citizen participation and the Internet: Prospects for civic deliberation in the information age", *Social Studies*, 88, 1997, pp. 23 – 33.

Wim van de Donk, Brian D. Loader, Paul G. Nixon, Dieter Rucht, *Cyberprotest: New Media, Citizens and Social Movements*, New York: Routledge, 2006.

Wellman, B, Quan-Haase, A., Boase, J., Chen, W., Hampton, K., de Diaz, I. I, et al., "The Social Affordances of the Internet for Networked Individualism", *Journal of Computer-Mediated Communication*, 8 (3), 2003.

Wu, Y., Lau, T. Y., Atkin, D., Lin, C., "A comparative study of online privacy regulations in the U. S. and China", *Telecommunication Policy*, 35 (7), 2011, pp. 603 – 616.

Xenos, Michael & Patricia Moy, "Direct and Differential Effect s of the Internet on Political and Civic Engagement", *Journal of Communication*, 57 (4), 2007, pp. 704 – 718.

Yanjie, Bian, "Chinese social stratification and social Mobility", *Annual Review of Sociology*, (28), 2002, pp. 91 – 116.

Yuan Li et al., "What are Chinese talking about in hot weibos?", 2013, http: //arxiv. org/ftp/arxiv/papers/1304/1304. 4682. pdf, accessed 27 Sep 2014.

Yang, Guobin, "The Internet and Civil Society in China: A Preliminary Assessment", *Journal of Contemporary China*, 12 (36), 2003, pp. 453 – 475.

Yang, Guobin, "The Co-Evolution of the Internet and Civil Society in China", *Asian Survey*, 43 (3): 2003, pp. 405 – 422.

Yang, Guobin and Craig Calhoun, "Media, Civil Society, and the Rise of a Green Public Sphere in China", *China Information*, 21 (2), 2007, pp. 211 – 236.

Yang, G., "Contention in cyberspace", in K. O'Brien (ed.), *Popular pro-*

test in China (p. 126, p. 143), Cambridge. MA: Harvard University Press, 2008.

Yang, G. , *The power of the internet in China. Citizen activism online*, New York: Columbia University Press, 2009.

Yip, N. , & Jiang, Y. , "Homeowners united: The attempt to create lateral networks of homeowners' associations in urban China", *Journal of Contemporary China*, 20, 2011, pp. 735 – 750.

Zbigniew, Brzezinski. , *The Permanent Purge: Politics in Soviet Totalitarianism*, Cambridge, Mass: Harvard University Press, 1956.

Zheng, Yongnian, *Technological Empowerment: The Internet, State and Society in China*, Stanford University Press, 2008, pp. 186 – 187.

Zheng, Y. , & Wu, G. , "Information technology, public space, and collective action in China", *Comparative Political Studies*, 38, 2005, pp. 507 – 536.

Zhou, X. , "The political blogosphere in China: A content analysis of the blogs regarding the dismissal of Shanghai leader Chen Liangyu", *New Media & Society*, 11 (6), 2009, pp. 1003 – 1022.

Zhou, Yongming, *Historicizing Online Politics*, Stanford University Press, 2005.

Zhou, Yuqiong and Patricia Moy, "Parsing Framing Processes: The Interplay Between Online Public Opinion and Media Coverage", *Journal of Communication*, 57 (1), 2007, pp. 79 – 98.

Zhu J. H. & He Z. , "Perceived Characteristics, Perceived Needs, and Perceived Popularity Adoption and Use of the Internet in China", *Communication Research*, 29 (4), 2002, pp. 466 – 495.

后　记

本书是在我 2012 年到 2015 年在中国人民大学新闻学院求学时写的博士论文基础上修改完成的。三年的博士学习生涯，最要感谢的人就是我的博士生导师彭兰教授！

在彭老师的博士生里，我估计是年龄最大的一个了，与彭老师的交往，始于 2007 年在北京上的新媒体培训课，一直到 2012 年，我才成为彭老师的学生。

彭老师对学生极为耐心和宽容。我的开题报告由于做得很匆忙，彭老师提出了很多中肯而细致的意见，让已经做了多年研究工作的我大为惭愧。

2014 年 10 月，我给彭老师交了博士论文的第一稿，彭老师认真地审读之后，提出了相当多的修改意见，参照老师的修改意见，我认真地修改了第一稿。2015 年 1 月，我给彭老师交了博士论文的第二稿，彭老师继续认真地审读之后，又提出了相当多的修改意见，我又认真地修改了第二稿。后来又进行了第三稿和第四稿的修改，这都得益于彭老师的意见。

这里还要感谢在我的论文开题，论文预答辩、答辩都参加了的提出大量建设性意见的刘海龙老师，以及其他的答辩专家，如杨伯溆老师、金兼斌老师、姜飞老师、钟新老师，此外，还有给予我各种批评以及建设性意见的匿名评审专家。

另外，我还要感谢我的硕士生导师闵大洪老师，闵老师是第一个带我进入学术之门的老师，也促使我一直关注互联网的发展和研究。

本书是关于互联网使用与中国中间阶层政治参与的。1999 年 9 月，我只身一人从广州到北京的人民网强国论坛当版主，当上了北漂，后来又读了研究生，当了大学老师。在北京的时候我属于中间阶层的下层，互联网的使用对我的政治知识、政治态度和政治行为都产生了深刻的影响。

感谢我的爱人张荣！她承担了养育宝宝的大部分责任，使我能全身心地专注于论文写作。

感谢我那可爱调皮的小儿子！

谨以此书献给我深爱着的父母和敬爱的岳父岳母！

曾凡斌

2016年11月11日